Erfolgsbeteiligung und Vermögensbildung
der Arbeitnehmer in der privaten Versicherungswirtschaft (1820–1948)

Zeitschrift für Unternehmensgeschichte

hervorgegangen aus: Tradition,
Zeitschrift für Firmengeschichte und
Unternehmerbiographie

Herausgegeben von
Hans Pohl

Beiheft 77

Franz Steiner Verlag Stuttgart
1993

Günter Kalbaum

Erfolgsbeteiligung und Vermögensbildung der Arbeitnehmer in der privaten Versicherungswirtschaft (1820–1948)

Franz Steiner Verlag Stuttgart
1993

Die Deutsche Bibliothek -CIP-Einheitsaufnahme

Kalbaum, Günter:
Erfolgsbeteiligung und Vermögensbildung der Arbeitnehmer in der privaten Versicherungswirtschaft : (1820 - 1948) / Günter Kalbaum. - Stuttgart : Steiner, 1993
(Zeitschrift für Unternehmensgeschichte : Beiheft ; 77)
ISBN 3-515-06166-5
NE: Zeitschrift für Unternehmensgeschichte / Beiheft

Satz: Schreibbüro Eva Burri, Stuttgart
Druck: Rheinhessische Druckwerkstätte, Alzey
Printed in Germany

VORWORT

Die betriebliche Sozialpolitik hat im Unterschied zur staatlichen Sozialpolitik seitens der historischen Forschung bisher wenig Beachtung gefunden. Die Gesellschaft für Unternehmensgeschichte e.V., Köln, hat es sich daher zu einer besonderen Aufgabe gemacht, Ursprünge, Wesen und Auswirkungen der betrieblichen Sozialpolitik anhand von ausgewählten Unternehmen zu untersuchen, um zum einen die frühzeitige Auseinandersetzung mit den sozialen Problemen innerhalb der Unternehmerschicht zu dokumentieren und zum anderen die Wechselwirkungen zwischen staatlicher, tariflicher und betrieblicher Sozialpolitik darzulegen.

Innerhalb der betrieblichen Sozialpolitik besitzt der Themenkreis „Erfolgsbeteiligung und Vermögensbildung von Arbeitnehmern" in jüngerer Zeit eine spezielle Aktualität. Für die historische Aufarbeitung dieser Materie ist von der Gesellschaft für Unternehmensgeschichte ein von der Robert Bosch Stiftung gefördertes Forschungsprojekt ins Leben gerufen worden. Die vorliegende Veröffentlichung ist Teil dieses Forschungsprojektes.

Die Versicherungswirtschaft bietet Schutz vor Schäden und Nöte aller Art und nimmt dadurch von ihrer Aufgabe her wichtige sozialpolitische Funktionen wahr. Inwieweit sich die Versicherungsunternehmen auf freiwilliger Basis auch zur materiellen Absicherung ihrer eigenen Mitarbeiter bereitgefunden und dabei in Wechselwirkung mit der staatlichen Sozialpolitik gestanden haben, wird in dieser Arbeit untersucht.

Diese Studie setzte die Bereitschaft der Verbände und vor allem der Unternehmen der Versicherungswirtschaft voraus, mir das erforderliche Quellenmaterial zur Verfügung zu stellen. Mein Dank gilt daher den Geschäftsführungen der Verbände und den Vorständen der von mir angesprochenen Gesellschaften für ihre freundliche Unterstützung meiner Arbeit und insbesondere ihren Mitarbeitern, die für mich viele, meist staubbedeckte Altaktenbestände bereitgestellt haben.

Die Gesellschaft für Unternehmensgeschichte hat mich – den pensionierten Praktiker des Versicherungsgeschehens – in meiner Arbeit wissenschaftlich begleitet. Für die Durchsicht meiner Arbeit und für wertvolle Hinweise bin ich Herrn Prof. Dr. Hans Pohl, Universität Bonn, und Frau Beate Brüninghaus M.A., Geschäftsführerin der Gesellschaft für Unternehmensgeschichte, zu großem Dank verpflichtet.

Diese Studie wäre niemals zustande gekommen, wenn meine Frau nicht meine Tätigkeit unter Verzicht auf manche anderen gemeinsamen Aktivitäten in liebevoller Toleranz und mit großem Verständnis mitgetragen hätte. Bei der Fertigstellung hat sie mir zeitraubende Arbeiten abgenommen und war somit auch unmittelbar an dieser Arbeit beteiligt. Ihr habe ich daher ganz besonders zu danken.

Hamburg, im März 1992 — Günter Kalbaum

INHALTSVERZEICHNIS

1. EINLEITUNG

1.1 BEGRIFFLICHE ABGRENZUNG

Die begrifflichen Inhalte der Erfolgsbeteiligung und der Vermögensbildung haben im Laufe der wirtschaftlichen Entwicklung seit Beginn des 19. Jahrhunderts einen Wandel in ihrer Auslegung erfahren. Es sei an dieser Stelle lediglich auf die Fülle der hierzu erschienenen wissenschaftlichen Abhandlungen verwiesen.[1] Diese Abhandlungen befassen sich im wesentlichen mit Produktionsunternehmen; eine wissenschaftliche Auseinandersetzung mit der Erfolgsbeteiligung und Vermögensbildung in Dienstleistungsunternehmen, zu denen die Versicherungsbranche zu rechnen ist, steht bisher noch in ihren Anfängen. Diese Studie soll hierzu einen Beitrag leisten.

1.1.1 Erfolgsbeteiligung

Unter dem Begriff der Erfolgsbeteiligung werden alle Beteiligungsformen erfaßt, bei denen die Arbeitnehmer zusätzlich zu Lohn und Gehalt eine vom Unternehmenserfolg abhängige finanzielle Zuwendung erhalten.[2]

Nach ihrer Bemessungsgrundlage werden folgende drei Gruppen der Erfolgsbeteiligung unterschieden[3]:

die Leistungsbeteiligung
die Ertragsbeteiligung
die Gewinnbeteiligung

Innerhalb der einzelnen Gruppen wird wiederum nach verschiedenen Formen eine Unterteilung vorgenommen. So wird beispielsweise bei der Leistungsbeteiligung nach der Produktions-, der Kostenersparnis- und der Produktivitätsbeteiligung differenziert. Von den vier Formen der Ertragsbeteiligung ist insbesondere die Umsatzbeteiligung zu nennen.[4] Bei der Gewinnbeteiligung wird in der Regel auf den in der Jahresbilanz ausgewiesenen Gewinn zurückgegriffen.

Eine typische Form der Gewinnbeteiligung ist die Tantieme, die insbesondere Aufsichtsräte aufgrund von satzungsmäßigen Bestimmungen erhalten. Den Tantiemezahlungen an die Vorstandsmitglieder und an sonstige – meistens leitende – Mitarbeiter liegen in der Regel dienstvertragliche Vereinbarungen zugrunde. In dieser Untersuchung bleiben diese letzteren Erfolgsbeteiligungen, die dem genannten Personenkreis als Teil des arbeitsvertraglich vereinbarten Arbeitsentgelts, also als Leistungsäquivalent, zustehen und damit der unternehmerischen Disposition entzogen sind, außer Betracht. Als Erfolgsbeteiligung gelten in dieser Untersuchung also nur diejenigen Vergütungen, über die die Gesellschaftsorgane unabhängig von statuten- und vertragsmäßigen Bindungen frei verfügen können.

1 Pohl/Wessel, Einführung, 1986, S. 9ff.
2 Schneider/Zander, Erfolgs- und Kapitalbeteiligung, 1985, S. 14.
3 Pohl/Wessel, Einführung, 1986, S. 12.
4 Ebenda, S. 12f.

Der Begriff der Tantieme wird in der Praxis auch für Vergütungen verwendet, die an Arbeitnehmer über die im Dienstvertrag vereinbarten Zahlungen hinaus gezahlt werden. Es handelt sich hierbei um Gratifikationen, die ursprünglich im Zusammenhang mit dem Jahresabschluß als eine Anerkennung des Arbeitgebers für den Einsatz des Arbeitnehmers oder auch für seine Treue zum Betrieb, später meistens als Urlaubs- oder Weihnachtsgeld, dem Arbeitnehmer zuflossen. Da diese Gratifikationen in der Regel nicht in einem bestimmten Verhältnis zu einer Erfolgskennziffer stehen, werden sie in dieser Untersuchung als Vermögensbildungsmaßnahme erfaßt. Daß es sich hierbei in einzelnen Fällen auch um echte Gewinnbeteiligungen handeln kann, ist nicht auszuschließen.

Neben den vorgenannten Formen der direkten individuellen Erfolgsbeteiligungen sind auch indirekte kollektive Erfolgsbeteiligungen denkbar, bei denen aufgrund eines besonderen Gewinnverteilungsbeschlusses ein Gewinnanteil zur Dotierung der Sozialeinrichtungen des Unternehmens verwendet wird und damit der Belegschaft insgesamt zugute kommt; der individuelle Gewinnanteil des Belegschaftsangehörigen läge dann in seiner jeweiligen Inanspruchnahme der Sozialeinrichtungen.[5,6]

In dieser Untersuchung wird jedoch die Auffassung vertreten, daß sämtliche Aufwendungen, die der Unterstützung der Arbeitnehmer in Fällen der Not, der Invalidität, der Altersvorsorge und der Hinterbliebenenversorgung dienen, der Vermögensbildung und nicht der Erfolgsbeteiligung zuzurechnen sind, und zwar auch dann, wenn sie im Rahmen eines Gewinnverwendungsbeschlusses den Unterstützungsfonds oder Pensionskassen zuflossen. Diese Auffassung entspricht der Handhabung, wie sie sich im Laufe des Untersuchungszeitraums bei den Betrieben durchgesetzt hat. Zunächst unterlagen im vorigen Jahrhundert die Zuführungen zu den Fonds für die Witwen- und Waisenunterstützung sowie die Hilfen in Fällen von Notlagen der Betriebsangehörigen einem Gewinnverwendungsbeschluß der Gesellschafter. Mit zunehmendem Geschäftsumfang wurde dann diese Entscheidung meist dem Direktorium nach Maßgabe bestimmter Rahmenbedingungen überlassen.

Mit der Einführung dieser Rahmenbedingungen in Gestalt von Regulativen, Satzungen oder sogenannter Beamtenordnungen wurden die Leistungen an die Unterstützungseinrichtungen zum Betriebsaufwand, der natürlich voraussetzte, daß die Ertragslage solche Aufwendungen erlaubte. Soweit dennoch Dotierungen aus dem Jahresgewinn vorgenommen wurden, handelte es sich meist um außerordentliche Zuwendungen, für die eine besondere Publizität erwünscht war.

1.1.2 Vermögensbildung

Hinsichtlich der Definition des Begriffes Vermögen besteht gleichermaßen – wie bei der Erfolgsbeteiligung – eine Vielzahl von unterschiedlichen Auslegungen. Gemein-

5 Gaugler, Erfolgsbeteiligung, 1975, Sp. 797.

6 Heißner, Die Gewinnbeteiligung der Arbeiter in Deutschland, in: Annalen des Deutschen Reichs für Gesetzgebung, Verwaltung und Volkswirtschaft. Rechts- und Staatswissenschaftliche Zeitschrift und Materialiensammlung 40, 1907, S. 56; zit. nach Pohl/Wessel, Einführung, 1986, S. 15.

hin wird unter „Vermögen von Personen und Personengesamtheiten ... der Wert ihrer Aktiva vermindert um die Schulden“ gesehen.[7] Zu den Aktiva werden in dieser Abhandlung nur die Sach- und Finanzwerte gezählt; die sogenannten „menschlichen Aktiva“ (human assets), wie sie in wirtschaftlich nützlichen menschlichen Eigenschaften und Fähigkeiten gesehen werden können[8], bleiben also außer Betracht.

Die Bezugnahme auf den bilanziellen Begriff „Aktiva“ macht deutlich, daß Vermögen nicht nur in der „freien wirtschaftlichen Verfügbarkeit“[9] von Sach- und Geldwerten gesehen wird, sondern darüber hinaus auch in Ansprüchen, wie sie für die Fälle von Krankheit, Invalidität, Versetzung in den Ruhestand oder von frühzeitigem Tode durch Betriebe eingeräumt werden.[10] Die Leistungen, die aufgrund dieser Ansprüche erbracht werden, ersetzen nämlich ganz oder teilweise die an sich notwendigen individuellen Vorsorgemaßnahmen für etwaige Notfälle, für den Ruhestand oder für die Hinterbliebenenversorgung. Auch Ansprüche erfüllen also, sofern sie bonitätsmäßig sicher sind, den Tatbestand eines Vermögenswertes.

Als vermögensbildend werden daher im folgenden alle betrieblichen Maßnahmen angesehen, die mittel- oder unmittelbar zu einem Sach-, Finanz- oder Forderungsaktivum bei dem Betriebsangehörigen führen und seiner längerfristigen Besserstellung, insbesondere der Daseinsvorsorge für Krankheit, Invalidität, Alter und Hinterbliebenenversorgung, dienen.[11] In diesem Zusammenhang spielt es keine Rolle, ob die betriebliche Unterstützung aus einem eigens für diesen Zweck gebildeten Fonds, einer rechtlich selbständigen Einrichtung oder aus laufenden Mitteln finanziert wird. Dementsprechend sind die betrieblichen Zuwendungen an Witwen-, Waisen-, Pensions- und Unterstützungsfonds bzw. -kassen gleichermaßen vermögensbildende Maßnahmen wie alle direkten Unterstützungszahlungen an Invalide, Rentner oder Pensionäre und deren Hinterbliebenen.

Als betriebliche vermögensbildende Maßnahme wird im folgenden auch die Erstattung von einmaligen oder laufenden Ausgaben des Begünstigten angesehen, soweit diese Ausgaben zu einem Vermögenswert führen, wie beispielsweise bei der Finanzierung eines Eigenheims oder der Gewährung von Belegschaftsaktien bis hin zu den in der jüngsten Zeit steuerlich und/oder prämienmäßig geförderten Vermögensbildungsmöglichkeiten. Dagegen werden betriebliche Zuschüsse, die von dem Betriebsangehörigen dem unmittelbaren Verbrauch zugeführt werden – z.B. Mittag-

7 Willgerodt, Vermögensbildung, 1975, Sp. 1989.

8 Bartel/ Schillert/ Willgerodt, Vermögen, 1971, S. 37.

9 Diehl, Karl, Art.: Vermögen, in: Ludwig Elster (Hrsg.), Wörterbuch der Volkswirtschaft, 4., völlig umgearbeitete Auflage, Bd. 3, Jena 1933, S. 708; zit. nach Pohl/Wessel, Einführung, 1986, S. 20.

10 Auf eine andere Meinung weist Volkers hin, wonach Pensionsansprüche nicht dem Vermögen zuzurechnen wären, da sie nicht kapitalisierbar, beleihbar und nicht vererbbar wären. Folgerichtig dürften dann auch andere Vermögenswerte, die diese Kriterien nicht oder nur teilweise erfüllen, nicht oder nur zum Teil als Vermögen berücksichtigt werden; beispielsweise könnten nach dieser Meinung Immobilien oder Beteiligungswerte nur mit ihren bankmäßigen Beleihungswerten in der Vermögensrechnung aufgenommen werden. Eine solche Ansicht würde der allgemeinen Auffassung, wie sie beispielsweise in den strengen aktiengesetzlichen Bilanzierungsgrundsätzen ihren Niederschlag gefunden haben, widersprechen. Vgl. hierzu: Cay Volkers, Stichwort: Vermögen, 1980, S. 267.

11 Mulert, Erfolgsbeteiligung, 1985, S. 2.

essen-, Miet- oder Fahrgeldzuschüsse –, nicht dem Bereich der Vermögensbildung zugerechnet; sie ersetzen zwar notwendige Ausgaben, führen jedoch nicht zu einem vermögensmäßigen Aktivum.

Im Rahmen der betrieblichen Altersversorgung nehmen die einzelvertraglichen Pensionszusagen für leitende und sonstige Angestellte eine Sonderstellung ein. Sie sind generell ein Bestandteil des Anstellungsvertrages und damit ein Leistungsäquivalent für die Tätigkeit des Angestellten. Aufgrund ihres rechtsverbindlichen Charakters bleiben sie in dieser Untersuchung, die nur die freiwilligen betrieblichen Sozialleistungen betrifft, außer Betracht.

1.2 DIE UNTERNEHMEN DER PRIVATEN VERSICHERUNGSWIRTSCHAFT

1.2.1 Entwicklung der Unternehmen

In der vorliegenden Studie wurde die Frage der Vermögensbildung und Erfolgsbeteiligung auf die Arbeitnehmer der privaten Versicherungsunternehmen begrenzt. Die Verhältnisse bei den öffentlich-rechtlichen Versicherungsunternehmen wurden somit nicht berücksichtigt. Dieser Abgrenzung lag die Überlegung zugrunde, daß die öffentlich-rechtlichen Versicherungsanstalten als Teil der staatlichen Einrichtungen anzusehen und ihre Angestellten den staatlichen Beamten gleichgestellt waren.[12] Ihre Einbeziehung hätte zur Folge gehabt, daß nicht nur privatwirtschaftliche Einkommensregelungen im Rahmen dieser Studie zu untersuchen gewesen wären. Da die Bezüge der staatlichen Beamten jedoch mit der Versicherungswirtschaft unmittelbar nichts zu tun haben, erschien es naheliegend, sie auszuklammern.

Von dieser Abgrenzung werden vor allem die landesherrlichen Feuerkassen berührt, deren erste im Jahre 1676 in Hamburg gegründet wurde; weitere Gründungen erfolgten im 18. Jahrhundert. Der Zweck dieser reinen Monopolanstalten lag zunächst in der regionalen Gebäudefeuerversicherung.

Im privatwirtschaftlichen Bereich sind aus dem 15. bis 17. Jahrhundert lediglich genossenschaftliche Zusammenschlüsse überliefert, die sich im Umlageverfahren gegen bestimmte Risiken wie z.B. gegen die Folgen des Todes des Familienoberhauptes oder gegen Schiffsverlust zu schützen suchten; sie sind als sogenannte Totenladen oder Schiffsgilden bekannt geworden.[13] Das erste privatwirtschaftlich betriebene Versicherungsunternehmen, das nach kaufmännischen und versicherungsmathematischen Grundsätzen arbeitete, war in Deutschland die im Jahre 1778 gegründete Hamburgische Allgemeine Versorgungsanstalt.[14]

Angeregt durch englische Vorbilder folgten dann am Ende des 18. Jahrhunderts weitere Neugründungen; so wurden in Neubrandenburg im Jahre 1797 die Mecklen-

12 Koenige und Petersen, VAG, 1927, S. 99f.

13 Boehart, .. nicht brothlos, 1985, S. 2ff.

14 Am 3. Oktober 1945 wurde im Rahmen einer Satzungsänderung der Name der Hamburgischen Allgemeinen Versorgungsanstalt von 1778 in Hansa Lebensversicherung a.G. geändert. Anfang 1957 übertrug der Gegenseitigkeitsverein seinen Lebensversicherungs-Bestand auf die Hamburg-Mannheimer Versicherungs-AG, Hamburg, und wurde anschließend liquidiert. Vgl. Festnummer der Hamburg-Mannheimer-Monatsblätter, 1959, S. 33f. und S. 38.

burgische Hagel und in Braunschweig im Jahre 1806 die Braunschweigische Leben errichtet. Im Jahre 1819 folgte die Leipziger Feuer. In rascher Folge schlossen sich weitere Gründungen von Gesellschaften insbesondere im Bereich der Lebensversicherung an.[15]

Die wirtschaftlichen Erfolge dieser Unternehmen einerseits und das Bedürfnis weiter Bevölkerungskreise nach Versicherungsschutz vor allem gegen Unfall- und Todesfolgen andererseits führte in der zweiten Hälfte des 19. Jahrhunderts zu einer Welle von Gründungen von Versicherungsgesellschaften. Daneben wurden in großer Zahl Pensions- und Sterbekassen ins Leben gerufen, mit denen die Betriebe in den 80er Jahren nach Erlaß der Bismarckschen Sozialgesetze – die lediglich die Arbeiter, Gehilfen und Angestellten mit einem Einkommen unter 2 000 M betrafen – ihren Angestellten eine Altersversorgung bieten wollten. Auch von den Angehörigen bestimmter Berufsgruppen wurden Initiativen zur entsprechenden Eigenvorsorge ergriffen. In Bevölkerungskreisen, die von dieser betrieblichen oder überbetrieblichen Altersvorsorge nicht erfaßt waren, kam es häufig zur Bildung von regionalen Vorsorgeeinrichtungen. Amtlichen Nachrichten zufolge zählte Ende 1899 allein Preußen 3 634 Sterbekassen.[16]

Letzteres veranlaßte dann das Kaiserliche Aufsichtsamt für Privatversicherung, Berlin, das 1901 nach Erlaß des Gesetzes über die privaten Versicherungsunternehmen vom 12. Mai 1901 (im folgenden kurz „VAG" genannt) errichtet wurde, bereits im ersten Jahr seines Bestehens zur Auslegung des Begriffs der privaten Versicherungsunternehmung Stellung zu nehmen. Voraussetzung für die Annahme einer unter das Gesetz fallenden Unternehmung sei ein „Betrieb". Ein solcher sei jedoch nicht vorhanden, wenn es sich „um den Zusammenschluß einer ganz geringen, festgeschlossenen Anzahl von individuell bestimmten Personen zum Zwecke gemeinsamer Tragung gewisser Verluste und Schäden handle".[17] Demzufolge wurde eine Vielzahl von Pensions- und Hinterbliebeneneinrichtungen nicht als Versicherungsunternehmen anerkannt und damit auch nicht der Reichs- oder Länderaufsicht unterstellt. Das galt gleichermaßen für eine größere Zahl von rechtlich selbständigen Unterstützungseinrichtungen der Versicherungswirtschaft.

Die Gründungswelle im letzten Drittel des 19. Jahrhunderts setzte sich in der ersten Dekade des 20. Jahrhunderts noch fort, wenngleich eine Reihe von Fusionen und Bestandsübertragungen andeutete, daß sich die übertragenden Unternehmen offensichtlich in finanziellen Schwierigkeiten befanden.[18] Die Inflationsjahre brachten eine geschäftliche Stagnation, die erst nach der Währungsstabilisierung, zu Beginn des Jahres 1924, beendet war. Nach den Jahren der großen Wirtschaftskrise von 1929 bis 1933 wurde auch die Versicherungswirtschaft durch die nationalsozialistische Regierung angekurbelt und nahm einen lebhaften Aufschwung. Dieser Aufschwung wurde mit dem Zweiten Weltkrieg und seinen unmittelbaren Nachkriegsjahren wieder unterbrochen und fand erst nach der Währungsreform in 1948 seine Fortsetzung.

15 Vgl. hierzu die Spalte der Gründungsdaten in Tabelle S. 27ff.
16 Eisold, Berufsstatistik, 1913, S. 11.
17 VerAV, 1. Jg., 1902, S. 190.
18 VerAV, 3. Jg., 1904, S. 95.

Im einzelnen läßt sich die wirtschaftliche Entwicklung der privaten Versicherungsunternehmen anhand der Zahl der jeweils existierenden Gesellschaften und ihrer Prämieneinnahmen nachvollziehen. Für das 19. Jahrhundert steht jedoch nur ein bruchstückhafter Einblick, der sich auf die einzelnen deutschen Länder und auf unterschiedliche Kennziffern bezieht, zur Verfügung. Dennoch läßt dieser Einblick – wie die folgenden Zahlen über die Lebensversicherungs-Gesellschaften im Deutschen Reich und über die Feuer- sowie Unfall- und Haftpflichtversicherungsunternehmen in Preußen zeigen – den beachtlichen Aufschwung erkennen, den die Versicherungsunternehmen (=VU) in den 60er und 70er Jahren des vorigen Jahrhunderts genommen haben[19]:

Jahr	Lebens-VU	Feuer-VU	Unfall-/Haftpflicht-VU
	Anzahl der versicherten Personen	Versich. Summen in Mio. M	Versich.Summen in Mio. M
1840	19.852	–	–
1850	36.955	–	–
1860	88.507	4.280	–
1870	348.930	24.300	21
1879	574.370	40.130	1.159

Vom Jahre 1901 an bieten die Berichte des Aufsichtsamtes einen exakten Einblick in die Verhältnisse der Versicherungsunternehmen, soweit sie der Reichsaufsicht unterlagen. Hieraus ergab sich in geraffter Form die Zahl der Versicherungsunternehmen und ihrer Prämieneinnahmen wie auf der nächsten Seite dargestellt.[20]

Danach unterstanden der Reichsaufsicht gemäß § 2 VAG im Jahre 1901 391 überregional tätige inländische Versicherungsunternehmen.

Hinzu kamen noch 478 kleinere Unternehmen mit dem Sitz in Hessen, Schaumburg-Lippe und Bremen, die aufgrund der regionalen Begrenzung ihres Geschäftsgebietes gemäß § 3 Abs. 1 VAG durch die Kaiserlichen Verordnungen vom 3. Februar und 16. November 1902 der Aufsicht des Aufsichtsamtes unterstellt wurden. Die Bedeutungslosigkeit dieser Unternehmen läßt sich daran erkennen, daß ihre Prämieneinnahme im Jahre 1901 bei insgesamt 0,9 Mio M lag, während die überregional tätigen Unternehmen ein Prämienaufkommen aus dem deutschen Geschäft von 559 Mio M aufwiesen.[21] Die regional begrenzt tätigen Klein- und Kleinstversicherungsunternehmen betrieben ihr Geschäft im wesentlichen als Sterbekassen oder Viehversicherungen, und zwar häufig

19 Borscheid/ Drees, Versicherungsstatistik, 1988
Lebensversicherung: S. 61
Feuerversicherung: S. 288
Unfall- und Haftpflichtversicherung: S. 128.

20 1901: VerAV, 3. Jg., 1904, S. 82
1913: VerAV, 14. Jg., 1915, S. 39
1920: VerAV, 22. Jg., 1924, S. 5
1930: VerAV, 34. Jg., 1935, S. 54 und 76
1936: VerAV, 38. Jg., 1939, S. 8 und 16.

21 VerAV, 2. Jg., 1903, S. 92f.

Jahr	Inländische VU Anzahl		Rück-VU Anzahl	Prämien in Mio M (ohne Rückvers.)
1901	391	(478)*	–	559
1913	762	(1.119)	35	1.142
1920	688	(1.052)	73	4.226[22]
1930	620	(742)	48	2.312
1936	625	(1.334)	32	1.840[23]

*Die in ( ) genannten Zahlen betreffen kleinere regionale Versicherungsunternehmen.

auf genossenschaftlicher Basis. Ihre Zunahme 1936 betraf 679 badische Unternehmen, die 1934 ebenfalls der Reichsaufsicht unterstellt worden waren.[24]

Auch bei den überregional tätigen Unternehmen betraf eine große Zahl der erfaßten Versicherungsunternehmen lediglich Kleinbetriebe. Um der gesetzlich geforderten Darstellung der wirtschaftlichen Verhältnisse der beaufsichtigten Versicherungsunternehmen nachzukommen, erschienen dem Aufsichtsamt bei seiner erstmaligen Veröffentlichung von Ergebnissen für das Jahr 1902 nur 147 Versicherungsunternehmen von Bedeutung, um mit ihren Abschlußzahlen der Öffentlichkeit vorgestellt zu werden.[25] Dabei wurden in der Personenversicherung (Leben-, Kranken- und Unfallversicherung) grundsätzlich die Unternehmen von geringem Umfang und von rein lokaler Bedeutung fortgelassen; es handelte sich auch hier in erster Linie um die sehr zahlreichen, aber wirtschaftlich unbedeutenden Sterbekassen. Dagegen wurden in den übrigen Versicherungssparten auch Kleinbetriebe berücksichtigt, wenn sie geeignete Unterlagen geliefert hatten.[26]

Da für diese Studie aus der Veröffentlichung des Aufsichtsamtes auch die Betriebe ausgeklammert wurden, die ein Prämienaufkommen von weniger als 0,5 Mio M auswiesen und demzufolge auch nur wenige Angestellte beschäftigten – häufig erledigten ehrenamtlich tätige Mitglieder die anfallenden Arbeiten –, begrenzt sich der Kreis der im Jahre 1902 wirtschaftlich bedeutsamen Unternehmen auf 84 Gesellschaften. Mit diesen Unternehmen, die zusammen rd. 95% des Gesamtbeitragsaufkommens auswiesen[27], ist die private Versicherungswirtschaft zu Beginn dieses

22 Die hohen Prämieneinnahmen in 1920 deuten bereits die inflationäre Geldentwicklung an. In 1922 wuchs das Prämienaufkommen auf 73.135 Mrd. Papiermark.

23 Die Prämieneinnahme betrifft nur die „größeren Versicherungsunternehmen", d.s. die Aktiengesellschaften, die großen Gegenseitigkeitsvereine und die kleineren Versicherungsvereine nach § 53 VAG, sofern sie eine Prämieneinnahme von mehr als 1 Mio. RM hatten; vgl. VerAV, 33. Jg., 1934, S. 70. Es handelte sich in 1936 um 233 Unternehmen; vgl. VerAV, 38. Jg. 1939, S. 16.

24 Gemäß Anordnung über die Beaufsichtigung badischer privater Versicherungsunternehmen vom 6. Sept. 1934, RGBl. I, S. 283.

25 KAV, Versicherungs-Statistik für 1902, S. X, XII, XXXVIII, XLV, L, LV, LVI und LXIX. Doppelnennungen in einzelnen Sparten wurden eliminiert.

26 VerAV, 3. Jg., 1904, S. 5f.

27 Das Beitragsaufkommen der inländischen Unternehmen betrug 1902 rd. 592 Mio. M; VerAV, 4. Jg., 1905, S. 26.

Jahrhunderts im wesentlichen erfaßt. Da sich dieser Bestand an Unternehmen aus den Gründungen des vorhergehenden Jahrhunderts – insbesondere in seiner zweiten Hälfte – entwickelt hat, repräsentiert er auch die Versicherungswirtschaft im 19. Jahrhundert.

Bis zum Jahre 1913 hat sich, wie die obige Aufstellung zeigt, der Bestand an beaufsichtigten Unternehmen um 75% ausgeweitet; allerdings betraf diese Zunahme in erster Linie den Lebensversicherungsbereich, der sich um eine Fülle von kleineren Versicherungsvereinen erweiterte. Der 13. Geschäftsbericht des Aufsichtsamtes berichtet für 1913 von 131 Unternehmen mit einem Prämienvolumen von jeweils mehr als 0,5 Mio M.[28] Die Zunahme der Unternehmenszahl gegenüber 1902 beruhte hauptsächlich auf Geschäftsausweitungen der Unternehmen, die 1902 noch unter der Erfassungsgrenze von 0,5 Mio M lagen.

In den Jahren zwischen den beiden Weltkriegen vollzog sich bei den Versicherungsgesellschaften – wie auch in anderen Wirtschaftszweigen – eine starke Konzentrationsbewegung. Sie ging vor allem von den Rückversicherungs-Gesellschaften aus, die zwischen Gesellschaften, bei denen sie die Aktienmehrheit hatten, Fusionen veranlaßten. Von den drei großen Versicherungsgruppen, die sich gebildet hatten (Allianz, Frankfurter, Gerling) brach 1929 die Frankfurter zusammen und wurde von der Allianz übernommen. Im Bereich der Lebensversicherung ergab sich gegenüber dem Vorkriegsstand ein stark verändertes Bild: Von 42 selbständigen Gesellschaften im Jahre 1914 bestanden 1930 nur noch 12; die anderen waren entweder liquidiert oder gehörten anderen Unternehmen an, die ihre Aktienmajorität besaßen.[29]

Auch nach dem Zweiten Weltkrieg ist eine nicht geringe Anzahl von Unternehmen durch Fusionen, Bestandsübertragungen und zu einem kleinen Teil auch durch Liquidationen untergegangen. Wenn die private Versicherungswirtschaft Ende 1988 dennoch 338 Unternehmen umfaßte – ohne die öffentlich-rechtlichen Versicherungsanstalten –[30], so ist dieser Zugang weniger auf Neugründungen aus bisher dem Versicherungsgeschäft fernstehenden Finanzkreisen[31], sondern in erster Linie auf das Bestreben der Versicherungskonzerne zurückzuführen, über neugegründete Gesellschaften ihr Versicherungsangebot zu vervollständigen. Infolge der vorgeschriebenen Spartentrennung ist zum Betreiben der Lebens-, Schadens-, Kranken- oder Rechtsschutzversicherung jeweils eine eigene Gesellschaft erforderlich; dazu kam meist auch die Arrondierung mit einem eigenen Rückversicherungsunternehmen. Die Geschäftspolitik der Versicherungsunternehmen war daher in starkem Maße auf eine Konzern- oder Gruppenbildung ausgerichtet. Es war naheliegend, in einem solchen Konzernverbund eine einheitliche betriebliche Sozialpolitik zu betreiben, d.h. möglichst gemeinsame Sozialeinrichtungen zu schaffen.

28 VerAV, 13. Jg., 1914, S. 144ff., 150, 152, 154, 157, 159, 160, 162f., 165, 167, 169, 171, 173. Doppelnennung in einzelnen Sparten wurden eliminiert.

29 Leipziger Leben, 1830–1930, S. 84.

30 Die genannte Zahl ergibt sich aus der Auszählung der im „Kölner Wegweiser 1988" aufgeführten Unternehmen.

31 Hierunter fallen im wesentlichen Gerling und Deutscher Herold in 1918, Volkswohl in 1919, R+V in 1922, DKV in 1927, DAS in 1928, ARAG in 1935, und Berliner Verein in 1936; vgl. „Kölner Wegweiser 1988".

1.2.2 Anzahl der erfaßten Unternehmen

Von den größeren privaten Versicherungsunternehmen, die am Ende des Jahres 1988 tätig waren und damit für eine Bereitstellung von Quellenmaterial für diese Studie in Betracht kamen, existierten 95 schon im Jahre 1914, und von diesen waren 70 bereits vor 1900 gegründet worden.[32] Bei 27 der letztgenannten Unternehmen sind Pensionskassensatzungen, Betriebsordnungen, Ausführungen in Jubiläumsberichten, betriebsinterne Vermerke und Veröffentlichungen des Aufsichtsamtes überliefert, die zeigen, daß diese Gesellschaften schon im 19. Jahrhundert mit vermögensbildenden Maßnahmen ihre Angestellten unterstützten.[33]

Ferner bestehen Hinweise für weitere 44 nicht mehr existente Unternehmen – die aber in der Regel über Fusionen in den heute noch bestehenden Unternehmen aufgegangen sind –, daß sie um und vor der Jahrhundertwende ebenfalls über Unterstützungseinrichtungen verfügten.[34] Insgesamt wurden also für die Zeit vor 1900 71 größere Versicherungsunternehmen erfaßt, die für diese Arbeit von Relevanz sind. Im Hinblick auf den oben genannten Bestand von 84 größeren Versicherungsunternehmen um die Jahrhundertwende dürfte damit ein hinreichend repräsentativer Einblick in die für diese Studie bedeutsamen Verhältnisse der ganzen Branche vor der Jahrhundertwende gegeben sein.

Neben dem am Schluß dieser Studie aufgeführten Quellenmaterial aus den Firmenarchiven liegen für die Jahre 1907, 1919 und 1936 zusätzlich umfassende Branchenerhebungen zu vermögensbildenden Maßnahmen vor, an denen nahezu alle größeren Versicherungsunternehmen beteiligt waren. Somit ist auch für die erste Hälfte dieses Jahrhunderts eine repräsentative Basis für die vorliegende Untersuchung gewährleistet.

1.3 QUELLEN, LITERATUR UND ZEITLICHE GLIEDERUNG

Es ist naheliegend, daß bei der Liquidation eines Unternehmens in der Regel auch der Aktenbestand untergeht. Gleichermaßen wird bei Unternehmensfusionen der Aufbewahrung alter Akten und Dokumente des übertragenden Unternehmens von seiten der übernehmenden Gesellschaft im allgemeinen keine besondere Aufmerksamkeit zugewendet. Das gilt natürlich in einem ganz besonderen Maße für Bestandsübertragungen, die nur die Fortführung der noch lebenden Versicherungsverträge zum Gegenstand haben. Das Erlöschen eines Unternehmens ist daher zumeist auch mit der Vernichtung der nicht mehr benötigten Akten verbunden. Für die Beschaffung von Quellenmaterial aus dem vorigen Jahrhundert und der ersten Hälfte dieses Jahrhunderts kamen demzufolge – mit wenigen Ausnahmen – nur die Aktenbestände der damals gegründeten und zur Zeit noch existierenden Unternehmen in Betracht.

32 Die genannten Unternehmenszahlen ergeben sich auf Grund der im „Kölner Wegweiser 1988“ aufgeführten Gründungsdaten.

33 Diese Unternehmen sind in der Aufstellung auf S. 27ff. enthalten.

34 Auch diese Unternehmen sind in den in der Aufstellung auf S. 27ff. aufgeführten Gesellschaften enthalten und ergeben zusammen mit den vorgenannten, noch existierenden Unternehmen die auf S. 32 ausgewiesene Gesamtzahl von 71.

Soweit jedoch diese Gesellschaften bis zum Ende des Zweiten Weltkrieges in dem Bereich der späteren DDR domizilierten, sind die dort zurückgebliebenen Akten – und dazu gehörten in erster Linie alle Unterlagen, die mit dem Versicherungsgeschäft in keinem unmittelbaren Zusammenhang standen – aufgrund der besonderen politischen Nachkriegsverhältnisse als verloren anzusehen. Aber auch bei den Gesellschaften, die bei Kriegsende ihren Sitz auf dem Gebiet der späteren BRD hatten, sind die meisten Aktenbestände durch Kriegseinwirkung oder zum Teil auch als Folge der Beschlagnahme der Verwaltungsgebäude durch die Besatzungsmächte untergegangen. Es kommt hinzu, daß im Rahmen des Neubeginns nach dem Zweiten Weltkrieg wenig Interesse für alte Aktenbestände vorhanden war und diese daher – auch aus Raumbeschaffungsgründen – vielfach dem „Aktenwolf" zugeführt wurden.

Es gibt also nur noch wenige Gesellschaften, die über Quellen in Form von Satzungen, Vermerken, Protokollen, Schriftwechsel u.ä. aus der Zeit vor dem Zweiten Weltkrieg, und noch viel weniger aus der Zeit vor dem Ersten Weltkrieg, verfügen.

Abgesehen von diesen wenigen Unterlagen stammen die wichtigsten Quellen für diese Arbeit aus den Jubiläumsberichten, die die Gesellschaften aus Anlaß ihres 25-, 50- oder 100jährigen Bestehens veröffentlichten und die noch in manchen Archiven und Bibliotheken greifbar waren. Allerdings enthalten diese Berichte nur allgemeine Ausführungen über Aktivitäten auf dem Gebiet der hier interessierenden vermögensbildenden Maßnahmen.

Zu diesem Thema sind auch in den Fachzeitschriften der Versicherungswirtschaft immer wieder Aufsätze erschienen, die aber meistens nur generelle Aspekte und selten firmenindividuelle Angelegenheiten behandeln. Für die Bewertung der betrieblichen Maßnahmen waren diese Aufsätze jedoch von nicht geringem Wert, insbesondere, wenn sie sich mit aufsichtsamtlichen, arbeitsrechtlichen oder steuerrechtlichen Fragen auseinandersetzten.

Ab dem Jahre 1901 geben die Geschäftsberichte und Veröffentlichungen des in diesem Jahr gegründeten Aufsichtsamtes für das Versicherungswesen viele wertvolle Hinweise. Diese Hinweise betrafen vor allem die für das Thema besonders relevanten Pensionskassen. Für das Jahr 1919 hat der Arbeitgeberverband deutscher Versicherungsunternehmen eine Erhebung hinsichtlich der jeweils bestehenden Pensionseinrichtungen durchgeführt[35], die einen detaillierten Einblick in die tariflichen Leistungen der Pensionskassen bot.

Für die Zeit unmittelbar vor dem Zweiten Weltkrieg war ein vertraulicher Bericht über die sozialen Aufwendungen in der Versicherungswirtschaft im Jahre 1936 eine maßgebliche Quelle für diese Studie.[36]

Das vorliegende Material legte eine Unterteilung in drei Abschnitte nahe:

1. 19. Jahrhundert
2. von 1901 bis 1923
3. von 1924 bis 1948

35 Die Pensionseinrichtungen der privaten Versicherungsgesellschaften im Arbeitgeberverband deutscher Versicherungsunternehmungen e.V. Nicht veröffentlichter Bericht.

36 Kalbaum, Soziale Leistungen, 1990.

Für die Unterteilung zum Zeitpunkt der Jahrhundertwende sprach das Inkrafttreten des Versicherungsaufsichtsgesetzes, mit dem die Tätigkeit der Versicherungsunternehmen ab dem Jahre 1901 geregelt und diese unter eine staatliche Aufsicht gestellt wurden. Die vielfältigen Auswirkungen des Gesetzes und der Aufsicht, auch auf dem Gebiet der Pensions- und Unterstützungskassen, legten einen Einschnitt nahe.

Die Zäsur nach dem Jahre 1923 ist im Zusammenhang mit den Folgen der Inflation zu sehen. Sie hatte erhebliche finanzielle Auswirkungen, die manche Gesellschaften an den Rand ihrer Existenz brachten. Die Währungsumstellung bedeutete daher praktisch für alle Versicherungsunternehmen einen Neubeginn, der sich auch auf die Fortführung der betrieblichen Sozialeinrichtungen bezog.

Nach dem Zweiten Weltkrieg standen die Versicherungsunternehmen vor einer ähnlichen Situation, die allerdings auf Grund der kriegsbedingten Gebäudeschäden und der Enteignung der Vermögenswerte in der sowjetischen Besatzungszone weit schwieriger als nach dem Ende des Ersten Weltkrieges war. Auch in diesem Fall markiert die Währungsreform des Jahres 1948 den Abschluß einer Periode und gleichzeitig einen Neuanfang in allen geschäftlichen Bereichen. Es bot sich daher an, das zeitliche Ende des Untersuchungszeitraums auf das Jahr 1948 zu setzen.

2. ERFOLGSBETEILIGUNG IN DER VERSICHERUNGSWIRTSCHAFT

In der Versicherungswirtschaft hat die Frage der Erfolgsbeteiligung der Belegschaft im wesentlichen erst seit Beginn der 70er Jahre dieses Jahrhunderts Bedeutung gewonnen. Noch Mitte der 60er Jahre sind maßgebende Verbandsgremien der Versicherungswirtschaft bei der Erörterung der Frage der Gewinnbeteiligung zu dem Ergebnis gekommen, daß die Einführung einer Gewinn- oder Ergebnisbeteiligung entsprechend dem Vorgehen der Industrie und auch der Banken nicht empfohlen werden kann, weil die wirtschaftlichen Grundvoraussetzungen nicht vergleichbar wären. Zur Begründung wurde darauf hingewiesen, daß die Mitarbeiter des Innendienstes keinen oder nur einen geringen Einfluß auf zwei entscheidende Ertragsfaktoren hätten: auf die Kapitalerträge und die Schadensquoten bzw. die Sterblichkeit in der Lebensversicherung. Daher sei der versicherungsgeschäftliche (technische) Überschuß als Bezugsgröße für eine Gewinnbeteiligung nicht anwendbar[37]. Folgerichtig könne dann auch nicht der Jahresüberschuß, über dessen Verwendung die Aktionäre zu entscheiden haben, ein Maßstab für eine Erfolgsbeteiligung sein.

Neben den zwei genannten Ertragsfaktoren wirkt sich natürlich auch die Entwicklung der Verwaltungskosten auf die Ertragssituation eines Versicherungsunternehmens aus. In den 70er und 80er Jahren dieses Jahrhunderts hat daher als Folge einer härter gewordenen Konkurrenzsituation und des damit zusammenhängenden Kostendrucks die Kostenersparnisbeteiligung der Belegschaft an Bedeutung gewonnen. Von den zuvor genannten Erfolgsbeteiligungsmöglichkeiten kann sie in diesem Zusammenhang als eine besonders angemessene Form angesehen werden. Als Bezugsgrößen werden Kennziffern herangezogen, die sich zum Beispiel aus der Relation von Kosten zum Beitragsaufkommen oder auch aus dem Unterschreiten von Plankosten ergeben. Diese Form der Erfolgsbeteiligung scheint allerdings schon zu Beginn dieses Jahrhunderts Anwendung gefunden zu haben. In einer Kommentierung des Reichstarifvertrages für Angestellte der privaten Versicherungsunternehmen wurden bei der Definition des Begriffs „Sonstige Zuwendungen“ – die nach dem Inkrafttreten des Reichstarifsvertrages wegzufallen hatten – „die in mancher Gesellschaft gewährten Verwaltungsgewinnanteile“ erwähnt[38]. Hinweise auf die Anwendung dieser Beteiligungsform sind jedoch in dem vorliegenden Quellenmaterial nicht gefunden worden.

Üblicherweise wird bei Kapitalgesellschaften die Dividendenhöhe als Kriterium für eine Erfolgsbeteiligung in Gestalt der Tantieme herangezogen. Hierbei ist zu bedenken, daß das Eigenkapital in der Versicherungswirtschaft lediglich eine Garantie- und Sicherheitsfunktion besitzt und sich in seiner Höhe nach den behördlichen Solvabilitätsbestimmungen richtet. Eine weitere Besonderheit der Versicherungswirtschaft ist es, daß das Grundkapital bei vielen Gesellschaften nur zum Teil eingezahlt ist. Die jeweiligen Dividendensätze sind daher nicht unbedingt ein Kennzeichen für die Ertragslage des Unternehmens, sondern häufig das Ergebnis einer publizitätswirksamen Dividendenpolitik. Der Dividendensatz erscheint somit

37 Internes Rundschreiben des Arbeitgeberverbandes der Versicherungsunternehmen vom 24. April 1962.

38 Eberhard, Reichstarifvertrag, 1919. S. 248.

als Maßstab für eine Erfolgsbeteiligung wenig geeignet. Wenn dennoch die Vorstandsmitglieder in der Regel Tantiemen als vertraglich vereinbarte Erfolgsbeteiligung in Abhängigkeit von der Dividendenhöhe erhalten, so kommt dieser Maßstab in Ermangelung eines besseren zur Anwendung. Er galt offensichtlich auch schon im 19. Jahrhundert. Denn in den Gewinn- und Verlustrechnungen der Versicherungsunternehmen der damaligen Zeit findet sich unter den Aufwendungen häufig die Position „Tantiemen".

Daß die Tantiemen nicht unbedeutend waren, ergibt sich aus der – nach der Konstituierung des Aufsichtsamtes erstmaligen – Veröffentlichung der Versicherungsstatistik für das Jahr 1902. Danach haben nahezu alle Versicherungs-Aktiengesellschaften Tantiemen gezahlt; ihr Durchschnitt betrug bei den Lebensversicherungsunternehmen 4,5% des zu verteilenden Gewinns[39] und bei den Feuerversicherungsunternehmen 7,6%[40]. Bei den Gegenseitigkeitsvereinen wurde bei der Mehrzahl der Unternehmen keine Tantieme vergütet; das gilt insbesondere für die Feuerversicherungsunternehmen[41]. Soweit Lebensversicherungsvereine Tantiemen zahlten, betrug ihr Durchschnitt im Jahre 1902 7,6% des zu verteilenden Gewinns[42]. Ein Hinweis, ob die Tantiemen nur Vorstandsmitglieder oder auch leitende und sonstige Angestellte betrafen, ließ sich den Statistiken des Aufsichtsamtes nicht entnehmen.

Dem Geschäftsbericht der Allianz für das Geschäftsjahr 1903 ist eine Aufteilung zu entnehmen; und zwar sollten nach dem Gewinnverwendungsvorschlag des Vorstandes aus dem Gesamtüberschuß von rd. 629.000 M der Aufsichtsrat rd. 32.000 M und der Vorstand rd. 43.000 M erhalten (als Zuweisung für den Pensionsfonds der Beamten waren 20.000 M vorgesehen). Demnach gab es damals keine Erfolgsbeteiligung für leitende Angestellte bei der Allianz. Dreißig Jahre später hieß es dann aber in der Betriebsordnung unter dem Titel „Freiwillige soziale Leistungen": „In dem Bestreben, die Betriebsgemeinschaft am Erfolg der Gesellschaft teilhaben zu lassen, zahlt die Gesellschaft freiwillig gelegentlich des Abschlusses und zu Weihnachten Gratifikationen, deren Höhe und Gestaltung sie von Fall zu Fall bestimmt". 1936 beliefen sich diese Gratifikationen auf 120% eines Monatsgehaltes[43].

In der Regel wurden Tantiemen aufgrund von satzungsmäßigen Bestimmungen oder von Anstellungsverträgen bezahlt.

Nach den „Statuten" der Providentia aus dem Jahre 1856 erhielten der Aufsichtsrat (§ 30) eine Gewinnbeteiligung von 5% und der Vorstand (§ 33) eine „Gratifikation". Das „Statut" der Fortuna sah in § 14 vor, daß aus dem Gewinn „die statuarischen und contraktlichen Tantiemen" zu zahlen sind. In den Geschäftsberichten der Kölnischen Feuer und der Kölnischen Rück für die Jahre 1897 bis 1899 wurden „statuten- und vertragsmäßige Tantiemen" genannt. Unter den vertragsmäßigen Tantiemen wurden vermutlich auch Erfolgsbeteiligungen erfaßt, die mit einzelnen Angestellten vertraglich vereinbart wurden. Nach § 31 der Satzung der Frankfurter Transport von 1903 war im Rahmen der

39 Versicherungs- Statistik 1902, S. 158f. Victoria und Bayernhypo wurden nicht berücksichtigt, da diese beiden Gesellschaften mit ihren hohen Reingewinnen und niedrigen, bzw. nicht gezahlten Tantiemen das Bild verfälschen würden.

40 Ebenda. S. 330f.

41 Ebenda, S. 330f.

42 Ebenda, S. 160f. Ohne Leipziger Leben, deren Prozentsatz von 0,6% das Gesamtbild beträchtlich beeinflussen würde.

43 Allianz, 1890–1940, S. 216, und 1890–1990, S. 214.

Gewinnverwendung „die den Direktoren und Beamten lt. ihren Anstellungsverträgen zukommenden Tantiemen" zu berücksichtigen.

Daß jedoch auch im vorigen Jahrhundert Tantiemen an bestimmte Angestelltengruppen gezahlt wurden, läßt sich aus verschiedenen Quellen entnehmen.

In der Beschlußfassung der Generalversammlung der Vaterländischen Feuer über das Geschäftsjahr 1846 wurde in der Gewinnverwendung eine „Gratifikation für das Bureau" in Höhe von Thlr. 259.7½ Sgr. berücksichtigt[44].
In der Festschrift der Magdeburger Feuer zum 125jährigen Jubiläum heißt es[45]: „Die Gewinnbeteiligung ... praktiziert die Magdeburger Feuer bereits seit mehr als einem Jahrhundert. In der Bilanz 1850 erscheint erstmals ein ‚Gratifications-Fonds'. 5 Prozent vom Gewinn wurden abgezweigt für die Agenten und Hauptagenten". In dem Rechenschaftsbericht der Württfeuer für das Jahr 1868 wird auf einen neugefaßten Rückversicherungsvertrag mit der Vaterländischen Feuer in Elberfeld hingewiesen. Hierdurch hätten sich die Einnahmen der Gesellschaft erhöht, so „daß uns die Mittel gewährt sind, für die besonderen, durch den direkten Verkehr mit der Rückversicherungsgesellschaft veranlaßten Arbeiten diejenigen unserer Beamten (es sind dies zugleich die ältesten), welche neben ihren regelmäßigen Funktionen sich jenen Geschäften unterziehen, nach Maßgabe des Geschäftszuwachses entsprechend zu honorieren"[46]. In Abhängigkeit vom Geschäftszuwachs erhielten also die mit dem Rückversicherungsgeschäft befaßten Beamten hierfür neben ihrem vertraglichen Gehalt ein zusätzliches Entgelt.
In dem Gesellschaftsvertrag, der der konstituierenden Generalversammlung der Mannheimer im Jahre 1879 zugrunde lag, heißt es in § 17, daß aus dem Bilanzgewinn die Mitglieder des Aufsichtsrats einen Prozentanteil und die Beamten der Gesellschaft „die ihnen vertragsmäßig zugesicherten Tantiemen" erhalten. In dem verfügbaren Jahresabschluß für 1880/81 wurden Tantiemen und Gratifikationen „lt. § 17 der Statuten" in einem Betrage von rd. 13.838,67 M ausgewiesen. In den verfügbaren Jahresabschlüssen für 1885/86, 1903/4 und 1904/5 erschienen Tantiemen und Gratifikationen für die Beamten der Gesellschaft in getrennten Positionen mit abgerundeten Beträgen von 10.100 M, 20.000 M und 22.500 M.
Bei der Münchener Rück wurden bereits in 1884, d.h. im vierten Geschäftsjahr, Tantiemen aus dem Geschäftsgewinn gewährt, und zwar erhielt der Bürovorsteher 900 M, ein weiterer im AR-Protokoll namentlich genannter Angestellter 600 M, die übrigen älteren Angestellten ein volles Monatsgehalt und die jüngeren ein halbes Monatsgehalt[47].
Der Deutsche Ring und die Deutsche Leben in Berlin schütteten im Jahre 1935 20% eines Monatsgehalts als Gewinnbeteiligung aus und gaben außerdem ein 13. Monatsgehalt. Für 1936 wurde der sogenannte Gewinnbeteiligungssatz auf 33 ⅓% erhöht. Als Mindestbetrag wurden 50 RM für Ledige sowie 100 RM für Verheiratete und 10 RM für jedes Kind gewährt[48].

Aus der Zahlung von vollen oder prozentualen Monatsgehältern kann wohl der Schluß abgeleitet werden, daß es sich nicht um eine echte Erfolgsbeteiligung, sondern eher um Gratifikationen handelte, mit denen der Einsatz der Angestellten anerkannt werden sollte.

Daß erfolgsabhängige Bezüge der Angestellten nicht unüblich waren, läßt sich im Umkehrschluß auch aus dem Wortlaut einiger Dienstordnungen und Pensionskassen-Satzungen ableiten.

44 Vaterländische Feuer, Protokoll der 26. Generalversammlung vom 12. Mai 1847.
45 Magdeburger Feuer, 1844–1969, S. 57.
46 Württfeuer, Rechenschaftsbericht 1868, § 8.
47 Münchener Rück, AR-Protokoll vom 10.11.1884.
48 Kalbaum, Soziale Leistungen, 1990, S. 42.

In der Festschrift der Preußischen Renten vom Jahre 1888 hieß es: „Dividenden und Tantiemen werden nicht gewährt"[49]. In der Satzung der Pensionskasse der Münchener Rück von 1906 hieß es, daß das pensionsfähige Gehalt nicht Tantiemen, Gratifikationen und sonstige Extravergütungen umfasse[50]; diese Abgrenzung war in den beiden vorhergehenden Statuten von 1892 und 1897 noch nicht enthalten. Ebenso bestimmte die Satzung der Pensionskasse der Stuttgart-Berliner von Ende 1918, daß zum ruhegeldberechtigten Diensteinkommen nicht die Gewinnanteile und sonstigen besonderen Vergütungen gehörten[51]. Im November 1887 errichtete die Victoria eine Unterstützungskasse für ihre Bürobeamten und deren Angehörige. Von der Mitgliedschaft an dieser Kasse waren die Mitglieder der Direktion sowie diejenigen Beamten, welchen Tantiemen von der Gesellschaft gewährt wurden, ausgeschlossen[52].

Der ausdrückliche Hinweis, daß Gewinnanteile, Tantiemen oder Gratifikationen nicht gewährt würden oder nicht zum ruhegeldberechtigten Einkommen zu rechnen wären, läßt den Schluß zu, daß erfolgsabhängige Bezüge in anderen Versicherungsunternehmen gezahlt wurden oder für Teile der eigenen Belegschaft vorgesehen waren. Offen bleibt die Frage, ob es sich bei diesen zum Teil als Gewinnbeteiligung deklarierten Zahlungen, insbesondere bei den Gratifikationen, um echte Erfolgsbeteiligungen oder lediglich um Vergütungen handelte, die regelmäßig – wenn es die Geschäftslage erlaubte – meist in einem Prozentsatz des Gehalts den Angestellten zuflossen.

Aus einer Untersuchung des Verbandes der deutschen Versicherungsbeamten vor dem Ersten Weltkrieg ergab sich, daß von 79 „Direktionsbetrieben" 80% dieser Unternehmen ihren Angestellten Gratifikationen in Gestalt eines auf das Monatsgehalt bezogenen Betrages zukommen ließen[53]. An diesem begrifflichen Inhalt der Gratifikation hat sich in der Folgezeit keine Änderung ergeben. 1940 wurden Gratifikationen als „13. Monatsgehalt", als „Weihnachts- oder Urlaubsgeld", „Abschlußvergütung", „Sonderzahlung" oder auch als „Gewinnbeteiligung" angesprochen, ohne daß aber eine echte Erfolgsbeteiligung gegeben war[54].

Das Beispiel der Gratifikation zeigt, daß die Abgrenzung zwischen einer Erfolgsbeteiligung und einer vermögensbildenden Maßnahme fließend war. Was zunächst als mittelbare Erfolgsbeteiligung und Anerkennung für die erbrachte Leistung gedacht war, wurde im Laufe der Zeit zu einer freiwilligen sozialen Leistung des Betriebes, auf die den Angestellten unabhängig vom Jahresergebnis aus gewohnheitsrechtlichen Gründen ein Anspruch zuwuchs. In dieser Studie werden daher – wie bereits oben dargelegt – die Gratifikationen den Vermögensbildungsmaßnahmen und nicht der Erfolgsbeteiligung zugerechnet.

In der Versicherungswirtschaft ist es üblich, den Abschluß von Versicherungsverträgen als Produktion zu bezeichnen. In der Regel wird diese „Produktions"-Leistung des Außendienstes in Form von Provisionen in Abhängigkeit von dem wertmäßigen Umfang der Vertragsabschlüsse abgegolten. Bei der Provision handelt es sich daher um ein leistungsabhängiges Entgelt, das nicht als Erfolgsbeteiligung angesprochen

49 Preußische Renten, 1838–1888, S. 66.
50 Münchener Rück, Satzung der Pensionskasse von 1906, § 10.
51 Stuttgart-Berliner, Satzung der Ruhegeld-, Witwen- und Waisenkasse von 1918, § 11, Nr. 3.
52 Victoria, Regulativ der Pensionskasse in der Fassung von 1887, § 2.
53 Vollbrecht, Versicherungs-Beamte, 1915, S. 82.
54 Schmidt, Joh., Gratifikationen, 1940, S. 142ff.

werden kann; das gilt gleichermaßen für die „produktions"-mäßige Beteiligung der Führungskräfte des Außendienstes, soweit sich ihr Entgelt an den Leistungen ihrer Mitarbeiter orientiert. Sofern besondere Vergütungen gezahlt wurden, handelte es sich meist um Gratifikationen an solche Vertreter, die bereits seit langem für eine Gesellschaft tätig waren[55].

Aus den vorliegenden Quellen läßt sich also entnehmen, daß echte Erfolgsbeteiligungen der Angestellten im 19. Jahrhundert und in der ersten Hälfte dieses Jahrhunderts offensichtlich eine Ausnahme waren. Andererseits wurden bei günstigem Geschäftsgang im Zusammenhang mit den Jahresabschlüssen pauschale Vergütungen in Gestalt von Gratifikationen gezahlt, mit denen der Einsatz des Angestellten und seine Treue zum Betrieb eine Anerkennung finden sollten.

55 Schmidt, Joh., Gratifikationen, 1940, S. 143..

3. VERMÖGENSBILDUNG IN DER VERSICHERUNGSWIRTSCHAFT

3.1 DIE ENTWICKLUNG DER VERMÖGENSBILDUNG ALS DASEINSVORSORGE

Wenn man den Zweck der Vermögensbildung in ihrer ursprünglichen Zielsetzung als Daseinsvorsorge versteht, dann ist sie immer ein ganz wesentlicher Teil des menschlichen Strebens nach Absicherung vor existentiellen Risiken gewesen, sei es Hungersnot, sei es Krankheit oder frühzeitiger Tod. Diese Absicherung lag ursprünglich bei der Familie oder der sie übergreifenden Sippe als „natürlicher Gefahrengemeinschaft"[56]. Da hiermit Familie und Sippe häufig überfordert waren, kam es zu genossenschaftlichen Zusammenschlüssen. Den bäuerlichen Genossenschaften entsprachen in den Städten die Gilden der Zünfte bzw. Handwerkerverbände.

Ihre Hilfeleistung betraf im wesentlichen Krankheits- und Todesfälle der genossenschaftlichen Mitglieder. Diese gegenseitige Hilfe in Notfällen wurde nicht als Almosen, sondern als Leistung im Rahmen der genossenschaftlichen Bindungen angesehen. Hilfe in Krankheitsfällen setzte im übrigen voraus, daß diese unverschuldet war. Dementsprechend protokollierte die Vereinigung der hamburgischen Hauszimmerleute, daß „kein Zimmergeselle Krankengeld genießen soll, wenn er des Sonntags außgehet"[57].

Institutionell wurden die notwendigen Beiträge oder Umlagen in sogenannten Totenladen erfaßt, aus denen sich im Laufe des 18. Jahrhunderts die Sterbekassen entwickelten. Ihre Leistung sollte ein „honnetes" Begräbnis sichern, d.h. eine Form der Bestattung, die der sozialen Stellung des Verstorbenen entsprach. Demzufolge regelte die Satzung der Totenlade die Durchführung der Beerdigung in allen Einzelheiten wie Größe des Sarges, Kleidung und Verhalten der Sargträger und die Ruhestätte[58].

Eine Hinterbliebenenversorgung war mit den Totenladen oder späteren Sterbekassen nicht verbunden. Es wurde davon ausgegangen, daß der Verstorbene sich rechtzeitig um die Versorgung seiner Frau und Kinder in weiser Voraussicht bemüht hatte[59] oder die Witwe sich wiederverheiratete und damit wieder sichergestellt war. Sofern sie Erbin eines Bauernhofes oder eines handwerklichen Betriebes und nicht zu alt war, ergaben sich hierbei meist keine Probleme. Vom Staat, von der Zunft oder den Grundherren wurde die Wiederverheiratung sogar nachdrücklich unterstützt; sie trieben die Witwe geradezu in eine neue Ehe[60].

Die Chance einer Wiederverheiratung der Witwen verminderte sich allerdings bei dem besitzlosen Teil der Bevölkerung beträchtlich. Jedoch konnte der unselbständig Tätige damit rechnen, daß er im bäuerlichen oder handwerklichen Betrieb zur Not von seinem Dienstherrn Schutz und im Alter ein sogenanntes Gnadenbrot fand[61].

Zu den Minderbemittelten, die nicht in der Lage waren, aus ihren laufenden Einkünften ausreichende Rücklagen für den Todesfall zu bilden, gehörten auch

56 Boehart, ..nicht brothlos.., 1985, S. 25.
57 Ebenda, S. 32.
58 Ebenda, S. 34f.
59 Borscheid, Geschichte, 1987, S. 240.
60 Ebenda, S. 246.
61 Graef, Altersfürsorge, S. 13, und Kersten, Altersvorsorge, 1959, S. 17.

Beamte, Lehrer und Pfarrer. Dies wog umso schwerer, als der absolutistische Staat gegenüber den Witwen seiner Bediensteten keinerlei Versorgungsverpflichtungen empfand; für ihn stand nur der Beamte und nicht seine Frau im Staatsdienst. Eine Ausnahme machte Bayern, das bereits vor 1650 seinen Hofbeamten einen Anspruch auf Witwenrente einräumte. Zum Vorbild für die Hinterbliebenenversorgung seiner Beamten wurde ab 1748 Österreich, dem zu Beginn des 19. Jahrhunderts weitere süddeutsche Staaten folgten[62]. Die staatlichen Renten hatten für die Begünstigten den besonderen Vorteil, daß sie keine eigenen Beiträge für die Versorgung ihrer Hinterbliebenen aufzubringen hatten.

Eine gesetzliche Absicherung fand auch sehr frühzeitig der besonders gefahrenträchtige Bergbau. Das allgemeine Preußische Landrecht führte schon 1794 die Fürsorgepflicht der Bergwerkseigentümer ein; 1854 wurden aufgrund des Preußischen Berggesetzes die Knappschaftskassen gegründet[63].

Zur Selbsthilfe, die notwendigerweise auf eigenen Beiträgen beruhen mußte, griffen frühzeitig die Geistlichen. In Lübeck wurde 1625 von protestantischen Predigern eine Witwen- und Waisenkasse gegründet, die sich bis ins 20. Jahrhundert gehalten hat. Gott habe „die Wittiban und Waisen in fleißige acht zu nehmen und sie auffs beste als müglich, zu versorgen, vielfaltig befohlen“[64]. Besonders bekannt geworden ist die 1705 errichtete „Christliche Gesellschaft..zur Versorgung der Witwen und Waisen“ der Geistlichen in Braunschweig, die zum Vorbild bei der Gründung vieler Beamten-Witwenkassen wurde[65].

Eine größere Verbreitung erfuhren die Witwenkassen jedoch erst ab der Mitte des 18. Jahrhunderts, als in den Städten neue bürgerliche Schichten entstanden. Hier hatte jeder für sich selbst vorzusorgen, und dies konnte er über den Anschluß an eine Witwen- und Waisenkasse. Demzufolge wurden Witwenkassen in Kassel (1750), Hessen (1751), Bremen (1754), Weimar (1757), Hannover (1762), Berlin (1776) und anderen deutschen Städten errichtet[66]. Für Beamte, höhere Offiziere und Pfarrer war die Mitgliedschaft in solchen Kassen vielfach Pflicht[67].

Die weitaus größte Witwenkasse des 18. Jahrhunderts war die „Calenbergische Wittwen-Verpflegungs-Gesellschaft“, die auf Veranlassung von Georg III., König von England und Herzog zu Braunschweig und Lüneburg, im Jahre 1766 gegründet wurde[68]. Während diese Kasse noch auf einem verfeinerten Umlageprinzip beruhte, galt die im Jahre 1778 gegründete „Hamburgische Allgemeine Versorgungsanstalt“ mit ihrer versicherungsmathematischen Basis als Vorläuferin des modernen Lebensversicherungswesens in Deutschland; die Versorgungsanstalt existierte bis zum Jahre 1957[69]. Ebenfalls auf versicherungsmathematischer Grundlage wurde 1806 die „Allgemeine Witwen-Kasse für die Prediger und Schullehrer“ in Braunschweig ins

62 Borscheid, Geschichte, 1987, S. 240ff.
63 Klien, Minimallohn, 1902, S. 44 und Weiss, Altersversorgung, 1955, S. 16.
64 Boehart, ..nicht brothlos.., 1985, S. 36.
65 Borscheid, Geschichte, 1987, S. 240.
66 Boehart, ..nicht brothlos.., 1985, S. 36.
67 Borscheid, Geschichte, 1987, S. 243.
68 Boehart, ..nicht brothlos, 1985, S. 37.
69 Vgl. hierzu Fußnote 14.

Leben gerufen; aus dieser Kasse ging die Braunschweigische Lebens-Versicherungs-Anstalt hervor.

Die Calenbergische Gesellschaft und die Hamburgische Versorgungsanstalt waren sog. freie Kassen, d.h. sie waren nicht an bestimmte Berufsstände gebunden. Der Beitritt stand jedoch nur den Angehörigen des betreffenden Territoriums offen, da diese Einrichtungen oft nur mit Zuwendungen der Landesherren am Leben erhalten werden konnten[70]. Bei der Calenbergischen Gesellschaft konnten auch Auswärtige mit Ausnahme von Militärbediensteten, Seefahrern, Kranken und Ehemännern, die 40 Jahre älter als ihre Ehefrauen waren, beitreten. In Hamburg wurde jeder aufgenommen, der die Hamburger Gerichtsbarkeit anerkannte sowie seinen Taufschein und ein „Zeugnis eines wegen seiner Geschicklichkeit bekannten Medici“ – und zwar notariell beglaubigt – vorlegte; dazu gehörten offensichtlich auch Ältere, denn die Tabellen enthielten Beiträge für 70-Jährige[71].

Die Unterstützung von Witwen- und Waisenkassen, insbesondere der freien Kassen, seitens der Landesherren entsprach kameralistischen Überlegungen. Man wollte den Bevölkerungsstand eines Territoriums durch eine gezielte „Familienpolitik“ sichern und damit der Abwanderung vorbeugen[72].

Abwanderungen fanden aber auch innerhalb der Territorien statt. Die ländliche Bevölkerung, befreit von Leibeigenschaft und Frondiensten, stellungsuchende Handwerksgesellen und viele Kleingewerbetreibende, denen die industrielle Entwicklung ihre überlieferten Erwerbsmöglichkeiten genommen hatte, drängten zunehmend in die Städte, um hier bei den Manufakturen und sich entwickelnden Industriebetrieben Arbeit und damit Lohn zu finden.

Mit der Industriellen Revolution entstand die ständig wachsende Schicht der nicht besitzenden Arbeiter, „der auf reinen und festen Geldlohn gestellten, ohne oder mit ganz kurzer Kündigungsfrist für eine bestimmte Arbeit angeworbenen Nurlohnarbeiter“[73]. Aber dieser Lohn reichte kaum zur existentiellen Absicherung aus, so daß Frauen und Kinder für den Lebensunterhalt der Familie mitarbeiten mußten. An eine Vorsorge für Krankheit, Invalidität oder frühen Tod und für das neu hinzugekommene Risiko der Arbeitslosigkeit war nicht zu denken.

Es kam hinzu, daß sich durch die Abwanderung in die Städte die alten Solidargemeinschaften der Sippe, der dörflichen Gemeinschaften oder der Genossenschaften aufgelöst hatten; der Schutz, den der unselbständige Tätige früher im landwirtschaftlichen oder handwerklichen Betrieb bei Krankheit oder im Alter häufig gefunden hatte[74], wurde ihm als Arbeiter im frühkapitalistischen System nicht mehr zuteil. Umso härter trafen ihn Notfälle. „Die Geschichte des frühen Industrialismus ist mit Blut und Tränen geschrieben worden“[75].

Das mit der Landflucht und der Industrialisierung einsetzende materielle Elend weiter Bevölkerungskreise wurde erschwerend begleitet von einem nachlassenden

70 Borscheid, Geschichte, 1987, S. 241.
71 Boehart, ..nicht brothlos.., 1985, S. 61f.
72 Ebenda, S. 36.
73 Die deutsche Volkswirtschaft, 1919, S. 451.
74 Ebenda, S. 13.
75 Heyde, Ludwig, Sozialpolitik, 1959, S. 18f.

Caritaswesen. Über Jahrhunderte wurde mit großen Stiftungen in Form von regelmäßigen Zuwendungen an Nahrungsmitteln und Kleidung oder der Bereitstellung von Spitälern, in denen Kranke oder bedürftige alte Menschen untergebracht wurden, für das Seelenheil der Stifter nach ihrem Tode gesorgt[76]. Diese caritativen Stiftungen wurden oftmals treuhänderisch von der Kirche verwaltet. Ihre Verwaltung wurde im Laufe der Zeit zunehmend Gegenstand der Kritik, mit der Folge, daß im ausgehenden Mittelalter die Städte Mitspracherechte in den kirchlichen Spitälern durchsetzen konnten[77]. Im Zeitalter des Absolutismus übernahmen dann die Landesherren die Spitäler, wobei nicht nur die Spitäler, sondern mehr und mehr das gesamte Wohlfahrtswesen Teil der staatlichen Verwaltung wurden. Schließlich führte die Säkularisation im Jahre 1803 zu einem tiefen Einschnitt in die überkommenen Versorgungseinrichtungen.

Mit der Säkularisierung der kirchlichen Einrichtungen ging auch die Bereitschaft zur Wohltätigkeit zurück. Und der Staat seinerseits war meistens nicht in der Lage, diese finanzielle Lücke zu schließen. Der Staat beschränkte sich daher darauf, nur noch diejenigen Armen zu unterstützen, die nicht arbeitsfähig waren – Alte, Kranke, Waisenkinder. Arbeitsfähige Arme wurden zur Arbeit angehalten; hierfür wurden Arbeits- und Zuchthäuser bereitgestellt[78].

Mit Fleiß und Arbeit wurden alle gesellschaftlichen Probleme zu lösen gesucht. „Der Grundsatz der lebenslangen Arbeit wird von niemandem zur Diskussion gestellt und als unverzichtbarer Bestandteil der Altersversorgung angesehen“[79]. Demzufolge stellte sich zunächst nicht die Absicherung der Existenz im Alter, sondern lediglich die Versorgung der Hinterbliebenen bei frühzeitigem Tode des Familienvaters oder der Ausgleich des Verdienstausfalls im Falle seiner Invalidität als Aufgabe.

Die Lösung dieser Aufgabe war besonders dringend für den weiten Bereich der besitzlosen Arbeitnehmerschaft. Das erkannten lange vor dem Aufkommen einer staatlichen Sozialpolitik sozialbewußte Unternehmer, die sich für die Unterstützung ihrer Belegschaftsangehörigen engagierten, wenn diese oder ihre Familien in Not gerieten. In diesem Zusammenhang seien beispielhaft die Mitte des vorigen Jahrhunderts gegründeten Unterstützungseinrichtungen der Gutehoffnungshütte (1832), der Firma Krupp (1858), der Sächsisch-Böhmischen Dampfschiffgesellschaft (1858), von Friedrich Henschel (1858), des Bochumer Vereins (1863) und von Siemens (1872) erwähnt. Ein Vorläufer für die spezielle Witwen- und Waisenversorgung im Betrieb kann in einer Iserlohner Kasse für Fabrikarbeiter von 1842 gesehen werden[80].

Die unternehmerische Initiative erwuchs nicht der Einsicht, daß ihre Maßnahmen unmittelbar betrieblichen Interessen entsprechen könnten, sondern „vielmehr aus patriarchalischen Überlieferungen, karitativem oder humanem Denken und christlich-ethischer Verantwortung. Sie diente der Bestätigung der unternehmerischen Autorität und ‚in majorem gloriam‘ der Firma“[81].

76 Boehart, ..nicht brothlos.., 1985, und Borscheid, Geschichte, 1987, S. 81ff.

77 Borscheid, Geschichte, 1987, S. 83.

78 Ebenda, S. 260.

79 Ebenda, S. 262 und 268.

80 Kersten, Altersvorsorge, 1959, S. 16; v. Koppen, A. u. M., 1977, S. 1; Schulz, Betriebliche Sozialpolitik, 1991, S. 141, und Graef, Altersfürsorge, 1962, S. 15.

81 Graef, Altersfürsorge, S. 14.

Ende des 18. Jahrhunderts und Anfang des 19. Jahrhunderts bildete sich in den Städten im Rahmen der neuen bürgerliche Schichten auch ein Dienstleistungsbürgertum[82], dem die „Privatbeamten“ zuzurechnen waren, die bei den Banken, den sich neu entwickelnden Versicherungsunternehmen oder den Verwaltungen der Industriebetriebe tätig waren. Sie standen ebenfalls in einem abhängigen Beschäftigungsverhältnis, das zwar günstigere Bedingungen als bei den Lohnarbeitern vorsah, das aber in den unteren Tätigkeitsstufen auch keine finanziellen Möglichkeiten zur Eigenversorgung für Notlagen bot.

Mit der Bezeichnung „Privatbeamter“ – für den es keine gesetzliche Begriffsbestimmung gab[83] – wurde jedoch verdeutlicht, daß die Angestellten in den kaufmännischen Betrieben mit den staatlichen Beamten verglichen werden wollten und sie demzufolge auch deren materielle Absicherung anstrebten.

Bei der A. u. M. Feuer galten im Zeitpunkt der Gründung der „Witwenkasse der Beamten“ im Jahre 1849 alle Angestellten, die nicht gewerblich tätig waren, als Beamte[84].
Nach der Allgemeinen Dienstvorschrift des Allgemeinen Deutschen Vereins in der Fassung von 1910 waren Beamte alle Angestellten, welche einerseits nicht dem Vorstand, andererseits nicht dem Hilfspersonal angehörten. Die Beamte teilten sich in Oberbeamte und Beamte. Zu den Oberbeamten zählten die Beamten mit Richterqualifikation und sonstige Beamte von einer bestimmten Gehaltsstufe an[85].
Bei der Kölnischen Unfall galten nach den Bestimmungen der Versorgungskasse von 1911 als Beamte alle diejenigen Angestellten der Gesellschaft, „welche gegen ein festes Jahresgehalt in ihren Diensten standen“[86].
Bei der Karlsruher Leben war laut § 6 der Beamtensatzung von 1917 nach zehn Dienstjahren „die Anstellung des Beamten eine unwiderrufliche dergestalt, daß soweit nicht ein Grund zur sofortigen Entlassung vorliegt, seitens der Anstalt nur noch die Zuruhesetzung des Beamten, diese aber nach freiem Ermessen auch ohne seinen Antrag erfolgen kann“.

Wie diese Untersuchung zeigt, sind bei einer Reihe von Versicherungsunternehmen die staatlichen Versorgungsregelungen übernommen worden. Ihre betrieblichen Unterstützungseinrichtungen wurden in zwei Fällen bereits vor denen der erwähnten Industriebetriebe ins Leben gerufen[87].

Über viele Jahrzehnte des 19. Jahrhunderts bis zur Errichtung der gesetzlichen Sozialversicherung in den 80er Jahren war die betriebliche Fürsorge in Fällen von Krankheit, Invalidität oder des frühzeitigen Todes die einzige Absicherung der Industriearbeiter und der Verwaltungsangestellten. Auch hier ging es anfangs im wesentlichen um die Errichtung von Betriebskranken-, Witwen- und Waisenkassen oder um Pensionskassen, die aber zunächst lediglich Renten an ihre nicht mehr arbeitsfähigen Mitglieder zu zahlen hatten.

82 Boehart, ..nicht brothlos.., S. 5.
83 Der Begriff des Beamten erscheint lediglich unter den aktiengesetzlichen Bestimmungen des Allgemeinen deutschen Handelsgesetzbuches von 1861. In Artikel 234 und 235 heißt es, daß die Vertretung der Gesellschaft auch bei Vorladungen vor Gericht Beamten der Gesellschaft zugewiesen werden kann.
84 von Koppen, A. u. M. Feuer, S. 2.
85 Allgemeiner Deutscher Verein, Allgemeine Dienstvorschrift von 1910, § 1.
86 Kölnische Unfall, Bestimmungen der Versorgungskasse von 1911, § 1.
87 Vgl. Tabelle S. 27ff.

Beispielhaft sei hier die Beamtenpensionskasse der Württfeuer von 1837 genannt, bei der der Pensionsfall gegeben war bei Arbeitsunfähigkeit wegen „langwieriger Krankheit“ oder „wegen hohen Alters, welchem Falle die Bitte um Entlassung nach Zurücklegung des 68. Lebensjahres gleichstand“[88].

In diesem Zusammenhang sei angemerkt, daß die ersten von England eingeführten Lebensversicherungen ebenfalls nicht den Erlebensfall, sondern nur den Todesfall zum Gegenstand hatten.

Auch bei den Bismarckschen Sozialgesetzen – bei denen die betrieblichen Unterstützungseinrichtungen Leitbild waren[89] – stand nicht die Alterssicherung im Vordergrund der Motive, sondern nur die Absicherung für die Fälle der Krankheit, des Unfalles und der Invalidität. Hierfür wurde eine gesetzliche Sicherung für notwendig erachtet, nicht aber für ein hohes Alter, das nun einmal in der menschlichen Natur begründet und daher der staatlichen Fürsorge nicht im gleichen Maße bedürftig erschien[90]. Wenn dennoch in dem Invaliditätsgesetz von 1889 eine Altersrente für alle versicherungspflichtigen Arbeitnehmer – d.h. für alle in einer abhängigen Tätigkeit beschäftigten Arbeiter und Angestellten mit einem Jahresverdienst unter 2.000 M[91] – vom 70. Lebensjahr an vorgesehen war, so wurde sie nur deshalb eingeführt, weil in diesem Alter Invalidität im allgemeinen vermutet wurde[92]. Die Altersrente fiel aber deutlich geringer aus als die Invaliditätsrente; letztere betrug im Jahre 1914 im Durchschnitt 198,86 M jährlich, die Altersrente nur 167,– M[93] – ein Betrag, der kaum ausreichte, um die existentiellen Lebensnotwendigkeiten abzudekken.

Erst mit dem Angestelltenversicherungsgesetz von 1911 trat dann die Alterssicherung in den Vordergrund, weil hier – mit gewissen Einschränkungen bei fortbestehenden Arbeitseinkommen – ein Ruhegeldanspruch mit Vollendung des 65. Lebensjahres entstand. Die Besserstellung der Angestellten gegenüber den Arbeitern wurde mit dem frühzeitigeren Verbrauch der geistigen Fähigkeiten begründet[94].

Aber auch für die Arbeiter forderte der Reichstag bei der Verabschiedung der Reichsversicherungs-Ordnung von 1911 eine Herabsetzung der Altersgrenze auf das 65. Lebensjahr; diese wurde jedoch erst im Jahre 1916 beschlossen, wodurch sich bei der Arbeiterrentenversicherung das Schwergewicht zu der mit dem 65. Lebensjahr beginnenden Altersrente verlagerte. Damit hatte sich das Alter 65 als Leitbild für den Beginn des Ruhestandes der abhängig Beschäftigten durchgesetzt[95]. Allerdings waren die gesetzlichen Renten bis zur Mitte dieses Jahrhunderts so geringfügig, daß sie kaum eine lebensfähige Basis bedeuteten; die abhängig Beschäftigten waren also für ihre existentielle Absicherung unverändert auf die betriebliche Unterstützung angewiesen. Ein grundlegender Wandel vollzog sich erst mit den Arbeiterrenten- und

88 Württfeuer, Entstehungsgeschichte der Beamtenpensionskasse, S. 10.
89 Graef, Altersfürsorge, S. 15.
90 Manes, ZVersWiss., Jg. 1925, S. 274; zit. nach Arps, Durch unruhige Zeiten, I. Teil, S. 441.
91 Manes, Sozialversicherung, S. 80.
92 Arps, Durch unruhige Zeiten, I. Teil, S. 441.
93 Ebenda, S. 441.
94 Ebenda, S. 441.
95 Ebenda, S. 442f.

Angestelltenversicherungs-Neuregelungsgesetzen vom 23.2.1957, mit denen die gesetzliche Rente „von einem Zuschuß zum Lebensunterhalt zu einer Lebensgrundlage" wurde, „die den Rentner aus der Nähe des Fürsorgeempfängers in die Nachbarschaft des Lohnempfängers rückt"[96]. Bis 1957 war also der abhängig Beschäftigte auf zusätzliche Finanzquellen angewiesen, wenn er nach seinem Ausscheiden aus dem Arbeitsleben ein angemessenes Lebensniveau halten wollte.

Nach der modernen „Dreisäulentheorie" bieten sich für diese Absicherung grundsätzlich die gesetzliche Sozialversicherung, die betriebliche Altersversorgung und die private Vorsorge in Gestalt von Lebensversicherungen oder angesparten Mitteln an. Von diesen drei „Säulen" bestanden aber bis in die 80er Jahre des 19. Jahrhunderts nur die betrieblichen Unterstützungseinrichtungen. Erst dann trat die Sozialversicherung allerdings mit sehr geringen Leistungen hinzu. Die Verbesserung der Einkommensverhältnisse bis zum Beginn des Ersten Weltkrieges ließ zusätzlich in kleinerem Umfang Ansparvorgänge zu, die insbesondere den Abschluß von sogenannten Volksversicherungen zum Gegenstand hatten.

Zwischen den beiden Weltkriegen hat zunächst die Inflation die staatlichen und betrieblichen Versorgungseinrichtungen an den Rand des Ruins geführt. Während die betrieblichen Institutionen sich erholten und die alten Versorgungsregelungen bald in Kraft setzten und zum Teil sogar noch verbesserten, blieb der Sozialversicherung unter dem Druck der Weltwirtschaftskrise, der Arbeitslosigkeit und dem damit verbundenen verringerten Beitragsaufkommen ein Aufschwung verwehrt.

Damit füllte die betriebliche Altersversorgung weitgehend eine Lücke aus, die sich nach dem Auflösen der alten Solidargemeinschaften und nach dem Rückgang des kirchlichen Wohlfahrtswesens zum Ende des 18. und Beginn des 19. Jahrhunderts einerseits und dem Ausbau der gesetzlichen Sozialversicherung in der Mitte des 20. Jahrhunderts andererseits aufgetan hatte. Über nahezu einhundert Jahre boten die betrieblichen Unterstützungseinrichtungen den Arbeitnehmern finanzielle Hilfen und damit den wesentlichen Rückhalt in Fällen der Not, der Invalidität oder des altersmäßig bedingten Ausscheidens aus dem Arbeitsleben. Die Vermögensbildung der Arbeitnehmer lag also in ihrem durch ihre Arbeitsleistung ihnen zugewachsenen, mehr oder weniger rechtlich abgesicherten Anspruch auf Leistungen aus der betrieblichen Unterstützungseinrichtung. Dieser Anspruch war in erster Linie auf die Invaliden-, Alters- und Hinterbliebenenunterstützung ausgerichtet; sonstige Maßnahmen zur Vermögensbildung wie z.B. Gratifikationen, Unterstützungen beim Eigenheimerwerb u.ä. bildeten dagegen in dem untersuchten Zeitraum bei den Versicherungsunternehmen nur eine nachgeordnete Rolle. Entsprechend steht im folgenden unter den Vermögensbildungsmaßnahmen die Invaliden-, Alters- und Hinterbliebenenunterstützung im Vordergrund dieser Studie.

96 Begründung zum Entwurf eines Gesetzes zur Neuregelung der Rentenversicherung der Arbeiter und der Angestellten, Drucksache 2437, S. 57f., in: Verhandlungen des Deutschen Bundestages, 2. WP., Anlage zu den stenographischen Berichten, Bd. 42, Bonn 1956; zit nach Graef, Altersfürsorge, S. 21.

3.2 DIE BETRIEBLICHEN EINRICHTUNGEN FÜR DIE INVALIDEN-, ALTERS- UND HINTERBLIEBENENUNTERSTÜTZUNG

3.2.1 Im 19. Jahrhundert

3.2.1.1 Historische Entwicklung

Aus dem vorhandenen Quellenmaterial wurde eine Zeittafel über Gründungsdaten und wichtige Satzungsänderungen von Unterstützungseinrichtungen der privaten Versicherungswirtschaft im 19. Jahrhundert zusammengestellt; diese Zeittafel, die auf den folgenden Seiten wiedergegeben wird, ist in zwei Perioden – mit einer Zäsur in 1880 – aufgeteilt. Mit der Periode bis 1880 werden jene Unterstützungseinrichtungen erfaßt, die noch vor der „Kaiserlichen Botschaft" vom 17. November 1881 – mit der das Versorgungsthema als eine öffentliche Aufgabe in das allgemeine Bewußtsein gebracht wurde – ihre Tätigkeit aufnahmen. Bei den Unterstützungseinrichtungen, die in der Periode der letzten beiden Jahrzehnte des 19. Jahrhunderts errichtet wurden, dürfte ihr Entstehen nicht zuletzt auch durch die Diskussion der Sozialgesetze im Reichstag und in der Öffentlichkeit sehr gefördert worden sein.

Die zur Verfügung stehenden Quellen geben nur einen kleinen Ausschnitt aus dem Gesamtumfang der am Ende des 19. Jahrhunderts tatsächlich bestehenden Unterstützungseinrichtungen wieder. Diese Annahme stützt sich auf die Veröffentlichungen des Aufsichtsamtes. Nach seiner Konstituierung im Jahre 1901 berichtete das Aufsichtsamt erstmals für das Geschäftsjahr 1902 über den Stand der beaufsichtigten Versicherungsunternehmen. In den veröffentlichten Bilanztabellen erschienen unter den Passiva sogenannte Beamtenfonds, auf deren Bedeutung noch eingegangen wird. Ihre Bezeichnung deutet darauf hin, daß die hierunter bilanzierten Mittel der Unterstützung der Beamten in Notfällen dienten. Im Hinblick auf die damals vorherrschende allgemeine Tendenz wird die Mehrzahl der Beamtenfonds der Alters- und Hinterbliebenenversorgung gedient haben – und zwar bereits vor der Jahrhundertwende. In der folgenden Übersicht sind die Unternehmen, die Beamtenfonds in ihren Bilanzen für 1902 auswiesen, in einer besonderen Spalte herausgestellt; wie sich aus den Tabellen des Aufsichtsamtes ergibt, handelt es sich dabei um nahezu alle größeren Versicherungsunternehmen.

Die Übersicht läßt erkennen, daß die ersten privaten Versicherungsunternehmen, die in den frühen Jahrzehnten des 19. Jahrhunderts gegründet wurden, schon wenige Jahre nach ihrer Gründung ihren Betriebsangehörigen bzw. deren Familien Unterstützungen zukommen ließen und zum Teil sogar bereits auf einer institutionellen Basis Unterstützungseinrichtungen ins Leben riefen.

Die Vaterländische Feuer zahlte seit ihrer Gründung 1823 ihren „Beamten" Pensionen[97]. Die Württfeuer, gegründet im Jahre 1828, rief 1837 eine Unterstützungskasse für ihre Mitarbeiter ins Leben[98]. Ein Gleiches tat die 1820 gegründete Gothaer Feuer im Jahre 1846, und die A. u. M. Feuer, 1825 gegründet, unterstützte die Witwen ihrer „Beamten" ab 1849 über eine Witwenkasse[99].

97 Vaterländische Feuer, Denkschrift, 1898, S. 137.
98 Württfeuer, Entstehungsgeschichte, S. 10.
99 von Koppen, A. u. M. Feuer, S. 1ff.

Unterstützungseinrichtungen der privaten Versicherungswirtschaft				
Gesellschaft		bis 1880	1881 bis 1900	1902
Name	Gründungs-datum			(x = Beamten-fonds[100])
1. Mecklenbg. Hagel[101]	1797	.*)	Vor 1900 Zahlungen für Versorgungsfälle aus laufenden Mitteln	x
2. Braunschweigische Leben	1806	.	.	x
3. Berlinische Feuer	1812	.	1899 Beamtenunterstützungsfonds[102]	x
4. Leipziger Feuer	1819	.	.	x
5. Gothaer Feuer[103]	1820	1846 „Unterstützungskasse für Bankgehülfen“ 1869 Altersversorgung der Beamten 1879 Witwen u. Waisenversorgungsverein	1889 Ruhegehaltsfonds mit selbständiger Verwaltung	.
6. Vaterländische Feuer[104]	1823	Ab Gründung Zahlung von Unterstützungen und Pensionen	1888 „Beamten-Pensions- und Unterstützungsfonds“ zur alleinigen Verfügung des Aufsichtsrats	x
7. Leipziger Hagel	1824		Ab 1888 Ansammlung eines Fonds[105]	.
8. A. u. M. Feuer	1825	1849 „Wittwenkasse der Beamten“ 1874 wird ein gemeinnütziger Fonds erwähnt	1900 Pensionsfonds[106]	x

*) . = Es liegen keine Angaben vor.

100 Vgl. S. 77ff.

101 Die Mecklenburgische leistete vor 1900 Zahlungen für Versorgungsfälle aus laufenden Mitteln. Ab 1900 finden sich erste Hinweise über Bildung und Auffüllung einer „Versorgungsrückstellung“; Mecklenburgische, 1797–1972, S. 92f.

102 Berlinische Feuer, 1812–1962, S. 184.

103 Gothaer Feuer, 1820–1970, S. 198ff.

104 Vaterländische Feuer, Denkschrift, S. 137f.

105 Leipziger Hagel sammelte aufgrund eines Verwaltungsratsbeschlusses vom 22.10.1888 einen Reservefonds an, der im Jahre 1907 in eine neu errichtete Pensionskasse eingebracht wurde; Satzung von 1907.

106 Aus Anlaß des 75jährigen A. u. M. Feuer-Jubiläums wurden 1900 einem Pensionsfonds 250.000 M zugeführt. Die Gründung der als Stiftung vorgesehenen Pensionskasse für die Beamten der A. u. M. und der Aachener Rückversicherung verzögerte sich jedoch bis 1909. Bis dahin wurde an arbeitsunfähig gewordene Beamte widerruflich jährlich eine den staatlichen Pensionssätzen angepaßte Subvention gezahlt; von Koppen, A. u. M., S. 2f.

Unterstützungseinrichtungen der privaten Versicherungswirtschaft

Gesellschaft Name	Gründungsdatum	bis 1880	1881 bis 1900	1902 (x = Beamtenfonds)
8. A. u. M. Feuer (Forts.)		1879 „Brüggemannstiftung" zur Aufstockung der Witwenrenten		
9. Schwedter[107]	1826	1876 Pensions-Kasse ohne Hinterbliebenenversorgung	1893 Hinterbliebenenversorgung	x
10. Gothaer Leben[108]	1827	1852 „Unterstützungsfonds der Bureaugehülfen" und „Becker'scher Unterstützungsfonds" 1876 „Wittwenkasse der Beamten"	.	x
11. Deutsche Leben Lübeck	1828	.	.	x
12. Württfeuer[109]	1828	1837 Pensions- und Unterstützungskasse	.	x
13. Hannover. Leben	1829	.	.	x
14. Leipziger Leben[110]	1830	1870 Pensions- und Unterstützungskasse	.	x
15. Güstrower Feuer	1831	.	.	x
16. Allgemeine Rentenanstalt[111]	1833	Ab 1878 Pensionsregelungen	1892 Pensionsstatut für Anstalts-Beamte	.

107 Mecklenburgische, 1797–1972, S. 97.

108 Aus dem Statut der „Wittwenkasse der Beamten" von 1876 der Gothaer Leben ergibt sich, daß ein „Unterstützungsfonds der Bürogehilfen" und ein sog. „Becker'scher Unterstützungsfonds" bereits vor 1876 vorhanden gewesen sein müssen (§ 13 und §§ 15ff. des Statuts). Es ist zu vermuten, daß diese Unterstützungseinrichtungen etwa zur gleichen Zeit wie die „Unterstützungskasse für Bankgehülfen" der Schwestergesellschaft Gothaer Feuer, d.h. 1846 oder spätestens zum 25jährigen Jubiläum der Gothaer Leben im Jahre 1852, ins Leben gerufen wurden.

109 Württfeuer, Entstehungsgeschichte, S. 10.

110 Leipziger Leben, 1830–1880, S. 60f.

111 Das vom 1. Januar 1892 an gültige „Pensions-Statut" der Allgemeinen Rentenanstalt läßt in den Schlußbestimmungen erkennen, daß bereits vorher eine Pensionsregelung in Kraft war. Da den pensionsberechtigten Beamten auch die vor dem 1. Januar 1878 zurückgelegten Dienstjahre angerechnet wurden, wenn sie für diese Jahre je 2% des damaligen Gehalts in den Pensionsfonds nachzahlten – nicht aber auch für die Jahre von 1878 bis 1891 –, ist anzunehmen, daß das vorhergehende Statut in 1878 in Kraft trat; Pensionsstatut 1892, § 12.

Unterstützungseinrichtungen der privaten Versicherungswirtschaft				
Gesellschaft		bis 1880	1881 bis 1900	1902
Name	Gründungs-datum			(x = Beamten-fonds)
17. Karlsruher Leben[112]	1835	1864 Gesellschaftssatzung sah Bewilligung von „Pensionen, Witwen und Waisengehältern“ durch Generalversammlung vor. Ab 1865 wurden Beiträge der Beamten zu einer Witwen-Kasse erwähnt.	1894 Zuführung von 250 000 M an einen Beamtenpensionsfonds	.
18. Berlinische Leben[113]	1836	1861 Beamten-Pensionsfonds	1886 General-Agenten-Fonds	x
19. Preuß. Renten[114]	1838	.	Pensionszahlungen an Beamte und ihre Witwen	.
20. Köln. Feuer[115]	1839	.	1886 Unterstützungskasse	x
21. Greifswalder	1840	.	.	x
22. Sächs. Renten[116]	1841	.	Vor 1901 Rentengewährung	.
23. Magdeburger Feuer[117]	1844	1852 Unterstützungskasse für Beamte	.	.
24. Frankf. Leben	1844	.	.	x
25. Deutscher Phönix	1845	.	.	x
26. Preuß. National	1845	.	1886 Pensionskasse[118]	x
27. Köln. Rück[119]	1846	.	1897 Beamt.versorg.fonds.	.
28. Janus Hamburg	1848	.	.	x
29. Schlesische Feuer	1848	.	.	x
30. Teutonia	1852	.	.	x

112 In den Geschäftsberichten der Karlsruher Leben wurde in den Jahren ab 1865 unter den Verwaltungsaufwendungen die Position „Witwenkassen-Beiträge der Beamten und Angestellten“ aufgeführt. Einzelheiten über diese Kasse wie auch über die Satzung eines 1895 erwähnten Beamtenpensionsfonds sind nur insoweit bekannt, als in 1894 auf Beschluß der Generalversammlung 250.000 M einem Beamtenpensionsfonds zugeführt wurden; Geschäftsbericht 1894.

113 Berlinische Leben, Chronik 1836–1961, S. 138f.

114 Preußische Renten, 1838–1888, S. 66.

115 Kölnische Feuer, 1839–1914, S. 68.

116 Sächsische Renten, 1841–1901, S. 44.

117 Magdeburger Feuer, 1864–1969, S. 56f.

118 Von der Preußischen National zur Colonia, 1845–1970, S. 36.

119 In den Geschäftsberichten der Kölnischen Rück für 1897 und 1899 wird ein „Versorgungsfonds für Beamte“ in Höhe von rd. 155.000 M, bzw. 204.000 M ausgewiesen.

Unterstützungseinrichtungen der privaten Versicherungswirtschaft Gesellschaft Name	Gründungsdatum	bis 1880	1881 bis 1900	1902 (x = Beamtenfonds)
31. Concordia Leben	1853	.	.	x
32. Thuringia[120]	1853	1874 Pensionskasse	.	x
33. Victoria[121]	1853	.	1881 Pensionskasse und Unterstützungsfonds für Außendienst 1887 Pensionskasse, Unterstützungskasse und Lebensversicherung für Bureaubeamte	x
34. Hamburg-Bremer Feuer	1854	.	1896 Beamtenunterstützungsfonds[122]	x
35. Iduna	1854	1873 Beamten-Pensionskasse[123]	.	x
36. Stuttgarter Leben	1854	.	.	x
37. Providentia	1856	.	.	x
38. Germania[124]	1857	1877 Pensionskasse für Beamte	.	x
39. Nord-Deutsche	1857	.	.	x
40. Oldenburger	1857	.	1886 erstmalige Zuführung zur Beamten-Unterstützungskasse[125]	x
41. Deutsche Feuer	1860	.	.	x
42. Gladbacher Feuer	1861	.	.	x
43. Brandenburg. Spiegelglas	1864	.	.	x

120 Thuringia, 1853–1928, S. 42.

121 Victoria, I. Regulativ vom 1. Juli 1881 und Regulativ vom 15. Oktober 1887. Für die „Bureau-Beamten" bestand schon vor 1887 ein Unterstützungsfonds, über dessen Ursprung und Verwendung jedoch keine Unterlagen vorhanden sind. Dieser Fonds wurde 1897 in die neugegründete Unterstützungskasse eingebracht; interner Vermerk über die Entwicklung der Versorgungseinrichtungen, S. 1f.

122 Hamburg-Bremer Feuer, 1854–1954, S. 74.

123 Interne Erläuterungen der Iduna-Germania zur Berechnung der Pensionsrückstellung der Gruppe 2.

124 Interne Erläuterungen der Iduna-Germania zur Berechnung der Pensionsrückstellung der Gruppe 1.

125 Oldenburger, 1857–1907, S. 9 und 11.

Unterstützungseinrichtungen der privaten Versicherungswirtschaft				
Gesellschaft		bis 1880	1881 bis 1900	1902
Name	Gründungs-datum			(x = Beamten-fonds)
44. Concordia Feuer	1864	.	1897 Pensionsordnung für Beamte und Fürsorge-ordnung für Witwen und Waisen[126]	x
45. Frankfurter Transport	1865	.	.	x
46. Preußische Leben	1865	.	1897 Reglement für Beamtenpensionen[127]	x
47. Friedrich Wilhelm	1866	.	.	x
48. Nordstern Leben[128]	1886	.	1885 Regulativ für Beamten- und Witwenver-sorgung auf Lebensver-sicherungsbasis	.
49. Westdeutsche	1866	.	.	x
50. Fortuna	1868	.	.	x
51. Norddeutsche Hagel[129]	1869	.	1886 Beamten-Unter-stützungs-Kasse für Notfälle und Witwen- und Waisen-kasse	.
52. Deutscher Lloyd	1870	.	.	x
53. Landwi. Feuer	1872	.	.	x
54. Transatlant. Feuer	1872	.	.	x
55. Vaterländische Leben[130]	1872	.	.	.
56. Union Berlin	1873	.	.	x
57. Hanseat. Feuer	1874	.	.	x
58. Allgem. Dt. Verein	1875	.	.	x
59. Hammonia	1875	.	.	x

126 Concordia Feuer, 1864–1964, S. 6.
127 Preußische Leben, Reglement von 1897, §§ 1f.
128 Nordstern Leben, „Regulativ betreffend Alters- und Wittwen-Versorgung für die Beamten" von 1885.
129 Norddeutsche Hagel, 1869–1919, S. 22f.
130 Die Vaterländische Leben fusionierte 1906 mit der Nordstern Leben; hierbei wurde eine Pensionskasse der Vaterländischen Leben mit ihrem Mitgliederbestand und ihrem Vermögen von der Nordstern Leben übernommen. Es ist anzunehmen, daß die Pensionskasse der Vaterländischen Leben im Jahre 1888 gleichzeitig mit der der Vaterländischen Feuer errichtet wurde. III. Regulativ für die Nordstern-Beamten vom 10. Dezember 1906.

Unterstützungseinrichtungen der privaten Versicherungswirtschaft

Gesellschaft Name	Gründungsdatum	bis 1880	1881 bis 1900	1902 (x = Beamtenfonds)
60. Deut.Mil.dienst[131]	1878	.	1893 Pensionsfonds	x
61. Mannheimer[132]	1879	.	1881 Unterstützungsfonds für Beamte	.
62. Münchener Rück[133]	1880	.	1891 Pensionskasse	.
63. Rhein und Mosel	1881	–*)	.	x
64. Deutschland	1883	–	.	x
65. Neptun	1886	–	.	x
66. Oberrheinische	1886	–	.	x
67. Halensia	1888	–	.	x
68. Arminia	1889	–	.	x
69. Brandvers. der Eisenbahner	1889	–	.	x
70. Militärdienst Hamburg.	1889	–	.	x
71. Allianz[134]	1890	–	1891 Altersversorgung über Pensionskasse der Münchener Rück	.

*) – = Die Gesellschaft bestand vor 1880 noch nicht.

Ein gewisser Einfluß auf die betrieblichen Unterstützungsmaßnahmen ergab sich aus der Rechtsform. Die Gegenseitigkeitsgesellschaft – in dieser Rechtsform wurden in der ersten Hälfte des 19. Jahrhunderts vor allem die Lebensversicherungs-Gesellschaften errichtet[135] – wirkte sich zunächst als Hemmnis für die Gewährung von Sozialleistungen aus. Nach dem Gegenseitigkeitsprinzip stand nämlich der gesamte Gewinn den Mitgliedern der Gesellschaft zu. Eine Berücksichtigung der Angestellten bei der Verteilung des Gewinns wurde daher als nicht vertretbar angesehen.

Daher sollten – nach den Vorstellungen von Arnoldi, dem Gründer der „Gothaer Leben“ – die „Beamten der Bank“ nur eine feste „Besoldung“ für ihre Arbeitsleistung

131 Deutsche Militärdienst; Einleitung zur Satzung der Pensionskasse von 1913.

132 Mannheimer, „Bericht des Aufsichtsrathes“ vom Oktober 1881.

133 Münchener Rück, Statuten der Pensionskasse von 1892.

134 Im Jahre 1891 hatte sich die Allianz an die Pensionskasse der befreundeten Münchener Rück angeschlossen. 1903 folgte die Errichtung einer eigenen Pensionskasse. Arps, Wechselvolle Zeiten, S. 30.

135 Von den in der Tabelle s. 27f. genannten 29 Unternehmen, die in der ersten Hälfte des 19. Jahrhunderts gegründet waren, hatten 16 Gesellschaften die Rechtsform des Gegenseitigkeitsvereins – davon 9 Lebensversicherer – und 13 die der Aktiengesellschaft.

erhalten; auch der Vorstand der „Bank“ erhielt lange Zeit lediglich feste Bezüge. „Dabei wirkte die Vorstellung Arnoldis nach, daß die mit der Verwaltung des Vereins betrauten Persönlichkeiten ihre Tätigkeit gewissermaßen als Ehrenamt ansehen sollten“[136].

Bei der ebenfalls von Arnoldi als Gegenseitigkeitsverein gegründeten Gothaer Feuer wurde daher erst zum 25jährigen Jubiläum im Jahre 1846 eine Unterstützungskasse für die „Bankgehülfen“ eingerichtet; diese Unterstützungskasse wurde durch eine Schenkung der leitenden Bankbeamten und durch Beiträge der „Gehülfen“ finanziert. Von der Gesellschaft kamen keine Zuschüsse; dieser Grundsatz wurde erst 1869 durchbrochen[137].

Auch bei der Karlsruher Leben, 1835 gegründet, sah erst eine Neufassung der Gesellschaftssatzung im Jahre 1864 eine Bewilligung von „Pensionen oder Wittwen- und Waisengehalten“ vor[138].

Eine Schenkung wie bei der vorgenannten Unterstützungskasse der Gothaer Feuer oder auch eine Stiftung war zunächst die bevorzugte Form für die Bereitstellung des Grundstocks einer Unterstützungseinrichtung, und zwar entweder durch das Unternehmen selbst wie bei der A. u. M. Feuer mit der sog. „Brüggemannstiftung“, oder aus dem Privatvermögen eines leitenden Beamten, für das der „Becker'sche Unterstützungsfonds“ bei der Gothaer Leben ein Beispiel bietet[139]. Häufig standen solche Schenkungen oder Stiftungen im Zusammenhang mit einem Firmenjubiläum.

Im allgemeinen dienten diese ersten Unterstützungseinrichtungen und -regelungen der Versorgung in Notfällen, d.h. bei Krankheit und Invalidität des „Beamten“ oder im Falle seines Todes zur Unterstützung der Hinterbliebenen. Die Zahlung einer Pension, wie es bei der 1824 gegründeten „Vaterländischen Feuer“ in Elberfeld von Anfang an gehandhabt wurde, kann in der Frühzeit der privaten Versicherungsunternehmen als Ausnahme angesehen werden.

Es galt das bereits erwähnte Prinzip der Arbeit bis zum Lebensende; demzufolge stand die Zahlung einer Pension außerhalb jeglicher Erwägung. Nur wenn gesundheitliche Gründe die Erbringung einer Arbeitsleistung unmöglich machten, konnte eine laufende Unterstützung in Betracht gezogen werden. In dem Vorhandensein einer Pensionskasse wurde sogar eine Verführung gesehen, sich vorzeitig dem Dienst zu entziehen.

Aus diesem Grunde zahlte beispielsweise die A. u. M. Feuer „den ganz arbeitsunfähig gewordenen Beamten, wenn sie schon eine geraume Zeit im Dienste der Gesellschaft waren, widerruflich jährlich eine den staatlichen Pensionssätzen angepaßte Subvention, und teilweise arbeitsunfähig gewordenen Personen (wurde) unter einer mäßigen Reduktion ihrer Bezüge ein geringeres Arbeitspensum“ zugewiesen[140]. Zur Gründung einer Pensionskasse kam es erst im Jahr 1909; andererseits bestand eine rechtlich selbständige Witwenkasse bereits seit dem Jahre 1849[141].

136 Gothaer Feuer, 1820–1970, S. 198.
137 Ebenda, S. 199.
138 Satzung der Karlsruher Leben von 1864, § 89.
139 von Koppen, A. u. M. Feuer, S. 5, und Statut des Becker'schen Unterstützungsfonds, § 18.
140 Festschrift zum 75jährigen Jubiläum der A. u. M. Feuer, S. 53; zit. nach: von Koppen, A. u. M. Feuer, S. 7.
141 von Koppen, A. u. M. Feuer, S. 2 und 8.

Erst in den letzten beiden Dekaden des 19. Jahrhunderts wuchs die sozialpolitische Einsicht, die Lebensarbeitszeit zu begrenzen und demzufolge auch für die soziale Absicherung im Alter zu sorgen. Es war dabei naheliegend, den Beamten in den kaufmännischen Verwaltungen eine ähnliche Altersversorgung einzuräumen, wie sie für die staatlichen Beamten seit langem bestand.

Ende des 19. Jahrhunderts begannen auch die Städte und Gemeinden damit, ihren Arbeitern Pensionen zu gewähren, um sich damit eine „bleibende und vollarbeitsfähige Arbeiterschaft" heranzuziehen. Mit dieser Absicherung seiner Existenz wurde der Arbeiter zum „Arbeiterbeamten". Allerdings räumten die Gemeinden – mit Ausnahme von München – keinen rechtlichen Anspruch auf eine Pension ein; entsprechend brauchten die begünstigten Arbeiter auch keine Beiträge zu zahlen[142].

Es kam hinzu, daß die Forderungen der Arbeiterschaft hinsichtlich ihrer sozialen Absicherung in den 80er Jahren des 19. Jahrhunderts mit den Bismarck'schen Sozialgesetzen eine erste, allerdings unvollkommene Erfüllung fanden. Diese sozialpolitische Entwicklung hatte zur Folge, daß auch die Versicherungsunternehmen von der fallweisen Unterstützung mehr und mehr abgingen und generelle Regelungen für betriebliche Leistungen im Falle der Invalidität und auch der Pensionierung einführten.

Wenn die Frage einer Hilfeleistung zunächst individuell – also ohne den reglementierenden Rahmen einer Satzung – für jeden Einzelfall entschieden wurde, so entsprach eine solche Handhabung der überlieferten patriarchalischen Denkweise der Unternehmer. Dieser Denkweise kamen die kleinen Betriebsgrößen der Versicherungsunternehmen entgegen. Bei einer nur geringen Anzahl von Angestellten ließen sich fallweise Entscheidungen über Unterstützungen leichter treffen als bei Betrieben mit einer größeren Zahl von Beschäftigten.

Mit zunehmender Betriebsgröße ergab sich dann die Notwendigkeit, für die betrieblichen Unterstützungsleistungen generelle Regelungen zu treffen, d.h. sie satzungsmäßig zu reglementieren. Hierzu bestand aber erst in der zweiten Hälfte des 19. Jahrhunderts ein Bedürfnis, denn bis dahin kamen die Versicherungsunternehmen mit sehr wenigen Mitarbeitern aus.

Bei der Gothaer Feuer gab es ursprünglich überhaupt keine Angestellten. Die drei leitenden Verwaltungs-„beamten" erhielten einen bestimmten Anteil am erzielten Überschuß und bezahlten daraus die von ihnen angestellten „Gehülfen"; ab 1842 wurden die „Gehülfen" als Angestellte der „Bank" übernommen[143].
Dagegen hatte die Gothaer Leben bereits in ihrem Gründungsjahr 1827 2 Angestellte; 25 Jahre später waren es 8 Angestellte. In 1877, an ihrem 50. Jubiläum, beschäftigte die Gothaer Leben 3 Direktoren, 3 Bankkommissare, 50 Innendienst-Angestellte und 11 Außendienstbeamte. Bis 1902 erhöhte sich der Personalbestand auf 4 Direktoren, 128 Innendienst-Beamte und 79 Außendienstbeamte[144].
Die Leipziger Leben beschäftigte 1831 3 Beamte, 1840 und 1850 waren es 5, 1860 6, um 1870 auf 31 und Ende 1880 auf 69 Personen anzusteigen[145].

142 Klien, Minimallohn, S. 160ff.
143 Gothaer Feuer, 1820–1970, S. 199.
144 Gothaer Leben, 1827–1927, S. 12.
145 Alte Leipziger, 1830–1880, S. 94.

Die Vaterländische Feuer in Elberfeld begann 1823 mit zwei „Gehilfen"; 1873 waren in der Zentrale 34 Angestellte tätig. Die Magdeburger Feuer fing 1844 mit 7 Angestellten an; 1879 waren es 316 und 1893 319 Angestellte; daneben waren in den Außendienst-Geschäftsstellen zu den gleichen Zeitpunkten 195, bzw. 285 Angestellte tätig[146].
Der Innendienst der Karlsruher Leben bestand 1844 aus je einem „Cassier", „Kontrolleur", Sekretär und Kanzleidiener; 1853 kam noch ein Assistent dazu[147]. 1864 wurde die personelle Zusammensetzung in § 89 der Satzung festgeschrieben; danach waren die Beamten der Anstalt: der Generalagent – er ist nach § 91 Stellvertreter des Direktors –, der Sekretär, der Cassier, der Controleur, der Mathematiker, die Geschäftsfreunde (das sind die Vermittler) und die Anstaltsärzte; außerdem waren die „zur Erledigung der Bureauarbeiten erforderlichen Gehülfen und der Bureaudiener" vorgesehen. Sie sollten aus der Zahl der zur Teilnahme an der Generalversammlung Berechtigten genommen werden, wenn die geeigneten Mitarbeiter unter ihnen vorhanden waren; anderenfalls konnten auch andere Personen dazu ernannt werden[148]. Im Jahre 1873 betrug der Personalbestand 27 Mitarbeiter und 1893 waren im Innendienst 92 Beamte und Angestellte tätig[149].
Beim Allgem. Dt. Verein waren 1889 in der Zentrale mitsamt zwei „Dienern" 70 Personen tätig, um 60 000 Verträge und monatlich etwa 1800 Anträge zu bearbeiten[150]. Die Münchener Rück hatte 10 Jahre nach ihrer Gründung 1890, als der Aufsichtsrat die Errichtung einer Pensionskasse billigte, 55 Angestellte, 1900 348 und 1906 zum Zeitpunkt ihres 25jährigen Firmenjubiläums 381 Angestellte in Deutschland und 104 im Ausland[151].
Die Direktion der Victoria in Berlin beschäftigte 1873 etwa 20 Angestellte, 1898 waren es in den Berliner Büros mehr als 1 000 Beschäftigte, die einen Policenbestand von 2,75 Mio. Stück bearbeiteten. Bis Ende 1905 stieg der Personalbestand auf fast 2 000 Personen; ob in dieser Zahl auch der Außendienst erfaßt war, ist nicht bekannt[152]. Wenn man bedenkt, daß in den damaligen Betriebsstatistiken der Großbetrieb bei 50 Beschäftigten begann[153], so hatte diese Gesellschaft nach den damaligen Verhältnissen eine riesenhafte Dimension angenommen.

Da die Errichtung von institutionell organisierten Unterstützungseinrichtungen ganz wesentlich von der jeweiligen Betriebsgröße bestimmt wurde, sei im folgenden eine Gliederung der Versicherungsbetriebe nach der Zahl der Beschäftigten wiedergegeben, wie sie den Ergebnissen der Gewerbe- und Berufszählungen (1882, 1895 und 1907) entnommen werden konnte[154]:

	Kleinbetriebe (1–5 Personen)		Mittelbetriebe (6–50 Pers.)		Großbetriebe (51 und mehr Pers.)		Gewerbebetriebe insges.	
	Betriebe	Personen	Betriebe	Personen	Betriebe	Personen	Betriebe	Personen
1882	4 156	5 954	381	4 514	18	1 356	4 555	11 824
1895	6 668	8 825	621	7 941	53	5 490	7 342	22 256
1907	22 340	27 084	1 469	19 952	151	22 027	23 924	69 027

146 Arps, Auf sicheren Pfeilern, S. 406.
147 Karlsruher Leben, 1835–1985, S. 93.
148 Satzung der Karlsruher Leben von 1864, § 89.
149 Karlsruher Leben, 1835–1985, S. 93f.
150 Arps, Auf sicheren Pfeilern, S. 410.
151 Münchener Rück, Was Dokumente erzählen können, S. 1130.
152 Arps, Auf sicheren Pfeilern, S. 415.
153 Ebenda, S. 407.
154 Zit. nach: Vollbrecht, Versicherungsbeamte, S. 19.

In diesen Zahlen sind auch die Angestellten der öffentlich-rechtlichen Versicherungs-Anstalten und auch die Versicherungs-Agenten sowie die sonstigen „Gehilfen" wie Lehrlinge, Lohn- und Tagearbeiter enthalten[155]. Nach einer Spezialerhebung des Aufsichtsamtes im Jahre 1907 waren in den Direktionsbetrieben der Privatversicherung 15 284 Beamte angestellt[156].

Die obige Aufstellung zeigt, daß es sich noch in 1907 bei rd. 93% der erfaßten Unternehmen um Kleinbetriebe mit maximal 5 Beschäftigten handelte; aus dem Verhältnis der beschäftigten Personen zu der Betriebszahl läßt sich entnehmen, daß es sich meistens um „Einmannbetriebe", d.h. um Versicherungsagenturen, gehandelt haben dürfte. Auch bei den Mittelbetrieben, die 1907 rd. 6% der Gesamtbetriebszahl ausmachten und im Durchschnitt 14 Personen beschäftigten, dürfte die weit überwiegende Zahl auf größere Versicherungsagenturen, aber vor allem auf die vielen kleinen Sterbekassen[157] und die auf genossenschaftlicher Basis arbeitenden Viehversicherungsgesellschaften entfallen sein.

Bei den Agenturen waren überwiegend die Inhaber allein tätig; in den relativ wenigen Fällen, in denen sie einen größeren Geschäftsumfang hatten, wurden zusätzlich – meist wohl nur einige wenige – Angestellte beschäftigt. Bei den Sterbekassen und genossenschaftlichen Viehversicherern wurden für die Verwaltung ebenfalls nur wenige Personen benötigt, zum Teil auf ehrenamtlicher Basis.

Der Kreis der Versicherungsunternehmen, die für die Errichtung einer institutionellen Unterstützungseinrichtung auf Basis von generellen Regelungen in Betracht kamen, beschränkt sich also auf die zunächst noch kleine Zahl der Großbetriebe und einige Mittelbetriebe. Im wesentlichen handelte es sich hierbei um die überregional tätigen Unternehmen, die in der obigen Aufstellung als Großunternehmen erfaßt wurden.

Ein Vergleich der Betriebs- und Personenzahlen in den Jahren 1882 und 1907 zeigt, daß sich in diesen 25 Jahren die Zahl der Versicherungsbetriebe verfünffacht und die der in diesen Betrieben beschäftigten Personen versechsfacht hat. Die Versicherungswirtschaft hat also um die Jahrhundertwende eine geradezu explosionsartige Entwicklung genommen. Das Ansteigen der Betriebszahlen macht deutlich, daß zahlreiche Betriebe ins Leben gerufen wurden, deren Gründer an den Wachstumstendenzen im Versicherungsmarkt zu partizipieren suchten. Diese Entwicklung hing mit den verbesserten Einkommensverhältnissen zusammen, die es einem großen Teil der Bevölkerung erlaubten, in einem – meist sehr begrenzten – Umfang eine Eigenvorsorge für das Alter und für den Todesfall zu treffen. Hierfür hatten die Lebensversicherer die sogenannte Volksversicherung in ihrem Tarifangebot. Diese Volksversicherung wurde aufgrund ihrer niedrigen Versicherungssummen zu einem großen Vertriebserfolg der Versicherungsunternehmen.

Nach der obigen Aufstellung betrug im Jahre 1882 der Personalbestand eines Großbetriebes durchschnittlich 75 Personen; diese Zahl erhöhte sich bis 1907 auf 146. Hinter diesen Zahlen verbirgt sich die außerordentliche Entwicklung einzelner Gesellschaften, die zum Teil aber auch durch Fusionen und Bestandsübertragungen

155 Eisold, Erfassung, S. 39ff. und S. 64 mit Anmerkung 90.
156 VerAV, 7 Jg. 1908, S. 124.
157 Vgl. oben S. 6f.

zustande gekommen war. Um die Jahrhundertwende waren – wie die obigen Ausführungen zeigten[158] – Betriebe mit mehreren hundert Beschäftigten bis zu mehr als 1 000 Personen, wie bei der Victoria, keine Seltenheit.

Es entstand ein großer Bedarf an geeignetem Fachpersonal. Das hatte zur Folge, daß sich die Unternehmen gegenseitig das Fachpersonal abzuwerben versuchten. Daß bei diesen Abwerbungsversuchen nicht nur das Gehaltsniveau, sondern auch die Versorgung im Invaliditäts- oder Todesfall von Bedeutung war, ist einer Denkschrift der „Vollziehenden Direktion“ der Berlinischen Leben aus dem Jahre 1886 zu entnehmen. Es heißt dort, daß der im Jahre 1861 gestiftete Beamten-Pensions-Fonds „wohltätig gewirkt (hat) und wird auch weiter wohltätig wirken. Daß die aus demselben gezahlten Pensionen eine Entlastung des ohnehin drückenden Unkosten-Kontos in sich schließen, sei nur nebenbei erwähnt – der Hauptsegen des Fonds besteht in der Beruhigung, die er unseren Beamten gewährt, in dem Vertrauen zur Gesellschaft, das er ihnen bestärkt. Wesentlich diesem Vertrauen ist es jedoch zu danken, daß unsere zum Teil mäßig besoldeten Beamten nicht mehr Anreiz empfinden, anderwärts höhere Besoldungen zu suchen. Wir ersparen so erheblich am Gehaltskonto. Von besonderem Werte aber ist es für uns, gerade als Lebensversicherungs-Gesellschaft – mehr als für so viele andere Geschäftszweige –, daß wir uns auf einen so stetigen Körper alter eingearbeiteter Beamter stützen und verlassen können“[159].

Auch bei der A. u. M. Feuer hatte man erkannt, „daß es notwendig sei, die Existenz der Witwen und Waisen verstorbener Beamter zu sichern, da eine desfallsige Einrichtung die Anhänglichkeit der Beamten an die Gesellschaft fester knüpfen mußte“[160].
Bei der Vaterländischen Feuer wurde das „treue Ausharren“ der Beamten u.a. damit begründet, „daß sie wissen, daß die Fürsorge des Gesellschaftsvorstandes sich ihrer im Alter oder der Hinterbliebenen annehmen wird“[161].
Im Geschäftsbericht der Preußischen National für das Jahr 1885 spricht der Vorstand die Hoffnung aus, daß die künftigen Generalversammlungen die für die Sicherung der Altersversorgung der Beamten erforderlichen Mittel „sukzessive bewilligen werden, damit wir in dieser Beziehung anderen Gesellschaften nicht nachstehen und uns im wohlerwogenen eigenen Geschäftsinteresse einen festen Bestand tüchtiger Beamter erhalten“[162].
Die Allianz hat ihren Beamten bereits ein Jahr nach ihrer Gründung, also im Jahre 1891, eine Altersversorgung über die Versorgungskasse bei der befreundeten Münchener Rück angeboten[163].

Es waren also nicht nur fürsorgerische Motive, die zur Gründung von Unterstützungseinrichtungen führten, sondern auch das Bemühen, die „Beamten“ an die Gesellschaft zu binden. Im übrigen dienten die Unterstützungseinrichtungen einer gewissen Selbstdarstellung nach außen: Sie dokumentierten die menschlich-fürsorgliche Einstellung des Vorstandes und boten zugleich ein sinnfälliges Zeichen dafür,

158 Vgl. oben S. 35.
159 Berlinische Leben, Chronik 1836–1961, S. 98.
160 Denkschrift zum 75jährigen Jubiläum, 1825–1900, S. 25; zit. nach: von Koppen, A. u. M. Feuer, S. 2.
161 Vaterländische Feuer, 1825–1900, S. 137.
162 Kölnische Feuer, 1845–1970, S. 36.
163 Arps, Wechselvolle Zeiten, S. 30.

daß das Unternehmen „sich innerlich gefestigt hatte und auch daß es eine volkswirtschaftlich vollwertige Funktion erfüllte“[164].

In den Kreis der Begünstigten einer Unterstützungseinrichtung wurde ursprünglich nur das Direktionspersonal einbezogen. Bei dem allgemein zunehmenden Interesse an dem Abschluß von Versicherungen und der zugleich größer werdenden Konkurrenz innerhalb der Versicherungsbranche wurde jedoch immer deutlicher, welche Rolle dem Außendienst für die geschäftliche Expansion und damit für den Fortbestand und den Erfolg eines Unternehmens zukam.

In der ersten Hälfte des 19. Jahrhunderts wurden Versicherungen im wesentlichen nebenberuflich von Handelshäusern, Bankiers und auch Rechtsanwälten vermittelt. Man bemühte sich nicht um Kunden, sondern diese mußten – wenn sie eine Versicherung abschließen wollten – in die Büros der „Geschäftsfreunde“ der Versicherungsgesellschaften kommen. Zur damaligen Zeit war die Vermittlung und der Besitz von Versicherungsschutz wegen der damit verbundenen finanziellen Aufwendungen eine privilegierte Angelegenheit eines kleinen, gutverdienenden Personenkreises.

Der wirtschaftliche Aufwärtstrend – insbesondere nach dem deutsch-französischen Kriege 1870/71 – und die Entwicklung prämiengünstiger Volksversicherungen erweiterte den Kreis der Versicherungsschutz Suchenden auch auf die weniger verdienenden Bevölkerungsschichten. Damit bekam der Vertrieb von Versicherungen eine Dynamik, die mit nebenberuflichen Agenten nicht mehr zu bewältigen war. An ihre Stelle traten General-Agenten, die ausschließlich ein Versicherungsunternehmen vertraten, mit dem sie auch entsprechende vertragliche Bindungen eingegangen waren. Der Aufbau einer eigenen Vertriebsorganisation wurde für die meisten Versicherungsunternehmen unumgänglich.

In einer Denkschrift der Berlinischen Leben aus dem Jahre 1886 heißt es hierzu, daß seit 1866 in ihrem Außengeschäft ein radikaler Umschwung erfolgt sei. „Wir haben erkannt, daß wir nur mit solchen General-Agenten vorwärtskommen, die ausschließlich für uns und von uns leben, und haben dies Prinzip dann im Laufe des Jahres ganz allmählich bis zu nahezu ausnahmsloser Geltung praktisch durchgeführt ... Dadurch, daß ihre Renumeration nicht bloß in festem Gehalt, sondern überwiegend in Provisionen besteht, wird kein wesentlicher Unterschied begründet. Ebenso aber dadurch, daß die Begabtesten und Tätigsten unter ihnen mehr erwerben als unsere Bürobeamten. Dieses Mehr ist ihnen vollauf gebührender Gewinn in dem harten Spiele, in das sie ja vor allem ihre Lebenskraft selbst miteinsetzen. Wie schnell wird unter den heutigen Verhältnissen und aufreibenden Ansprüchen oft auch eine feste Konstitution durch die Leitung einer General-Agentur erschöpft. – Der Wunsch für das eigene Alter und die Zukunft der Hinterbleibenden gesorgt zu sehen, ist aber bei unseren General-Agenten noch um so gerechtfertigter und uns moralisch verpflichtender, als wir sie nicht so stellen können, daß sie selbst in der Lage wären, erhebliche Sparbeträge zurückzulegen“[165].

Es lag daher nahe, auch den Außendienst über Zusagen einer Invaliditäts- und Altersversorgung fester an das Unternehmen zu binden. Die Verträge mit den hauptberuflichen Generalagenten sahen daher neben der Festlegung der laufenden Bezüge – die allerdings im wesentlichen aus Provisionen auf das vermittelte Versicherungsgeschäft bestanden – häufig auch eine Versorgung für den Notfall der

164 Kammann, Wiederaufbau, S. 28.

165 Berlinische Leben, Chronik 1836–1961, S. 99.

Invalidität oder im Todesfall für die Hinterbliebenen sowie später eine Pensionszusage vor.

Die Berlinische Leben errichtete aus Anlaß ihres 50jährigen Jubiläums im Jahre 1886 einen Pensionsfonds für die General-Agenten. In der oben bereits erwähnten Denkschrift heißt es hierzu: „Bei der 25jährigen Jubelfeier wären die Generalagenten gewiß nicht übergangen worden, wenn wir damals schon unsere heutige Organisation gehabt hätten“ und „An ein durchgebildetes Reglement für diesen Fonds denken wir zur Zeit nicht. Gegenüber der außerordentlichen Mannigfaltigkeit der unter ein Dach zu bringenden verschiedenen Verhältnisse, Bedürfnisse und Ansprüche erscheint eine solche Aufgabe begreiflicherweise als eine besonders schwierige, die man gern der Zukunft überläßt. Wir können sie aber auch um so getroster hinausschieben, als es den General-Agenten zunächst vollkommen genügt, wenn sie einen Anfang, d.h. einen ernsten Anfang sehen...“[166].

Damit war die Unterstützung im Notfall und im Alter nicht mehr ein ausschließliches Privileg der „Beamten“ der Direktion. Bei der 1853 gegründeten Victoria wurde sogar eine Unterstützungseinrichtung für den Außendienst vor der für den Innendienst ins Leben gerufen[167].

Um die Generalagenturen von Verwaltungsaufgaben zu entlasten, wurden diese bei einigen Gesellschaften in die Verwaltung der Direktion übernommen. Solche Übernahme trug zusätzlich dazu bei, daß sich die Anzahl der Angestellten in den Direktionen erheblich vermehrte[168].

Die personelle Ausweitung wurde jedoch nicht von einer generellen Einbeziehung aller Angestellten in den Schutz der Unterstützungseinrichtungen begleitet. Es wurde nunmehr unterschieden zwischen den „Beamten“, die Anspruch auf Ruhegehalt und Witwen- und Waisenversorgung hatten, und den „Gehilfen“, die diesen Anspruch nicht besaßen. Diese Unterteilung ließ sich jedoch auf Dauer nicht aufrechterhalten.

Bei der Gothaer Feuer wurde für die „Gehilfen“ im Jahre 1903 eine eigene Ruhegehaltsordnung geschaffen, in die nach einigen Jahren auch die „mit niederen Dienstleistungen“ betrauten Angestellten, wie Maschinenschreiberinnen, einbezogen wurden[169]. Der Allgemeine Deutsche Verein hatte neben der Pensionskasse für die Beamten spezielle Versorgungskassen für die männlichen Angestellten – das waren die Schreibgehilfen und sonstigen Hilfspersonen – und auch für die „Fräulein“ eingerichtet[170].

Innerhalb des Direktionspersonals nahmen die weiblichen Angestellten eine besondere Entwicklung. Nach der Berufsstatistik waren 1882 in den Versicherungsbüros 44 weibliche Arbeitnehmer beschäftigt, 1895 waren es 499, und 1907 wurden 3.594 gezählt. Nach einer Untersuchung, die der Verband der deutschen Versicherungsbeamten vor dem Ersten Weltkrieg – vermutlich zwischen 1910 und 1914 – durchführte[171], verwandte die Mehrheit der erfaßten Betriebe „die weiblichen Ar-

166 Berlinische Leben, Chronik 1836–1961, S. 101.
167 Vgl. S. 30 und S. 49.
168 Gothaer Feuer, 1820–1970, S. 199f.
169 Ebenda, S. 199f.
170 Allgemeiner Deutscher Verein, Fürsorgeeinrichtungen, S. 12ff.
171 Vollbrecht, Versicherungs-Beamte, S. 71. Ein genaues Datum für die Durchführung der Erhebung läßt sich hierfür bei Vollbrecht nicht entnehmen. Lediglich bei den Gehaltsangaben wird auf Untersuchungen in den Jahren 1910–1914 hingewiesen.

beitskräfte für alle die weniger qualifizierten Verwaltungsarbeiten, die zur notdürftigen Erledigung einen geringeren Grad versicherungstechnischer Kenntnisse voraussetzen, diese jedoch auf die Dauer ohne Schaden nicht entbehren sollen". Im wesentlichen hatten die weiblichen Angestellten Schreibarbeiten, Registerführung, Registraturarbeiten, Telefonbedienung und die Expedition zu erledigen[172].

Im Allgemeinen Deutschen Verein betrug schon 1890 der Anteil der weiblichen Mitarbeiter im Innendienst 40%, und 1900 waren in der Zentrale 400 männliche und 200 weibliche Beschäftigte[173]. Nach der Vereinsordnung von 1910 bestand in der Gesellschaft unter der Leitung einer „Direktrice" eine „Fräuleinabteilung", „in welcher über 300 Fräulein sich mit Schreibarbeiten (70 Schreibmaschinen) beschäftigen"[174]. Diese Abteilung war unterteilt in den Schreibmaschinensaal, den Schreibtisch für handschriftliche Herstellung von Reinschriften und den Schreibtisch für handschriftliche Ausfüllung von Formularen. Ferner gehörten zur Fräuleinabteilung auch der Telephondienst sowie Hilfskräfte[175].

Die Beschäftigung von weiblichen Schreibkräften bot sich insbesondere aus zwei Gründen an: Zum einen sollten sie die bis dahin eingesetzten männlichen Schreibkräfte, die meist nur auf Tagesbasis eingestellt – daher als „Tagschreiber" bezeichnet wurden – und sehr unzuverlässig in ihrer laufenden Dienstbereitschaft waren, ersetzen[176]. Zum anderen war der Gehaltsaufwand für weibliches Personal in allen Tätigkeitsbereichen niedriger als für männliches[177].

Der Beamtenstatus wurde den weiblichen Angestellten in der Regel nicht zugestanden, d.h. daß ihnen die Vergünstigungen der Unterstützungseinrichtungen nicht zuteil wurden. In diesem Zusammenhang ist bemerkenswert, daß beispielsweise der Deutsche Bankbeamtenverein Anfang des 20. Jahrhunderts weibliche Berufskollegen nicht als Mitglieder aufnahm[178].

Beim Allgemeinen Deutschen Verein sah die Satzung der Pensionskasse aus dem Jahre 1903 vor, daß „ausnahmsweise ... sich die Pensionskasse auch auf diejenigen Beamtinnen des Vereins (erstreckt), deren Aufnahme der Aufsichtsrat des Vereins für zulässig erklärt"[179]. Nach der Satzung von 1912 galten als Beamte nur die Vorsteherin der Fräuleinabteilung, die Abteilungsvorsteherinnen und Ressortleiterinnen; sie konnten nur Mitglieder der Pensionskasse werden, wenn sie vorher eine 10jährige Mitgliedschaft in der Versorgungskasse nachweisen konnten[180].
Bei der Münchener Rück wurden erst in den Jahren 1913/4 die ersten weiblichen Personen angestellt. Mit ihrer Beschäftigung sollte dem Kostendruck, der sich aufgrund der teuerungsbedingten Gehaltserhöhungen ergab, begegnet werden. Eine Mitgliedschaft in der Pensionskasse konnten die weiblichen Beschäftigten jedoch erst ab dem Jahre 1917 erwerben[181].

172 Vollbrecht, Versicherungsbeamte, S. 41f.
173 Arps, Auf sicheren Pfeilern, S. 413.
174 Allgemeiner Deutscher Verein, Vereinsordnung, S. 13.
175 Ebenda, „Organisation der Fräuleinabteilung", § 2.
176 Arps, Auf sicheren Pfeilern, S. 411.
177 Vollbrecht, Versicherungs-Beamte, S. 130.
178 Arps, Auf sicheren Pfeilern, S. 413.
179 Allgemeiner Deutscher Verein, Vereinsordnung mit der Satzung der Pensionskasse von 1903, § 1f.
180 Allgemeiner Deutscher Verein, Fürsorge-Einrichtungen, A. 1. § 1f.
181 Münchener Rück, 50 Jahre Versorgungskasse, S. 8.

Am Ende des 19. Jahrhunderts zeigten die betrieblichen Unterstützungseinrichtungen ein sehr vielfältiges Bild ihrer Erscheinungsformen. Die Palette reichte von der patriarchalischen fallweisen Entscheidung bis hin zur rechtlich selbständigen Pensionskasse mit einer weitgehenden Selbstverwaltung seitens ihrer Mitglieder. Neben den Pensionskassen, die zum Teil getrennt für den Innen- und Außendienst eingerichtet waren, gab es Unterstützungseinrichtungen, die nur in Fällen unverschuldeter Not halfen, ebenso wie Hilfskassen, die den „Nichtbeamten“, d.h. den Gehilfen und den „Fräulein“, im Falle ihrer Invalidität oder bei Altersschwäche ein Ruhegeld gewährten.

3.2.1.2 Satzungsmäßige Gestaltung der Unterstützungseinrichtungen

Aufgrund der oben geschilderten Quellenlage liegen detaillierte Satzungen oder ausführliche Darstellungen der Unterstützungseinrichtungen nur in wenigen Fällen vor. Da in den Unterlagen gewisse Übereinstimmungen festzustellen sind – die zu Beginn des neuen Jahrhunderts durch umfassende Erhebungen bestätigt wurden[182] – wird im folgenden davon ausgegangen, daß die aufgeführten Beispiele in etwa auch den rechtlichen Rahmen für die Gesellschaften wiedergeben, deren Satzungen nicht mehr vorhanden sind.

3.2.1.2.1 Rechtsformen

Aus der Vielfalt der Versorgungseinrichtungen schälen sich im Verlauf des 19. Jahrhunderts in rechtlicher Sicht folgende Gestaltungsformen heraus:

a) Betriebsinterne Einrichtungen
   Die Zahlung von Pensionen und Unterstützungen erfolgte *aus laufenden Mitteln* auf Basis fallweiser Entscheidungen, die bei den Gesellschaftern – im Rahmen von Gewinnverwendungsbeschlüssen –, bei dem Aufsichtsrat oder bei der Direktion lagen. Rechtsansprüche auf Unterstützungen oder Mitwirkungsrechte bei ihrer Gewährung waren den Mitarbeitern nicht eingeräumt.
   Die Versorgungsaufwendungen der Gesellschaft wurden zunächst einem in der Bilanz gesondert ausgewiesenen *Fonds* zugeführt, zu dessen Lasten die Unterstützungszahlungen erfolgten. Die Leistungen aus diesem Fonds sowie die vorhergehende Dotierung seitens der Gesellschaft waren in der Regel in einem Statut bzw. Regulativ festgelegt, das die Pensionszahlungen mit gewissen Vorbehalten verknüpfte. Dem Kreis der Begünstigten standen begrenzte Mitspracherechte bei der Fondsverwaltung zu.
b) Betriebliche, aber rechtlich selbständige Einrichtungen
   Die Zuwendungen der Gesellschaft für die Alters- und Hinterbliebenenversorgung flossen in eine rechtlich selbständige Einrichtung, von der die Leistungen an

182 Vgl. Kapitel 3.2.2.2 und 3.2.2.3.

die Unterstützungsempfänger erbracht wurden. Die Mitglieder besaßen eingeschränkte Rechtsansprüche auf Leistungen der Pensionseinrichtung und waren auch an ihrer Verwaltung beteiligt.

c) Altersversorgung über Lebensversicherung
Bei mehreren Gesellschaften erhielten die Angestellten Lebensversicherungen, deren Prämien ganz oder teilweise von der Gesellschaft übernommen wurden.

Die obige Reihenfolge entspricht in etwa der historischen Entwicklung. Sie spiegelt den Weg der invaliditäts- und altersmäßigen Absicherung der Angestellten und ihrer Familien von der patriarchalischen Fürsorge im Einzelfall zur rechtlich selbständigen Pensionseinrichtung, die nach Erfüllung gewisser Voraussetzungen allen Angestellten offenstand; diese Voraussetzungen, die im einzelnen noch dargestellt werden, betrafen vor allem die Dauer der Zugehörigkeit zum Unternehmen, eine altersmäßige Begrenzung beim Eintritt und einen positiven Gesundheitsbefund des Angestellten.

Die Gründung von rechtlich selbständigen Versorgungseinrichtungen war in der Regel damit verbunden, daß die Angestellten zu eigenen Beiträgen für ihre Alters- und Hinterbliebenenversorgung herangezogen wurden und damit grundsätzlich auch Rechtsansprüche auf die Zahlung von Pensionen erwarben.

Häufig wurden die ursprünglichen unselbständigen Unterstützungseinrichtungen neben den späteren rechtlich selbständigen Pensionskassen fortgeführt, um beispielsweise diejenigen Angestellten unterstützen zu können, denen eine Mitgliedschaft in den Pensionskassen aus Gesundheits- oder Altersgründen verwehrt war. Darüber hinaus dienten diese Unterstützungseinrichtungen auch dem Zweck, Angestellten in besonderen Notfällen – die also nicht Invalidität oder Pensionierung betrafen – helfen zu können. Das Nebeneinander von zwei – in einigen Unternehmen auch mehr – Unterstützungseinrichtungen ergab sich im übrigen ganz zwangsläufig, wenn nach dem Vorbild einiger Berufsgruppen, wie zum Beispiel der Lehrer oder Pastoren, zunächst Witwen- und Waisenkassen für die reine Hinterbliebenenversorgung errichtet worden waren, zu denen erst in einem späteren Zeitpunkt die Pensionskassen der Angestellten hinzutraten.

Bei der Gothaer Feuer wurde im Jahre 1846 zunächst eine „Unterstützungskasse für die Bankgehülfen“ errichtet, die in Fällen von Notlagen einspringen sollte. Im Jahre 1879 wurde für den vorzeitigen Todesfall des Familienvaters eine Witwen- und Waisenversorgung ins Leben gerufen, der erst im Jahre 1889 ein eigentlicher Ruhegehaltsfonds für die „Beamten“ folgte[183].

Die A. u. M. Feuer gründete im Jahre 1849 zunächst eine Witwenkasse. Daneben bestand vom Jahre 1874 an ein „Gemeinnütziger Fonds“, zu dessen Lasten an arbeitsunfähig gewordene Beamte eine den staatlichen Sätzen angepaßte „Subvention“ gezahlt wurde. Erst im Jahre 1910 kam dann eine eigentliche Pensionskasse in Form einer Stiftung hinzu. Das Nebeneinander von Witwen- und Pensionskassen wurde erst nach dem Zweiten Weltkrieg aufgehoben[184].

183 Gothaer Feuer, 1820–1970, S. 198ff.
184 von Koppen, A. u. M. Feuer, S. 1ff.

Zu den aufgeführten Rechtsformen ist im einzelnen folgendes auszuführen:

Zu a): Die Zahlung von Pensionen und Unterstützungen im Rahmen eines Gewinnverwendungsbeschlusses oder aus *laufenden Mitteln* war in der ersten Hälfte des 19. Jahrhunderts die vorherrschende Form einer betrieblichen Hilfe in Fällen der Not, soweit diese durch Krankheit, Invalidität oder Tod und dem damit verbundenen Verdienstausfall für den Angestellten und seine Familie entstanden waren. Im Hinblick auf die geringe Anzahl der in den Versicherungsunternehmen tätigen „Beamten“ und demzufolge auch seltenen Unterstützungsfälle bedurfte es für die Unterstützungsleistungen zunächst keiner besonderen generellen Regelung in Form eines Statuts, sondern es wurde über jedes Gesuch auf finanzielle Hilfe fallweise entschieden.

Bei der Preußischen Leben sah das 1890 in Kraft gesetzte Reglement vor, daß jeder Angestellte bei Invalidität oder aus Altersgründen eine lebenslängliche Pension erhielt. Über die Pensionierung hatte jedoch der Aufsichtsrat auf Antrag des Vorstandes zu entscheiden[185].
Bei der Greifswalder wurde nach freiem Ermessen der Gesellschaft über die Gewährung von Ruhegeldern entschieden[186].

Da diese außerordentlichen Ausgaben die Interessen der Gesellschafter bzw. – bei Versicherungsvereinen a. G. – der Mitglieder berührten, lag bei einigen Unternehmen die Entscheidung über solche Unterstützungen bei der Gesellschafterversammlung, die hierüber im Rahmen der Gewinnverwendung Beschluß faßte. Später wurde dann die Genehmigung solcher Zahlungen auf den Aufsichtsrat und danach auf den Vorstand delegiert.

Bei der Karlsruher Leben entschied gemäß § 89 der Satzung von 1864 die Generalversammlung bis zum Jahre 1905 über die „Bewilligung von Pensionen oder Witwen- und Waisengehältern sowie die Zurruhesetzung von Beamten“. Mit § 21 der Gesellschaftssatzung von 1905 wurde dieses Recht auf den Aufsichtsrat delegiert, dessen Zuständigkeit auch noch – wie sich aus § 5 der „Beamtensatzung“ von 1917 ergab – am Ende des Ersten Weltkrieges gegeben war.

Diese Handhabung macht den patriarchalischen Fürsorgecharakter deutlich, aus dem heraus die Unterstützungszahlungen erfolgten. Die Gesellschafterversammlung oder der Vorstand entschied, ob dem Gesuch eines Beamten auf finanzielle Hilfe stattgegeben werden sollte.

Obwohl sich in der zweiten Hälfte des 19. Jahrhunderts die generelle Inaussichtstellung von Ruhegehältern oder von Unterstützungen an die Hinterbliebenen eines Mitarbeiters auf Basis einer festen Satzung weitgehend durchsetzte, haben einige Betriebe bis über das Jahr 1918 hinaus an dem patriarchalisch orientierten Verfahren festgehalten[187]. Über Unterstützungsleistungen wurde also weiterhin fallweise entschieden, und ihre Höhe lag im Ermessen der Direktion.

Der Wandel von der Fürsorge im Einzelfall zu einer allgemeinen Invaliditäts- und Altersversorgung der Belegschaft führte zwangsläufig dazu, die Unterstützungslei-

185 Reglement der Preußischen Leben, §§ 1 und 4.
186 Mecklenburgische, 1797–1972, S. 97.
187 Vgl. S. 104.

stungen nicht mehr aus dem Gewinn oder aus laufenden Mitteln zu erbringen – also in Abhängigkeit von der jeweiligen Ertragslage –, sondern zweckgebundene *Fonds* einzurichten. In diesen Fonds sollten die betrieblichen Zuwendungen thesauriert werden, um auch in ertragsschwachen Jahren die Versorgung der Betriebsangehörigen sicherzustellen.

Die Unterstützungsfonds wurden als rein buchtechnische Bilanzposten – als Quasi-Rücklagen – passiviert. Ihre vermögensmäßigen Gegenposten auf der Aktiv-Seite der Bilanz waren vielfach als entsprechendes Zweckvermögen gekennzeichnet. Dennoch blieben sie im Eigentum des Unternehmens und teilten somit dessen wirtschaftliches Schicksal. Ein Zusammenbruch des Unternehmens zog also zwangsläufig auch den Verlust der Unterstützungseinrichtung nach sich, wenn nicht vorher das Zweckvermögen den anspruchsberechtigten Angestellten verpfändet worden war.

Die Finanzierung der Fonds geschah im wesentlichen aus den Zuwendungen der Unternehmen, aus den Zinsen des Fondsvermögens und darüber hinaus vielfach auch aus Beiträgen, die die Begünstigten selbst für ihre Versorgung oder für die ihrer Hinterbliebenen beizutragen hatten. Diese Beiträge gingen ebenfalls in das Vermögen der Fonds und damit der Unternehmen ein; insoweit trugen die Beitragszahler in Höhe der von ihnen eingezahlten Beiträge das betriebliche Risiko mit.

Mit der Errichtung der Fonds wurde in der Regel vom Unternehmen eine Satzung – auch Regulativ oder Statut genannt – erlassen, in der die Modalitäten der betrieblichen Versorgungseinrichtungen festgelegt waren. Diese Satzungen waren sehr unterschiedlich gestaltet und reichten von unverbindlichen Inaussichtstellungen – oftmals in Abhängigkeit von Beschlüssen des Aufsichtsrates oder des Direktoriums – bis hin zu festen Zusagen von Versorgungsleistungen. Aber auch in den letzteren Fällen wurde die Beständigkeit der satzungsmäßig vorgesehenen Leistungen in Abhängigkeit von der jeweiligen geschäftlichen Lage gebracht; die Rücknahme von zugesagten oder in Aussicht gestellten Leistungen blieb also vorbehalten.

Zu b): Bei den betrieblichen, aber rechtlich selbständigen Einrichtungen fanden bis zum Ende des 19. Jahrhunderts die Rechtsformen der Stiftung, der Anstalt und des Vereins Anwendung. Diese Kassen konnten für einen einzelnen Betrieb oder auch für mehrere, meist wirtschaftlich miteinander verbundene Betriebe gebildet werden. Als Konzern- oder Gruppenkassen waren sie vor allem in den Versicherungskonzernen anzutreffen.

Bei der A. u. M. Feuer wurde im Jahre 1849 eine „anonyme Gesellschaft" mit dem Namen „Witwenkasse der Beamten der Aachener und Münchener Feuer-Versicherungs-Gesellschaft" gegründet, deren Rechtsform aber nicht mit einer Société anonyme, d.h. einer Aktiengesellschaft, verwechselt werden darf[188].

Die rechtliche Verselbständigung der Versorgungseinrichtung führte zwar zu ihrer formalen Abtrennung vom Unternehmen, jedoch hatten sich die Direktionen meistens einen maßgebenden Einfluß in den Organen der Stiftungen bzw. Anstalten

188 von Koppen, A. u. M. Feuer, S. 2.

gesichert. Es kam hinzu, daß diese ganz wesentlich von den Zuschüssen der Unternehmen abhängig waren.

Die Satzungen der selbständigen Versorgungseinrichtungen sahen vor, daß die Unternehmen Zuwendungen zu leisten hatten. Allerdings wurde ihre Höhe nur in Ausnahmefällen festgelegt; dies galt insbesondere für diejenigen Gesellschaften, bei denen über die Höhe der Zuwendungen im Rahmen der Gewinnverwendungs-Beschlüsse der Hauptversammlungen entschieden wurde. Darüber hinaus finanzierten sich diese Einrichtungen durch Beiträge ihrer Mitglieder und aus den Zinsen, die das Vermögen abwarf.

Da auch diese selbständigen Versorgungseinrichtungen auf die Zuwendungen der Gesellschaften angewiesen waren und damit von deren wirtschaftlicher Entwicklung abhingen, war die Leistungskraft dieser Kassen nicht aus eigener Kraft gesichert. Aus diesem Grunde hatten die Mitglieder keine vorbehaltlosen Rechtsansprüche auf die in den Kassensatzungen festgelegten Leistungen. Nur insoweit die Mitglieder eigene Beiträge erbrachten, wurden ihnen Rechtsansprüche in Höhe ihrer eigenen Beiträge auf Leistungen der Versorgungseinrichtung eingeräumt.

Zu c): Die Möglichkeit der Altersversorgung über eine Lebensversicherung fand sich speziell bei den Lebensversicherungs-Gesellschaften, bzw. bei den Versicherungsgruppen, die eine solche Gesellschaft in ihrem Verbund betrieben. Den Angestellten wurde entweder zur Pflicht gemacht oder auch freigestellt – zum Teil zusätzlich zu anderen bestehenden Versorgungsformen –, eine Lebensversicherung auf den Todes- bzw. Erlebensfall abzuschließen, deren Prämie ganz oder teilweise von der Gesellschaft übernommen wurde. Die Höhe einer solchen Lebensversicherung war auf ein Mehrfaches des Jahresgehalts begrenzt.

3.2.1.2.2 Beitritt

Die Form des Beitritts zu den Versorgungseinrichtungen war unterschiedlich geregelt. In einigen Unternehmen war der Beitritt eine Pflicht für jeden Angestellten; in anderen Gesellschaften war der Beitritt den Mitarbeitern freigestellt. Eine Tendenz zu der einen oder anderen Form ließ sich aus den vorhandenen Quellen nicht erkennen.

Soweit die Unterstützungen auf Basis fallweiser Entscheidungen gezahlt wurden, stellte sich die Frage des Beitritts nicht. Sie wurde erst dann relevant, als den Angestellten, bzw. ihren Hinterbliebenen, feste Leistungen aufgrund von Satzungen aus hierfür in Fonds zweckgebundenen Mitteln in Aussicht gestellt wurden. Das galt natürlich ganz besonders für den Fall, daß die Angestellten eigene Beiträge für die Finanzierung der späteren Versorgungsleistungen zu erbringen hatten, wie sie beispielsweise von den Mitgliedern der älteren Witwen- und Waisenkassen verlangt wurden.

Die Württfeuer hat bereits im Frühjahr 1837 für ihre damaligen sechs Angestellten ein Pensionsstatut erlassen, das Beiträge seitens dieser Angestellten vorsah[189].

189 Württfeuer, Entstehungsgeschichte, S. 10.

Bei der 1849 gegründeten Witwenkasse der A. u. M. Feuer erfolgte der Beitritt auf freiwilliger Basis. Hiervon konnten nicht nur die Beamten der Direktion in Aachen, sondern auch die Hauptagenten in Deutschland und deren Beamte Gebrauch machen. Die Zahl der Kassenmitglieder war daher im Vergleich zu entsprechenden Kassen anderer Versicherungsgesellschaften – die die Mitgliedschaft bei ihren Witwenkassen nur für die Beamten der Direktion zuließen – von vornherein relativ hoch; für das Jahr 1861 wurden genannt: 20 Beamte in Aachen, 14 Hauptagenten und 37 Beamte der Hauptagenten, zusammen also 71 Mitglieder[190].

Nach dem „Statut für die Wittwenkasse der Beamten der Lebensversicherungsbank" in Gotha, das im Jahre 1876 beschlossen wurde, waren

„1) die dirigierenden Büreaubeamten,
2) die Beamten I. und II. Klasse,
3) der Bankarzt,
4) die Spezialrevisoren für das Rechnungswesen und die Gehülfen der Spezialrevision"

mit dem Zeitpunkt ihrer Anstellung „verbunden zur Teilnahme an der Wittwenkasse", d.h. der Beitritt war für diese Beamten obligatorisch. Auf freiwilliger Basis konnten der Vorstands-Kommissair und der ärztliche Spezialrevisor an der Witwenkasse teilnehmen. Sie wurden ohne weiteres aufgenommen, wenn sie mit dem Zeitpunkt ihres ersten Dienstantritts auch der Witwenkasse beitraten. Nach diesem Zeitpunkt durften sie nur noch in den folgenden zwei Jahren beitreten, wenn sie sich zur Zeit der Aufnahme bei völlig guter Gesundheit befanden und solches durch ein ärztliches Zeugnis nachwiesen[191].

Bei den Pensionskassen, die zunehmend vor allem in den letzten beiden Jahrzehnten ins Leben gerufen wurden und am Ende des 19. Jahrhunderts bei nahezu allen größeren Versicherungsunternehmen bestanden, war die Mitgliedschaft in der Regel mit dem festen Anstellungsverhältnis verbunden. Zum mindesten wurde die Mitgliedschaft in der Pensionskasse von allen Beamten verlangt, die nach der Konstituierung der Pensionskasse in das Versicherungsunternehmen eintraten, während die „Alt-Beamten" sich auf freiwilliger Basis der Pensionskasse anschließen konnten.

Die Beamten der Thuringia waren zur Mitgliedschaft bei ihrer 1874 gegründeten Pensionskasse verpflichtet, wenn sie ein jährliches Mindestgehalt von 720 M bezogen und nicht über 40 Jahre alt waren[192].

Bei der Pensionskasse der Münchener Rück, die am 1. Januar 1891 ihre Tätigkeit aufnahm, mußte „jeder im Direktionsdienst der Gesellschaft definitiv angestellte Beamte oder Bedienstete" Mitglied werden. Nur in besonderen Fällen wurde die Verpflichtung zum Beitritt dienstvertragsmäßig erlassen[193].

Das Pensions-Statut der Allgemeinen Rentenanstalt von 1892 sah vor, daß jeder mit einem Gehalt von mindestens 1 000 M jährlich neu angestellte Beamte verpflichtet war, sich bei der Pensionskasse zu beteiligen[194].

Da der in den betrieblichen Pensionskassen erfaßte Bestand an Mitgliedern zahlenmäßig zu klein war, um einen Risikoausgleich hinsichtlich der finanziellen Folgen aufgrund frühzeitiger Ausfälle infolge von Invalidität oder Tod aufzufangen,

190 von Koppen, A. u. M. Feuer, S. 2f.
191 Gothaer Leben, Statut der Wittwenkasse, § 2.
192 Thuringia, Versicherungstechnisches Gutachten vom 4.11.1907.
193 Münchener Rück, Statuten von 1892, § 2.
194 Allgemeine Rentenanstalt, Statut von 1892, § 1.

wurde der Beitritt zur Pensionskasse im allgemeinen an gewisse altersmäßige Voraussetzungen gebunden und von dem Ergebnis einer Gesundheitsprüfung abhängig gemacht.

Bei der Allgemeinen Rentenanstalt und bei der Münchener Rück wurde ein Mindestalter von 23 Jahren verlangt; bei der Münchener Rück durfte andererseits ein Höchstalter von 40 Jahren und bei der Allgemeinen Rentenanstalt von 45 Jahren nicht überschritten worden sein[195].
Bei der Allgemeinen Rentenanstalt war ein Beitritt außerdem ausgeschlossen, wenn „der Beamte... mit einer Krankheitsanlage behaftet ist, welche ein früheres Ableben oder eine frühere Dienstunfähigkeit befürchten lassen, und wenn sich aus diesen Gründen der Verwaltungsrat veranlaßt sieht, in dem Dienstvertrag besondere Vereinbarungen mit dem Betreffenden Beamten zu treffen“. Die Münchener Rück verlangte ab 1897 von jedem in die Pensionskasse neu Aufzunehmenden „zur Beurtheilung seiner Gesundheitsverhältnisse ein Attest eines ihm von der Direktion ... bezeichneten Arztes“. Ebenfalls hatte sich jeder neu eingestellte Beamte der Nordstern Leben vor Abschluß einer Pensions-Lebensversicherung ab 1897 einer ärztlichen Untersuchung zu unterwerfen“[196].

Für ältere Neueintretende ließen manche Pensionskassen ihren Beitritt zu, wenn sie die Jahresbeiträge von dem als obere Grenze vorgesehenen Lebensjahr nachzahlten. Hierfür bedurfte es jedoch einer besonderen Direktionsentscheidung. Diese Nachzahlungen hatten jedoch keinen Einfluß auf die Berechnung des Dienstalters, das seinerseits wieder für die Pensionshöhe von Bedeutung war[197].

In einigen Unternehmen wurde neben der Festanstellung und einem bestimmten Alter auch eine zeitliche Mindestzugehörigkeit zum Unternehmen verlangt.

Das Regulativ der Victoria von 1887 setzte unterschiedliche Dienstalterzeiten für die verschiedenen Versorgungseinrichtungen voraus. Für die Mitgliedschaft an der Unterstützungs-Kasse genügte ein Jahr; bei der Pensions-Kasse waren zwei Jahre erforderlich und für den Abschluß einer von der Gesellschaft beitragsmäßig unterstützten Lebensversicherung drei Jahre[198].
Bei der Mecklenburgischen Hagel war für die Versorgungsanwartschaft eine zehnjährige Dienstzeit zu erfüllen. Bei der Schwedter erwarb sich jeder „ordentliche“ Beamte ebenfalls nach 10 Dienstjahren ein Anrecht auf ein Ruhegeld[199].

Die Mitgliedschaft bei den Pensionskassen stand in erster Linie den Beamten der Direktionen offen. In einigen Gesellschaften wurde aber auch der Außendienst einbezogen, insbesondere wenn sich ein Generalagent mit besonderen Vertriebsleistungen ausgezeichnet hatte und die Gesellschaft ihn an sich binden wollte[200].

Auch für Frauen war in diesem Frühstadium der betrieblichen Pensionskassen eine Mitgliedschaft noch nicht vorgesehen, zumal im Verlauf des 19. Jahrhunderts Frauen nur in Ausnahmefällen als „Beamte“ eingestellt wurden[201]. Für ihre Mitglied-

195 Pensions-Statuten der Münchener Rück von 1892, § 2, und der Allgemeinen Rentenanstalt von 1892, § 1.
196 Pensions-Statut der Allgemeinen Rentenanstalt, § 1, der Münchener Rück von 1897, § 2, und des Nordstern von 1897 Nr. 6.
197 Pensions-Statuten der Münchener Rück von 1892, § 2.
198 Regulativ der Victoria von 1887, S. 1–3.
199 Mecklenburgische Hagel, 1797–1972, S. 97.
200 Victoria, I. Regulativ von 1881, und Nordstern, Regulativ von 1906, Nr. 10.
201 Vgl. S. 40.

schaft bedurfte es in einigen Fällen besonderer satzungsmäßiger Regelungen, die meistens erst während und nach dem Ersten Weltkrieg eingeführt wurden.

Ausnahmen bildeten wohl der Allgem. Dt. Verein, der bereits ab 1904 Beamtinnen mit Genehmigung des Aufsichtsrates die Mitgliedschaft in der Pensionskasse zuließ[202], und die Württfeuer, die 1906 drei Beamtinnen Pensionsberechtigungen gewährt hatte[203]. Die Berlinische Leben ließ nach § 3 der Satzung ihrer Pensionskasse von 1913 jede männliche und weibliche Person beitreten, wenn sie das 25. Lebensjahr vollendet und das 40. Lebensjahr noch nicht überschritten hatte und gesund war.

3.2.1.2.3 Leistungen

Bei der Gewährung von Versorgungsleistungen dienten vielfach – auch bereits in den ersten Jahrzehnten des 19. Jahrhunderts – die beamtenmäßigen Grundsätze als Anhalt.

Beispielsweise heißt es in einer Denkschrift zum 75jährigen Jubiläum der Vaterländischen Feuer: „... und die Gerechtigkeit fordert es, zu erklären, daß die Vaterländische Feuer ... von Anfang an (1822) ihren Beamten und Vertretern in Zeiten der Noth schützend zur Seite stand und Pensionen und Unterstützungen in ausreichendem Maße gewährte, welche mindestens denjenigen der Staatsbeamten gleichkommen“[204].
Bei der Mecklenburgischen Hagel und bei der Greifswalder Hagel war die Versorgung der Beamten an die der Reichs- und Staatsbeamten angeglichen[205]. Die Sächsische Renten gewährte Ruhegelder unter entsprechender Anwendung der die sächsischen Civilstaatsdiener betreffenden Gesetzgebung[206]. Das 1877 neugefaßte Beamtenstatut der Württfeuer regelte die Pensionsberechtigung und die Höhe des Ruhegehalts „nach Analogie des Württembergischen Beamtengesetzes von 1876“[207].
Die Berlinische Leben legte den Pensionen ihrer Beamten und General-Agenten für die Bemessung der Pensionen ab 1886 im wesentlichen die Grundsätze der Kommunalverwaltung zugrunde[208]. Bei der Kölnischen Feuer wurde 1886 eine Versorgungskasse gegründet, die den Beamten einer Gesellschaft die Vorteile der Staatsbeamtenpension erschließen sollte[209]. Die 1891 errichtete Pensionskasse der Münchener Rück bot ebenfalls „beamtenähnliche“ Leistungen[210]. Von der Berlinischen Feuer wurde 1899 ein Beamtenunterstützungsfonds ins Leben gerufen, der „in der praktischen Handhabung ... zu einer an das preußische Beamtenrecht angelehnten Ruhegeldzahlung führte[211].

Soweit Unterstützungen aufgrund von fallweisen Entscheidungen gewährt wurden, dürfte ihre Höhe allerdings unter Berücksichtigung der jeweiligen Verhältnisse individuell geregelt worden sein.

202 Allgem. Dt. Verein, Wohlfahrtseinrichtungen, A. Pensionskasse, § 1.
203 Württfeuer, Entstehungsgeschichte, S. 11.
204 Vaterländische, 1823–1898, S. 137.
205 Mecklenburgische Hagel, 1797–1972, S. 97.
206 Sächsische Renten, 1841–1901, S. 44.
207 Württfeuer, Entstehungsgeschichte, S. 10.
208 Berlinische Leben, Chronik 1836–1961, S. 138.
209 Im Jahre 1908 wurde das Reglement der Versorgungskasse der Kölnischen Feuer nach dem Preußischen Pensionsgesetz umgestaltet; Kölnische Feuer, 1839–1914, S. 68f.
210 Münchener Rück, 50 Jahre Versorgungskasse, S. 2.
211 Berlinische Feuer, 1812–1962, S. 184.

Mit der Einführung von Satzungen oder Regulativen für die betrieblichen Unterstützungen waren die Leistungen meist eindeutig festgelegt. In der Regel bezog sich die Pension auf das zuletzt bezogene Gehalt des Verstorbenen oder des in den Ruhestand getretenen Angestellten.

Eine Ausnahme machte die im Jahre 1837 errichtete Beamtenpensionskasse der Württfeuer. Nach der Satzung war „eine bestimmte Höhe der Pension ... nicht garantiert, sie richtete sich nach den Kräften der Pensionskasse, der Dienstzeit und den geleisteten Beiträgen und war für einen Beamten begrenzt auf die Hälfte der jährlichen Einnahmen der Pensionskasse an Beiträgen und Zinsen. Eine bereits verwilligte Pension konnte bei Häufung der Pensionen gekürzt, im umgekehrten Fall erhöht werden. ... Bei Bestimmung einer Pension waren die Kanzleibeamten über ihre Ansicht zu hören“. Nach dem Statut von 1862 betrug das Ruhegehalt nach zurückgelegtem sechsten Dienstjahr 30% und stieg mit jedem folgenden Jahr um 1%; zwei Jahre später wurde die sechsjährige Dienstzeit auf 10 Jahre und die Pension für jedes weitere Dienstjahr auf $1^1/_2$% heraufgesetzt. 1877 folgte dann eine Anpassung an die Ruhegehaltsregelungen der Württembergischen Beamten[212].
Eine weitere Ausnahme betraf das Statut der Wittwenkasse der A. u. M. Feuer aus dem Jahre 1849. Bei dieser Kasse erhielten alle Witwen zunächst die gleiche Pension von 300 Mark, ab 1875 600 Mark. Im Jahre 1879 wurde diese Witwenrente aufgestockt bis zu einem Drittel des Gehalts des verstorbenen Ehemannes, maximal jedoch auf 2.000 Mark begrenzt[213].
Eine Besonderheit ist auch der Satzung der Gothaer Leben Witwenkasse aus dem Jahre 1876 zu entnehmen, bei der die Witwe eine jährliche Pension „im Betrage des vierten Theils des Gehalts erhielt, mit welchem der Verstorbene in die Anstalt aufgenommen war und auf welches er zur Zeit seines Todes den Prozentbeitrag zu entrichten hatte“[214].

Die Bezugnahme auf das letzte Gehalt – wobei unterschiedlich das Durchschnittsgehalt des letzten Jahres oder mehrerer Jahre bis hin zu den letzten 5 Jahren herangezogen wurde – galt weitgehend für alle Pensionsordnungen. In Abhängigkeit von der Zahl der Dienstjahre des in den Ruhestand tretenden Angestellten wurde die Pension in Prozentpunkten der Gehaltsbasis errechnet.

Bei der Preußischen Leben betrug die Pension im 11. Dienstjahr $^{15}/_{60}$ des durchschnittlichen Jahresgehalts der letzten fünf Kalenderjahre und stieg mit jedem weiteren Dienstjahr um $^{1}/_{60}$ bis zu maximal $^{45}/_{60}$[215].

Eine besondere Bezugsbasis wies die Pensionskasse der Victoria auf, die 1881 für die Lebensversicherungs-Vertreter und Außenbeamten errichtet wurde. Die Höhe ihrer Pensionen bestimmte sich nach der Höhe der von dem Vertreter, bzw. Beamten, vermittelten und mindestens ein Jahr in Kraft gewesenen Todesfallversicherungen und nach dem Alter des Vertreters im Zeitpunkt des Versicherungsabschlusses. Nach einer speziellen Rententabelle erhielt ein 30jähriger Vertreter für jeweils 1.000 M vermittelte Lebensversicherungssumme einen Rentenanspruch von 0,91 M; die Zahlung einer Rente setzte jedoch eine Mindestrente von 50 M voraus[216].

212 Württfeuer, Entstehungsgeschichte, S. 10.
213 von Koppen, A. u. M. Feuer, S. 4f.
214 Gothaer Leben, Statut der „Wittwenkasse“ von 1876, § 11.
215 Preußische Leben, Reglement, § 5.
216 Victoria, I. Regulativ von 1881, § 4ff.

Generell wurde für die Berechnung der Pension vorausgesetzt, daß der Angestellte mindestens 4 bis 5 Dienstjahre aufzuweisen hatte, für die dann ein pauschaler Prozentsatz von 25 bis 30% angesetzt wurde. Für jedes weitere Dienstjahr erhöhte sich der Prozentsatz um 1–2 Prozentpunkte. Bei den meisten Unternehmen waren die Steigerungssätze in den ersten 10 oder 15 Jahren höher als in den nachfolgenden, um dann nach 35 oder 40 Dienstjahren einen Höchstsatz zu erreichen; dieser Höchstsatz lag zwischen 70 und 80% der Gehaltsbezugsbasis. Dieses Leistungsniveau entsprach in etwa den Regelungen für die Staatsbeamten.

Die Beamten der Magdeburger Feuer erreichten als Mitglieder ihrer 1852 gegründeten Unterstützungskasse nach 30 Dienstjahren eine Höchstpension von 75% des Gehalts[217].
Bei der Allgemeinen Rentenanstalt erhielt der „Beamte“ für die ersten 5 Dienstjahre 25%, für die weiteren 10 Dienstjahre je 2% und vom 16. Dienstjahre ab je 1½%, im Ganzen aber höchstens 75% seines letzten Jahresgehalts[218].
Bei der Münchener Rück betrug die Pension nach vier Dienstjahren 30% des letzten Gehalts, um sich in den folgenden 13 Dienstjahren um je 2%, in weiteren 12 Dienstjahren um je 1½% und in den sich anschließenden 6 Dienstjahren um je 1% bis zur Vollendung des 35. Dienstjahres auf ein Maximum von 80% zu steigern[219].

In ihrer absoluten Höhe wurde die Pension allgemein auf einen bestimmten Betrag begrenzt, der beispielsweise bei der Münchener Rück bei 5.000 Mark lag[220].

Die Witwenpension belief sich in der Regel auf ein Drittel oder in vereinzelten Fällen auf die Hälfte des Pensionsanspruches des Verstorbenen. Diese Pension konnte sich auf die Hälfte verringern, wenn die Witwe mehr als 15 Jahre jünger war als ihr verstorbener Ehemann, oder ganz wegfallen, wenn sie 20 Jahre jünger war.

Die Allgemeine Rentenanstalt zahlte an die Witwe, wenn die Ehe mindestens ein Jahr gedauert hatte und sie nicht mehr als 15 Jahre jünger war als ihr verstorbener Mann, ein Drittel von dessen Pension; war sie mehr als 15 Jahre jünger, dann erhielt sie nur ein Sechstel; war sie 20 Jahre oder mehr jünger als ihr Mann, erhielt sie keine Pension[221]. Bei der Münchener Rück erhielt die Witwe uneingeschränkt die Hälfte der Mannespension[222].

Ein Witwenanspruch entfiel in der Regel auch, wenn die Ehe erst nach der Pensionierung geschlossen war oder sich die Witwe später wiederverheiratete[223].

Der Unterhaltsbeitrag für Halbwaisen lag meistens bei 10% des Pensionsanspruchs des Verstorbenen; zusammen mit der Pension der Mutter durften die Halbwaisenansprüche aber nicht die Pension des Vaters übersteigen. Vollwaisen erhielten eine etwas höhere Rente, die bei mehreren Vollwaisen häufig auf den Witwenpensionsanspruch der Mutter begrenzt war. Die Waisenpension wurde gene-

217 Magdeburger Feuer, 1844–1969, S. 57.
218 Allgemeine Rentenanstalt, Pensions-Statut von 1892, § 7.
219 Münchener Rück, Statuten der Pensionskasse von 1892, § 6.
220 Ebenda, § 6.
221 Allgemeine Rentenanstalt, Pensions-Statut von 1892, § 9.
222 Münchener Rück, Statuten der Pensionskasse von 1892, § 5, Nr. 2.
223 Pensions-Statut der Allgemeinen Rentenanstalt von 1892, § 9, und Reglement der Preußischen Leben von 1890, § 8.

rell bis zur Vollendung des 18. Lebensjahres, in manchen Unternehmen auch bis zum 20. Lebensjahr gezahlt.

Bei der Allgemeinen Rentenanstalt erhielten die ehelichen Kinder bis zum 18. Lebensjahr je 1/12, wenn aber die Mutter auch gestorben war oder nicht pensionsberechtigt war, je 1/10 der Pension ihres Vaters. Die Hinterbliebenenansprüche waren für die Witwe und ihre Kinder auf zwei Drittel des väterlichen Pensionsanspruches begrenzt, für die Vollwaisen zusammen auf die Hälfte[224].
Bei der A. u. M. Feuer erhielten die Witwen eine Pension von einheitlich 300 M; starb sie und hinterließ Kinder, so wurde die Pension in gleicher Höhe weitergezahlt, bis alle Kinder das 18. Lebensjahr vollendet hatten. Auch Pflegekinder erhielten die Pension, wenn das Mitglied kinderlos geblieben war[225].
Bei der Gothaer Leben bekamen nach der Wiederverheiratung der Witwe oder nach ihrem Tode die Kinder aus der Ehe des Mitglieds mit ihr die ganze Pension, bis das letzte Kind das 21. Lebensjahr vollendet hatte. Hinterließ das Mitglied eine Witwe und Kinder aus einer anderen Ehe, so empfing die Witwe die eine Hälfte der Pension und die andere Hälfte fiel den Stiefkindern zu; im Falle der Wiederverheiratung oder des Todes der Witwe erhielten die leiblichen Kinder des Mitglieds die volle Pension bis zum Erreichen der vorerwähnten Altersgrenze. Andererseits fiel der Witwe im Erlebensfall die ganze Pension zu, wenn alle Kinder das 21. Lebensjahr vollendet hatten. Adoptivkindern und unehelichen Kindern wurde ein Pensionsanspruch nicht zugestanden[226].
Bei der Münchener Rück belief sich das „Erziehungsgeld“ auf 10% der Angestelltenrente, „jedoch nicht für mehr als drei Kinder“. Vollwaisen erhielten die Witwenpension, mit der Einschränkung, daß das einzelne Kind nicht mehr als 600 M erhielt[227].
Eine Ausnahme dürfte das Reglement der Preußischen Leben darstellen, das 1890 in Kraft gesetzt wurde und kein Waisengeld vorsah. Gleichfalls bildete die Schwedter in 1876 einen Pensionsfonds, der nur der Altersversorgung der Beamten diente; eine Hinterbliebenenversorgung wurde erst 1893 eingeführt[228].
Auch bei der Pensionskasse der Victoria, die 1881 für die Vertreter und Außenbeamten errichtet worden war, hörten die Rentenzahlungen mit dem Tode des Rentenempfängers auf. Die Witwen und Waisen erhielten also keine Unterstützungen. Für sie waren gegebenenfalls Beihilfen aus einem gleichzeitig gegründeten Unterstützungsfonds vorgesehen. Die ausschließlich auf den Vertreter und Außenbeamten bezogene leistungsabhängige Altersrente fand damit eine fürsorgerische Ergänzung. Dem Vertreter oder Außenbeamten war es jedoch freigestellt, auf eine gewisse Quote seiner Rentenbezüge zu Gunsten einer dritten Person, also eines Familienmitglieds, zu verzichten. Dieser Verzicht konnte jedoch nur hinsichtlich der Ansprüche auf noch abzuschließende Versicherungen ausgesprochen werden[229]. In einem Anhang zum Regulativ der Pensionskasse wurden provisorische Festsetzungen über den „Unterstützungsfonds für dauernd erwerbsunfähige Pensions-Kassen-Mitglieder und hülfsbedürftige Hinterbliebene verstorbener Außenbeamten der Victoria zu Berlin“ getroffen. Hierfür sollten zunächst 20.000 M – im wesentlichen wohl aus Zuwendungen der Victoria – angesammelt werden. Lediglich die Zins- und sonstigen weiteren Einnahmen waren für Unterstützungen vorgesehen.

Die Zahlung einer Pension war an gewisse Voraussetzungen geknüpft. Allgemein wurde eine Mindestdienstzeit von 4 oder 5 Jahren im Unternehmen verlangt.

224 Allgemeine Rentenanstalt, Pensions-Statut von 1892, § 9.
225 von Koppen, A. u. M. Feuer, S. 3.
226 Gothaer Leben, Statut der „Wittwenkasse“ von 1876, § 12.
227 Münchener Rück, Statuten von 1892, § 5, Nr. 3 und 4.
228 Mecklenburgische Hagel, 1797–1972, S. 97.
229 Victoria, I. Regulativ von 1881, Teil I.

Bei der Württfeuer mußte – wie bereits erwähnt – ein Beamter nach dem Statut von 1837 sechs Jahre und ab 1864 zehn Jahre der Pensionskasse angehört haben[230]. Bei der Allgemeinen Rentenanstalt wurde eine mindestens fünfjährige Dienstzeit vom Ablauf des 23. Lebensjahres an gerechnet vorausgesetzt[231]. Bei der Münchener Rück setzte eine Pensionierung vier Dienstjahre voraus[232].

Der Zeitpunkt der Pensionierung war nicht generell in den Satzungen festgelegt. Bis zur Einführung tariflicher Regelungen im 20. Jahrhundert konnten die Unternehmen über die Beendigung des Arbeitslebens und damit über den Pensionsbeginn ihrer Angestellten frei entscheiden. Hiervon haben die Unternehmen in unterschiedlicher Weise Gebrauch gemacht.

Das Statut der Beamtenpensionskasse der Württfeuer von 1837 sah die „Reichung einer Pension" vor: „bei Arbeitsunfähigkeit wegen hohen Alters, welchem Falle die Bitte um Entlassung nach Zurücklegung des 68. Lebensjahres gleichstand" oder „wenn der Beamte wegen langwieriger Krankheit nicht mehr arbeiten konnte und seine Entlassung erhielt". Ab dem Jahre 1862 ergab sich auch ein „Anspruch" nach 40jähriger Dienstzeit[233].
Nach § 6 des Statuts der Allgemeinen Rentenanstalt von 1892 wurde die Pensionierung eines Beamten auf Antrag des Verwaltungsrats oder auch des Beamten von dem Gesellschaftsausschuß verfügt,
„1) wenn der betreffende Beamte wegen hohen Alters, wegen eines körperlichen Gebrechens oder wegen Schwäche seiner körperlichen oder geistigen Kräfte in seiner Thätigkeit gehemmt oder dienstunfähig geworden ist;
2) wenn derselbe durch Krankheit länger als sechs Monate an Versehung seines Dienstes gehindert ist".
Nach der Satzung der Pensionskasse der Germania von 1877 wurde eine Pension bei Berufsunfähigkeit, jedoch spätestens ab dem 65. Lebensjahre gezahlt. Bei der Pensionskasse der Iduna von 1873 endete das Arbeitsleben bereits mit dem 60. Lebensjahr[234]. Die Pensionskasse der Münchener Rück aus dem Jahre 1891 gewährte eine Altersrente erst ab dem 70. Lebensjahr, oder gemäß der Satzung von 1897 nach 40 Dienstjahren bei der Gesellschaft[235]; letzteres konnte theoretisch auch bereits vor vollendetem 60. Lebensjahr der Fall sein.
Im Reglement der Preußischen Leben hieß es, daß „bei Beamten, welche das 69. Lebensjahr vollendet haben, ... eingetretene Dienstunfähigkeit nicht Vorbedingung der Versetzung in den Ruhestand wäre[236].

Einige Versicherungsunternehmen hatten also bereits im 19. Jahrhundert eine zeitliche Begrenzung des Arbeitslebens vorgesehen. Einen besonderen Grund für die Gewährung eines Ruhegehalts sah das Statut der Württfeuer von 1862 vor. Danach trat „der Anspruch eines Ruhegehalts (auch) ein, ...bei Entlassung wegen Verminderung der Geschäfte, wenn und soweit der Beamte kein anderes Einkommen durch sonstige Anstellung oder einen anderen Erwerbszweig erhielt"[237]. Diese Bestimmung, mit der moderne Sozialplanregelungen aus dem letzten Viertel des 20. Jahr-

230 Württfeuer, Entstehungsgeschichte, S. 10.
231 Allgemeine Rentenanstalt, Pensions-Statut von 1892, § 5.
232 Münchener Rück, Statuten von 1892, § 6.
233 Württfeuer, Entstehungsgeschichte, S. 10.
234 Iduna-Germania, Erläuterungen zu den Pensionsrückstellungen, Gruppe I und Gruppe II.
235 Münchener Rück, Statuten von 1892, § 5 Nr. 1 und § 6 Nr. 2.
236 Preußische Leben, Reglement von 1890, § 2.
237 Württfeuer, Entstehungsgeschichte, S. 10.

hunderts vorweggenommen wurden, dürften für damalige Verhältnisse einmalig gewesen sein.

In dem dargelegten Leistungsniveau der betrieblichen Pensionseinrichtungen haben sich bis zum Beginn des Ersten Weltkrieges keine wesentlichen Änderungen ergeben; in vielen Fällen galten sie sogar bis zum Ausbruch des Zweiten Weltkrieges[238]. Die pensionsberechtigten Angestellten hatten damit eine Altersversorgung, die der Pension der Staatsbeamten weitgehend gleichwertig war[239].

3.2.1.2.4 Finanzierung der Leistungen

Die Unterstützungsleistungen der Versicherungsunternehmen wurden im wesentlichen durch direkte Zahlungen aus laufenden Mitteln oder indirekt – soweit Fonds oder rechtlich selbständige Pensionskassen errichtet waren – über Einlagen und Zuschüsse der Gesellschaften finanziert. Die Höhe der betrieblichen Zuwendungen an Fonds oder außerbetriebliche Einrichtungen bestimmte sich vielfach aus den Satzungen der Unterstützungseinrichtungen.

Im Statut der „Wittwenkasse“ der Gothaer Leben von 1876 war die jährliche Zuschußverpflichtung der Gesellschaft ausdrücklich festgelegt; die Höhe des Zuschusses bestimmte jedoch der Bankvorstand[240]. Bei der A. u. M. Feuer war ein Zuschuß von 6.000 Mark jährlich satzungsmäßig verankert[241].
Nach dem Pensions-Statut der Allgemeinen Rentenanstalt zahlt diese „in die Pensionskasse auf 31. Dezember jeden Jahres Beiträge, welche bis auf weiteres 5% des Gehalts sämtlicher pensionsberechtigten Beamten betragen“[242].
In der Satzung der Münchener Rück Pensionskasse von 1892 waren die Zuschüsse der Gesellschaft ausdrücklich erwähnt, aber in ihrer Höhe zunächst nicht fixiert. Erst mit den Statuten von 1897, als sich auch befreundete Gesellschaften der Pensionskasse anschließen konnten, wurden die Zuschüsse der Gesellschaften und der angeschlossenen Gesellschaften auf das Doppelte der Mitgliedsbeiträge festgelegt[243].

Bei einigen Gesellschaften war der Zuschuß differenziert in Abhängigkeit von der Stellung oder dem Einkommen des Begünstigten oder auch nach dem Versicherungsbestand der Gesellschaft.

Bei der „Wittwenkasse“ der Gothaer Leben hatten die Mitglieder einen Beitrag von 4 Prozent auf das pensionsfähige Gehalt zu leisten. Die „Beamten“ der I. und II. Klasse sowie die Spezialrevisoren für das Rechnungswesen und ihre Gehilfen brauchten jedoch nur 2 Prozent aus eigenen Mitteln aufzubringen, die übrigen 2 Prozent wurden aus Mitteln der Gesellschaft zugeschossen[244].

238 Vgl. hierzu die Ausführungen unter 3.2.2.3 und 3.2.2.6 sowie 3.2.3.5.
239 Nach § 41 des Reichsbeamten-Gesetzes von 1907 betrug die Pension nach vollendeter 10jähriger Dienstzeit $^{20}/_{60}$ und stieg mit jedem weiteren Jahr bis zum vollendeten 30. Dienstjahr um $^{1}/_{60}$ und von da ab um $^{1}/_{120}$ des Diensteinkommens bis maximal $^{45}/_{60}$.
240 Gothaer Leben, Statut der Wittwenkasse von 1876, § 10.
241 von Koppen, A. u. M. Feuer, S. 2.
242 Allgemeine Rentenanstalt, Pensions-Statut von 1892, § 4.
243 Münchener Rück, Statuten von 1892, § 3 Nr. 2 und von 1897, § 4 Nr. 2.
244 Gothaer Leben, Statut der „Wittwenkasse“ von 1876, § 4.

Von der Württfeuer erhielt ihre Pensionskasse ab 1838 einen Zuschuß von 5 fl. auf eine Million fl. Versicherungssumme, der 1858 auf 2 fl. je Tausend erhöht wurde – vorausgesetzt, daß die Überschüsse eines Jahres nach Ergänzung des Reservefonds auf den statutenmäßigen Betrag dies zuließen[245].
Die Zuschüsse der Norddeutschen Hagel an ihre Beamten-Unterstützungskasse, die nur in Fällen der Not oder dauernder Invalidität helfend einsprang, waren mit 1/3 Pfg. je 1.000 M Versicherungssumme festgelegt[246].

Soweit die Mitglieder eigene Beiträge zu erbringen hatten, war die Höhe der betrieblichen Zuwendungen in der Regel das Ein- oder Mehrfache des Mitgliederbeitragsvolumens.

Die Heranziehung der Mitglieder zu eigenen Beiträgen war vor allem bei den älteren Witwen- und Waisenkassen üblich; dagegen übernahmen bei den Pensionskassen vielfach die Gesellschaften die Finanzierung in vollem Umfang. In Unternehmen, die eine Witwen- und Waisenkasse und eine Pensionskasse nebeneinander unterhielten, hatten die Beamten für die Hinterbliebenenversorgung in der Regel eigene Beiträge zu leisten, während sie bei der Pensionskasse davon befreit waren.

Bei der Norddeutschen Hagel hatten die Beamten für die Witwen- und Waisenkasse einen Beitrag von 8% des Jahresgehalts aufzubringen; die Gesellschaft beschränkte sich auf Zuwendungen in der Anfangszeit der Kasse. Die Finanzierung der Pensionskasse wurde in vollem Umfang von der Gesellschaft getragen[247].
Die von der Gothaer Feuer im Jahre 1846 errichtete Unterstützungskasse finanzierte sich aus Schenkungen der „leitenden Bankbeamten" in Höhe von 1% ihrer jährlichen Bezüge und aus den Beiträgen der „Gehülfen". Auch für den 1879 gegründeten Witwen- und Waisenversorgungsverein wurde zunächst ausschließlich von den Angestellten finanziert; erst ab 1904 übernahm die Gesellschaft – und zwar in vollem Umfang – die Finanzierung. Für die im Jahre 1869 zugesagte Altersversorgung der „Bankbediensteten" lag die Aufbringung der erforderlichen Mittel von vornherein ausschließlich bei der Gesellschaft[248].
Von der Magdeburger Feuer wurde 1852 eine Unterstützungskasse ins Leben gerufen, die zu gleichen Teilen von der Gesellschaft und den Beamten finanziert wurde[249].

Die eigenen Beiträge der Mitglieder bezogen sich in der Regel auf einen Prozentsatz des monatlichen, oder auch pensionsfähigen, Gehalts, bei dem Funktions- und andere Zulagen unberücksichtigt blieben. Bei einer Reihe von Gesellschaften war es ein gleichbleibender Satz.

Nach dem Pensionsstatut der Württfeuer von 1837 hatten die Angestellten zunächst 5% ihres Gehalts zu zahlen; dieser Betrag verminderte sich ab 1862 auf 2½%, sobald der gewinnabhängige Zuschuß der Gesellschaft 6000 fl. überstieg; ab 1867 verblieb es generell bei dem letztgenannten Beitrag, der 1899 auf 1% „in widerruflicher Weise" ermäßigt wurde[250].

245 Württfeuer, Entstehungsgeschichte, S. 10.
246 Norddeutsche Hagel, 1869–1919, S. 23.
247 Ebenda., S. 23.
248 Gothaer Feuer, 1820–1970, S. 198ff.
249 Magdeburger Feuer, 1844–1969, S. 50f.
250 Württfeuer, Entstehungsgeschichte, S. 10.

Bei der Münchener Rück betrug der Beitrag 3% des monatlichen Gehalts. Ab 1897 hatten die Mitglieder der Pensionskasse mit einem festen pensionsfähigen Jahresgehalt, das 2.400 M nicht überstieg, hiervon als Beitrag 2% und alle übrigen Mitglieder weiterhin 3% zu entrichten[251].
Die „Wittwenkasse“ der A. u. M. Feuer verlangte von ihren Mitgliedern einen jährlichen Beitrag von einheitlich 30 Mark – korrespondierend mit der Einheitswitwenrente von ursprünglich 300 Mark jährlich[252].

Bei einigen Gesellschaften wurde der Beitragssatz in Abhängigkeit vom Dienstalter gestaffelt.

Bei der Allgemeinen Rentenanstalt betrugen die laufenden Beiträge in den ersten fünf Jahren je 5%, in den weiteren fünf Jahren je 2% und ab dem elften Jahr je 1% des jeweiligen Monatsgehalts[253].

Im allgemeinen wurde die Beitragsleistung im Hinblick auf das Eintrittsalter differenziert festgelegt.

War – wie beispielsweise bei der Gothaer „Wittwenkasse“ – „ein verheiratheter Beamter bei seiner Aufnahme in die Wittwenkasse oder bei einer in dieselbe einzuschreibenden Erhöhung seines Gehalts bereits älter als 45 Jahre, so hat er für jedes volle weitere Lebensjahr eine Nachzahlung von 2 Prozent des einzuschreibenden Gehalts resp. Gehaltszuwachses zu leisten“. Unverheiratete Beamte waren von dieser Nachzahlung zunächst freigestellt, hatten diese jedoch nachzuzahlen, wenn sie sich später verheirateten. Auch diese Nachschüsse wurden zur Hälfte von der Gesellschaft übernommen und hinsichtlich der anderen von dem Mitglied aufzubringenden Hälfte auf Wunsch langfristig gestundet[254].

Eine weitere Differenzierung der Beitragsleistungen betraf den Altersunterschied zwischen dem Mitglied und seiner Ehefrau.

War bei der Gothaer „Wittwenkasse“ das Mitglied „mehr als 10 Jahre älter als seine Frau, so hat es für jeden weiteren Altersunterschied von einem Jahre auf je 3 Mark dereinst zu gewährende Wittwenpension eine einmalige Ausgleichszahlung von 20 Pf. zu leisten“[255].

Die vorstehend aufgeführte Beitragsregelung bei der Gothaer „Wittwenkasse“, deren Statut im Jahre 1876 in Kraft trat, entsprach in etwa den Bestimmungen, wie sie auch bei den danach bis ans Ende des 19. Jahrhunderts gegründeten Pensionskassen zur Anwendung kamen.

Eine besondere Beitragsregelung sah das Pensions-Statut der Allgemeinen Rentenanstalt vor. Der zur Ruhe gesetzte Beamte nämlich hatte seine „Beiträge und zwar aus seinem Ruhegehalt fortzusetzen, wenn und in so lange er eine pensionsberechtigte Frau oder versorgungsberechtigte Kinder hat“[256]. Diese Bestimmung hat sich nicht lange gehalten; im Pensionsstatut von 1913 war sie gestrichen.

251 Münchener Rück, Statuten von 1897, § 5.
252 von Koppen, A. u. M. Feuer, S. 2.
253 Allgemeine Rentenanstalt, Pensions-Statut von 1892, § 3.
254 Gothaer Leben, Statut der „Wittwenkasse“ von 1876, §§ 5f.
255 Ebenda, § 7.
256 Allgemeine Rentenanstalt, Pensions-Statut von 1892, § 3.

Neben den laufenden Beiträgen wurden von einigen Kassen auch Eintrittsgelder erhoben.

Bei der Allgemeinen Rentenanstalt mußte der beitretende Beamte die Hälfte eines Monatsgehalts als Eintrittsgeld bezahlen[257]. Bei der A. u. M. Feuer-„Wittwenkasse" hatten nur die Mitglieder, die nach Vollendung des 40. Lebensjahres beitraten, ein Eintrittsgeld von 75 Mark zu entrichten[258]. Von den Beamten der Württfeuer war ab 1862 ein Eintrittsgeld von 15% ihres Jahresgehalts zu zahlen[259].

Nahezu alle Pensionseinrichtungen, die von ihren Mitgliedern Beiträge forderten, verlangten auch bei Gehaltserhöhungen einmalige Beträge, die meist in Höhe des Gehaltserhöhungsbetrages lagen.

Die Allgemeine Rentenanstalt verlangte den vollen Betrag der ersten monatlichen Zulagsrate als außerordentlichen Beitrag[260]. Bei der Württfeuer waren 15% der Gehaltserhöhung zu zahlen[261].

Den Mitteln, die in Form von Zuschüssen der Gesellschaften und von Beiträgen der Mitglieder den Fonds und den selbständigen Pensionskassen jährlich zuflossen, standen Pensions- und Unterstützungszahlungen gegenüber, die erst sehr viele Jahre später fällig wurden. Demzufolge sammelten sich in den Unterstützungseinrichtungen im Laufe der Zeit beträchtliche Mittel an, aus denen nicht unerhebliche Zinsen vereinnahmt werden konnten. Meistens wurden diese Mittel im Rahmen der Kapitalanlagen der Unternehmen mitverwaltet. Die sich aus der Anlage dieser Mittel ergebenden Zinsen wurden den Fonds in der Regel und den Pensionskassen grundsätzlich gutgeschrieben, und zwar entweder in Höhe eines festen Zinssatzes oder des Durchschnittszinses, der im Rahmen der Gesamtanlagen der Gesellschaft erzielt wurde.

Nach dem Pensions-Statut der Allgemeinen Rentenanstalt von 1892 mußten die angesammelten Mittel des Fonds, welcher von den Organen der Gesellschaft gleich dem übrigen Vermögen derselben verwaltet wurde, mit jährlich 4% verzinst werden[262]. Das Regulativ für die Unterstützungs-Kasse der Victoria sah vor, daß die Unterstützungsfonds ungetrennt vom Gesamtvermögen der Gesellschaft verwaltet und zu dem durchschnittlich erzielten Zinsfuß verzinst wurden[263]. Das Statut der Gothaer „Wittwenkasse" von 1876 legte in § 27 fest, daß das Kassen-Vermögen der Gesellschaft „eingeliehen" und zu dem höchsten Zinsfuß verzinst wurde, zu welchem Hypothekenkapitalien von der Gesellschaft ausgeliehen wurden.

Die dargelegte Finanzierung der Unterstützungsleistungen ist als differenziertes Umlageverfahren anzusprechen, d.h. daß die Zuwendungen und Beiträge im wesentlichen dazu dienten, die im gleichen Jahr anfallenden Leistungen abzudecken. Diese Finanzierung sichert die Leistungsfähigkeit einer Pensionskasse nur solange, wie die Zunahme an Beiträgen von neu eintretenden Angestellten und an betrieblichen

257 Allgemeine Rentenanstalt, Pensions-Statut von 1892, § 3.
258 von Koppen, A. u. M. Feuer, S. 2.
259 Württfeuer, Entstehungsgeschichte, S. 10.
260 Allgemeine Rentenanstalt, Pensions-Statut von 1892, § 3.
261 Württfeuer, Entstehungsgeschichte, S. 10.
262 Allgemeine Rentenanstalt, Pensions-Statut von 1892, § 2.
263 Victoria, Regulativ von 1887, II. § 6.

Zuschüssen den Mehrbedarf an Leistungen für neu angefallene Rentenfälle abdeckt. Hiervon kann bei relativ jungen Unternehmen oder solchen, die sich in der personellen Expansion befinden, meist ausgegangen werden, zumal wenn auch die wirtschaftliche Entwicklung positiv verläuft. Unter solchen Voraussetzungen können sich – wie oben dargelegt – größere Reserven ansammeln. Diese sind aber bald aufgebraucht, wenn der Zugang an Rentnern den Neuzugang an beitragspflichtigen Mitgliedern übersteigt und das Unternehmen wirtschaftlich nicht in der Lage ist, die notwendigen höheren Zuwendungen aufzubringen.

Aus dieser Sicht wird verständlich, daß die Unternehmen in den Satzungen ihrer Unterstützungseinrichtungen – wie im folgenden Abschnitt noch darzulegen sein wird – keine vorbehaltlosen Rechtsansprüche auf Pensionen und ähnliche wiederkehrende Leistungen einräumten.

Die versicherungstechnisch einwandfreie Finanzierung im sogenannten Anwartschaftsdeckungsverfahren, in dem jeder Versicherte mit seiner Beitragszahlung zuzüglich eventueller betrieblicher Zuschüsse für die Deckung der später an ihn zu leistenden Renten sorgt, hat erst mit dem Versicherungsaufsicht-Gesetz und den späteren arbeitsrechtlichen und steuerlichen Auflagen bei den größeren Pensionskassen Berücksichtigung gefunden[264].

3.2.1.2.5 Herabsetzung von Pensionsleistungen

Da die meisten betrieblichen Pensions- und Witwenkassen nur über einen relativ kleinen Bestand an Mitgliedern verfügten und daher ungünstige Zufallsentwicklungen beispielsweise durch eine Häufung unerwarteter frühzeitiger Invaliditäts- oder Todesfälle die vorhandenen Möglichkeiten der Pensionskassen überfordern konnten, enthielten nahezu alle Satzungen Regelungen für solche Ausnahmesituationen.

Diese Regelungen räumten den Vorständen das Recht ein, Änderungen der Satzungen der Unterstützungseinrichtungen insbesondere hinsichtlich der festgelegten Höhe der Leistungen vornehmen zu können. Allerdings wurden von solchen Änderungen die bereits laufenden Unterstützungen in einigen Fällen ausgenommen.

Bei der Berlinischen Leben stand der Gesellschaft das Recht zu, „die Pensions- und Erziehungskostenbeiträge bis auf das Maß der zur Verfügung stehenden Mittel herabzusetzen“. Jedoch hatte dieser Vorbehalt nur denjenigen Pensionsberechtigten gegenüber Wirkung, welche sich noch nicht im Ruhestand befanden[265].

Auch bei der Allgemeinen Rentenanstalt konnten die Verwaltungsorgane der Anstalt im Falle, daß die Mittel des Pensionsfonds für die vorgesehenen Unterstützungsbeiträge nicht ausreichten, eine entsprechende Ermäßigung der Bezüge, „insbesondere auch der bereits im Genuß einer Pension stehenden Beamten oder ihrer Hinterbliebenen“ verfügen[266].

Bei der Victoria war die Direktion jederzeit berechtigt, an dem Regulativ für die Versorgungseinrichtungen „nach den zur Sache gewonnenen Erfahrungen nöthig erscheinende Änderungen oder

264 Vgl. die Ausführungen unter 3.2.2.1 und 3.2.3.2 sowie 3.2.3.3.
265 Berlinische Leben, Satzung der Pensionskasse von 1913, § 17.
266 Allgemeine Rentenanstalt, Pensions-Statut von 1892, § 11.

Ergänzungen ... vorzunehmen". Soweit die Nachträge zu einer Verminderung der Leistungen führen sollten, hatten sie keine rückwirkende Kraft[267].

Während die vorgenannten Beispiele im Falle der Nichterfüllbarkeit der vorgesehenen Leistungen deren Ermäßigung bestimmten, gab es auch Satzungen, die über eine Erhöhung der Beiträge an den in Aussicht gestellten Leistungen festhalten wollten.

Nach den Statuten der Pensionskasse der Münchener Rück stand den Mitgliedern der Verwaltungskommission – und auch der Direction der Gesellschaft „von Oberaufsichtswegen" – das Recht zu, die Leistungen der Beitragspflichtigen zu erhöhen, wenn „die Ansprüche an den Fonds unverhältnismäßig groß werden"[268].
Nach dem Statut der „Wittwenkasse" der Gothaer Leben war ein Nachschuß von Seiten aller Mitglieder vorgesehen, und zwar pro rata ihrer Beiträge, wenn die vorhandenen Mittel nicht ausreichten, um die fällig gewordenen Pensionen zu bestreiten; dieser Nachschuß war der Höhe nach auf den jeweiligen Beitrag begrenzt. Reichte dieser Nachschuß nicht aus, um die Pensionen in voller Höhe zu finanzieren, so konnte dieser für das jeweilige Jahr pro rata reduziert werden[269].

3.2.1.2.6 Gewährung von Lebensversicherungen

Der Abschluß einer Lebensversicherung als Form der betrieblichen Altersvorsorge wurde erstmalig in den 80er Jahren des 19. Jahrhunderts von zwei Versicherungsunternehmen, und zwar kurze Zeit hintereinander, eingeführt. Es war zunächst die Nordstern Leben, die im Jahre 1885 in ihrem Regulativ für eine Alters- und Witwenversorgung vorsah, daß jeder ihrer „Bureau- und Reisebeamten" eine Lebensversicherung bis zur Höhe des dreifachen Jahresgehalts bei der eigenen Gesellschaft abschließen konnte. Jeder neueintretende Beamte war sogar verpflichtet, sich bis zur Höhe des doppelten Jahresgehalts zu versichern. Die hierbei entstehende Policengebühr wurde dem Versicherungsnehmer erlassen. Von der Tarifprämie, die um 8% – bei einigen Tarifen um 3% – ermäßigt wurde, übernahm die Gesellschaft ein Drittel, ab 1897 die Hälfte. Im übrigen verzichtete die Nordstern Leben auf den Gewinnanteil aus der Versicherung, der auf seinen Beitragsanteil entfiel[270].

Voraussetzung für die anteilige Beitragübernahme durch die Nordstern Leben war, daß der „Beamte" in Diensten der Gesellschaft stand. Die Möglichkeiten des Rückkaufs, der Beleihung und der Verpfändung waren ausdrücklich ausgeschlossen.

Die versicherte Rente, bzw. das entsprechende Kapital durfte bei einem Eintrittsalter von unter 36 Jahren nicht vor Vollendung des 55. Lebensjahres, bei höheren Eintrittsaltern erst vom 60. Lebensjahr an, und nach einer Mindestlaufzeit von 15 Versicherungsjahren in Anspruch genommen werden. Ab 1897 war die Inanspruchnahme für alle Eintrittsalter erst ab Vollendung des 60. Lebensjahres möglich[271].

267 Victoria, Regulativ von 1887, II. § 15.
268 Münchener Rück, Statuten von 1892, § 6 Abs. 5.
269 Gothaer Leben, Statut der „Wittwenkasse" von 1876, § 13.
270 Nordstern Leben, Regulativ von 1885, Nr. 1, 2 und 6 sowie Regulativ von 1897, Nr. 2.
271 Nordstern Leben, Regulativ von 1885, Nr. 3, und von 1897, Nr. 1.

Für den Fall, daß der Beamte aus den Diensten der Gesellschaft ausschied oder die Versicherung belieh, wurde ihm die Hälfte der Prämienreserve ausgezahlt; damit erlosch der Versicherungsvertrag. Ab 1897 konnte die Versicherung unter Anerkennung der Allgemeinen Versicherungs-Bedingungen und Zahlung der vollen Tarifprämie weitergeführt werden[272].

An dieser Altersversorgung nahmen nur die mit festem Gehalt angestellten „Bureau- und Reisebeamten“ teil. Die „Außenbeamten“ und die Generalagenten, die auf Provisionsbasis arbeiteten, hatten gemäß dem Regulativ zunächst keinen Anspruch auf Gewährung einer Versicherung; ab dem Jahre 1901 ermächtigte jedoch der Aufsichtsrat die Direktion, Ausnahmen bis zu einer Versicherungssumme von 12.000 Mark zuzulassen[273].

Kurze Zeit nach der Nordstern Leben, im Jahre 1887, verabschiedete die Victoria ein Regulativ für die Versorgung ihrer Bureau-Beamten, das u.a. auch den Abschluß von Versicherungen auf den Todes-, Erlebens- und Invaliditätsfall vorsah. Danach war jeder Beamte der Victoria, welcher verheiratet war oder versorgungsbedürftige Kinder hatte, verpflichtet, mindestens bis zur einfachen Höhe seines Jahresgehalts sein Leben bei der Victoria zu versichern. Darüber hinaus war er berechtigt, sich bis zum Dreifachen seines Gehalts abzusichern. Jedoch waren alle seine Versicherungen auf einen Maximalbetrag von 20.000 Mark begrenzt[274]; in einem besonderen Nachtrag vom 15. Juni 1902 wurde der Maximalbetrag auf 30.000 M und im Jahre 1904 auf das vierfache Jahresgehalt unter Begrenzung auf 50.000 M. angehoben.

Voraussetzung für den Abschluß dieser Versicherungen war, daß der Beamte mindestens drei Jahre im Bureaudienst der Victoria gestanden hatte. Die Aufnahme in die Versicherung erfolgte ohne ärztliche Untersuchung[275].

Den Versicherungen lag ein bestimmter Tarif mit Abkürzung auf das 65. Lebensjahr zugrunde. Bei Beamten, die das 50. Lebensjahr überschritten hatten, war eine Mindestlaufzeit des Versicherungsvertrages von 15 Jahren festgelegt[276].

Die Höhe der zu leistenden Beiträge wurde von dem Beitrittsalter und der jeweiligen Gehaltshöhe bestimmt, und zwar nach folgender Staffel: Bis zu einem Jahresgehalt von 1.000 Mark hatte der Versicherungsnehmer 10% der tarifmäßigen Prämie zu zahlen; für jede volle 100 Mark Mehrgehalt erhöhte sich die Prämie um 2%, d.h. daß ein Beamter mit einem Gehalt von 1.500 Mark 20% der Tarifprämie zu zahlen hatte. Die restliche Prämie wurde von der Victoria getragen. Diejenigen Beamten, die ein Gehalt von 5.500 Mark und mehr oder Tantiemen bezogen oder der Direktion angehörten, hatten die volle Prämie zu bezahlen[277].

Der auf die Versicherungen entfallende Gesamtgewinn wurde pro rata der jeweils gezahlten Prämien verrechnet[278].

272 Nordstern Leben, Regulativ von 1885, Nr. 4b und Regulativ von 1897, Nr. 5.
273 Nordstern Leben, Regulativ von 1906, Nr. 10.
274 Victoria, Regulativ von 1887, Teil III § 1.
275 Ebenda, §§ 1 und 3.
276 Ebenda, § 2.
277 Ebenda, § 4.
278 Ebenda, § 4.

Sowohl im Erlebens- als auch im Todesfall wurde nur der Teil der Versicherungssumme, für den der Versicherungsnehmer die Prämie getragen hatte, an ihn ausgezahlt, während der durch die Beiträge der Gesellschaft finanzierte Teil der Versicherungssumme der Verfügung durch die Direktion nach Maßgabe gewisser Grundsätze unterlag[279].

Diese Grundsätze waren in einem Anhang zum Regulativ festgehalten. Darin heißt es: „Die starren Bestimmungen eines Regulativs, und mögen sie noch so zahlreich und eingehend sein, vermögen nie der Mannigfaltigkeit der im menschlichen Leben vorkommenden Verhältnisse gerecht zu werden. Aus dieser Erwägung heraus und um zu vermeiden, daß ‚Vernunft Unsinn, Wohltat Plage werde', hat die Direktion der Victoria sich ... für viele Fälle die große Last und die drückende moralische Verantwortlichkeit auferlegt, nach ihrem eigenen Ermessen in jedem gegebenen Falle das Richtige zu treffen, soweit es sich um das ‚wie?' und ‚wann?' der Vertheilung und die Frage ‚an wen?' handelt, während die Höhe der Gesamt-Leistung selbst nicht in Frage kommen soll... Um indes möglichst im Sinne jedes betheiligten Mitglieds zu handeln, wird gewünscht..., daß ein jeder in einem versiegelten Schreiben seine auf die ... Vertheilung bezüglichen Wünsche kundgebe. Soweit dieselben nicht gegen die Überzeugung der Direktion verstoßen, wird diese ihnen ... Rechnung zu tragen suchen..."[280].

Im Invaliditätsfalle galten die tarifmäßig dafür vorgesehenen Leistungen. Falls ein versicherter Beamter, ohne als invalide erklärt worden zu sein, aus den Diensten der Versicherung ausschied, erlosch ohne weiteres der Teil der Versicherung, für welchen die Gesellschaft die Beitragsleistung übernommen hatte[281].

3.2.1.2.7 Verfall von „Ansprüchen"

Sämtliche Regulative enthielten auch Bestimmungen, die unter gewissen Voraussetzungen den teilweisen oder vollständigen Verfall des Pensionsanspruches vorsahen. Beispielhaft seien hier die Bestimmungen der Unterstützungskasse der Victoria angeführt; nach § 10 des Regulativs von 1887 erlosch die Mitgliedschaft,

a) wenn der Beamte aus den Diensten der Victoria austrat (ausgenommen bei Invalidität),
b) wenn der Beamte für eine Konkurrenzgesellschaft arbeitete, sich einer erheblichen Verletzung der Interessen der Victoria oder der Untreue gegen dieselbe oder grober Ehrverletzung gegen ein Mitglied des Aufsichtsrates, den Direktor oder dessen Stellvertreter schuldig gemacht hatte,
c) wenn der Beamte oder die unterstützte Person sich einem schimpflichen Lebenswandel ergab oder zu einer Strafe verurteilt wurde, mit welcher der Verlust der bürgerlichen Ehrenrechte verbunden war.

279 Victoria Relugativ von 1887, Teil III, § 6.
280 Ebenda, Anhang zum Regulativ.
281 Ebenda, Teil III § 8.

zu a) Die Folgen, die das Ausscheiden eines Mitglieds aus den Diensten der Gesellschaft nach sich zog, wurden von den Unternehmen hinsichtlich der Rückgewähr von Beiträgen sehr unterschiedlich geregelt. Dabei wurde zwischen freiwilligem und unfreiwilligem Ausscheiden unterschieden. Die eigene Kündigung des Angestellten zog meist den teilweisen oder vollständigen Verlust der von ihm geleisteten Beiträge und Eintrittsgelder nach sich.

Das Statut der Beamtenpensionskasse der Württfeuer von 1837 sah vor, daß dem Beamten im Fall der Kündigung der Gesellschaft seine Beiträge in voller Höhe zurückgezahlt wurden; sofern er freiwillig aus den Diensten der Gesellschaft ausschied, wurden ihm „nur unter besonderen Voraussetzungen und nur zu einem bestimmten Teil, meist zur Hälfte“, seine Beiträge erstattet[282].
Nach der älteren Satzung der „Wittwenkasse“ der A. u. M. Feuer verfielen bei einem freiwilligen Ausscheiden des Mitglieds seine Beiträge zu gunsten der Kasse. Bei einem unfreiwilligen Ausscheiden aufgrund einer Kündigung durch die Gesellschaft wurden nach der Satzung von 1849 die geleisteten Beiträge zurückerstattet; nach einem Satzungsnachtrag von 1859 waren aber auch in diesem Falle die geleisteten Beiträge und Eintrittsgelder verfallen. Lediglich bei einer Kündigung wegen Altersschwäche oder körperlicher Dienstunfähigkeit war nach mindestens 15jähriger Dienstzeit ein freiwilliges Verbleiben in der Kasse bei Weiterzahlung der Beiträge möglich[283]. Der Verfall der Beiträge in dem Nachtrag von 1859 wurde auf Vorschlag der Kassenverwaltung von allen Mitgliedern einstimmig gutgeheißen. Man wollte damit verhindern, daß die Leistungsfähigkeit der Kasse durch Rückzahlungen geschmälert wurde; im übrigen erschien eine solche Maßnahme vertretbar, da den gezahlten Beiträgen als Äquivalent das bis zum Ausscheiden getragene Risiko gegenüberstand[284].
Auch bei der Gothaer Leben „Wittwenkasse“ erlosch im Falle des Ausscheidens aus den Diensten der Gesellschaft die Mitgliedschaft in der Kasse. War zu diesem Zeitpunkt das Mitglied nicht verheiratet und hatte es auch keine pensionsberechtigten Kinder unter 18 Jahren, so wurde keine Rückgewähr von Beiträgen geleistet. War das Mitglied dagegen verheiratet, so erhielt es die Hälfte seiner von ihm selbst erbrachten Leistungen an die Kasse zurück; war das Mitglied Witwer und hatte noch pensionsberechtigte Kinder, so wurde ihm ein Viertel seiner Beiträge erstattet.
War das Mitglied der Gothaer „Wittwenkasse“ ohne eigenes Verschulden nach mindestens 15jähriger Dienstzeit aus den Diensten der Gesellschaft entlassen worden und war es verheiratet oder hatte es pensionsberechtigte Kinder, so konnte es unter Fortentrichtung der Beiträge Mitglied der Kasse bleiben. Das Gleiche galt, wenn das Mitglied eine auswärtige Vertretung der „Bank“ übernahm oder aus Bankmitteln oder einem der Gesellschaft nahestehenden Unterstützungsfonds eine Pension oder ruhegehaltsähnliche Zahlung erhielt, die allerdings mindestens seinem Beitrag an die „Wittwenkasse“ gleichkommen mußte[285].
Bei der Allgemeinen Rentenanstalt wurden gemäß § 8 des Pensions-Statuts von 1892 dem „Beamten“, wenn er freiwillig seine Stelle bei der Anstalt verließ, drei Vierteile der bis dahin geleisteten ordentlichen Beiträge ohne Zinsvergütung zurückerstattet. Wurde andererseits dem Beamten von der Gesellschaft gekündigt, so wurden ihm seine sämtlichen ordentlichen und außerordentlichen Beiträge ohne Zinsvergütung zurückerstattet. Erfolgte jedoch die Entlassung eines Beamten „wegen selbstverschuldeter körperlicher oder moralischer Unbrauchbarkeit“ oder wegen Verurteilung zu einer mehr als sechsmonatigen Freiheitsstrafe, so verlor er seine sämtlichen Einlagen und seine Pensionsrechte.
Bei der Münchener Rück erlosch jeder Anspruch auf eine Pension, wenn der Beamte freiwillig aus den Diensten der Gesellschaft ausschied oder vor Vollendung des 15. Dienstjahres entlassen wurde (§ 7

282 Württfeuer, Entstehungsgeschichte, S. 10.
283 von Koppen, A. u. M. Feuer, S. 2f.
284 Ebenda, S. 3.
285 Gothaer Leben, Statut der „Wittwenkasse“ von 1876, § 9.

Abs. 1 der Satzung von 1892). Eine Rückerstattung der geleisteten Beiträge wurde dem von der Gesellschaft Entlassenen gewährt, sofern die Entlassung nicht auf einem dolosen Verhalten beruhte[286].

Das Erlöschen des „Anspruchs“ auf eine Altersversorgung aufgrund einer Kündigung des Angestellten entsprang dem Interesse der Arbeitgeber, ihre Angestellten – insbesondere ihre Fachkräfte – an sich zu binden. Es sollte den Angestellten nicht nur ein Gefühl der sozialen Sicherheit vermittelt werden, sondern man erstrebte einen festen Stamm von Arbeitnehmern, der sich mit seiner Arbeit und seiner Firma verbunden fühlte. Aus dieser Sicht wird verständlich, warum der Angestellte regelmäßig seine Anwartschaft auf eine betriebliche Altersversorgung und auch – ganz oder teilweise – seine eingezahlten Beiträge verlor, wenn er vor Eintritt des Versorgungsfalles freiwillig aus dem Unternehmen ausschied[287].

Durch die betriebliche Altersfürsorge, wie sie im 19. Jahrhundert bis zu den dreißiger Jahren dieses Jahrhunderts gehandhabt wurde, war also die Freizügigkeit des Angestellten hinsichtlich eines Firmenwechsels eingeengt. Mit zunehmendem Lebensalter und angewachsenen „Ansprüchen“ auf eine Altersversorgung wird daher ein Angestellter in der Regel von einem Firmenwechsel Abstand genommen haben. Die Interessenlagen des Angestellten und des Arbeitgebers waren also in diesem Punkt keineswegs deckungsgleich.

zu b) und c): Ein illoyales Verhalten gegen die Gesellschaft oder ein unmoralischer Lebenswandel hatten ebenfalls Auswirkungen auf die Leistungen der Versorgungseinrichtung, und zwar gleichermaßen gegenüber aktiven Angestellten wie auch Pensionären. Bei Letzteren war insbesondere ein Tätigwerden für eine Konkurrenzgesellschaft ein Grund für die Einstellung von Pensionszahlungen.

Der „Anspruch“ auf eine Pension erlosch auch, „wenn ein Angestellter seine Dienstunfähigkeit absichtlich oder durch Trunksucht oder ausschweifenden Lebenswandel herbeigeführt (oder) wenn eine Angestellte sich einem unsittlichen Lebenswandel hingegeben“ hatte[288].

Ende 1899 erfuhr die Karlsruher Leben, daß die Witwe eines verstorbenen Beamten, die von der Gesellschaft eine Pension bezog, ein uneheliches Kind geboren hatte. An das Großherzogliche Bezirksamt in Karlsruhe richtete daher die Gesellschaft die Anfrage, „ob die (Witwe) etwa unter sittenpolizeilicher Überwachung steht oder ihr Verhalten in dieser Beziehung irgend wie Anstoß zu erregen geeignet ist“[289]. Eine bestätigende Antwort hätte vermutlich die Aufhebung der Pensionszahlung zur Folge gehabt.

Entsprechend sah die Satzung der Pensionskasse der Thuringia vor, daß die Zahlung einer Witwenrente einzustellen war, wenn die Witwe außerehelich schwanger wurde[290]. Nach § 24 der Satzung der Pensionskasse der Leipziger Hagel in der Fassung von 1907 war die Witwenpension verwirkt, „wenn die Witwe im Konkubinat lebt“[291]; diese Bestimmung galt auch noch 1934.

286 Münchener Rück, Statuten von 1892, § 7 Abs. 1 und § 8.
287 Graef, Altersfürsorge, S. 36.
288 Berlinische Leben, Satzungen der Pensions-Kasse von 1913, § 14.
289 Antrag der Karlsruher Leben vom 4. Dezember 1899 an das Großherzogliche Bezirksamt.
290 Thuringia, Satzungen der Pensionskasse von 1914, § 25 a) 2.
291 Es ist anzunehmen, daß diese Bestimmungen auch schon im 19. Jahrhundert galten.

Ausschweifender Lebenswandel, vor allem Trunksucht, war übrigens bis zu den 20er Jahren dieses Jahrhunderts ganz allgemein ein ausreichender Grund, um auch einen privaten Lebensversicherungsvertrag aufzukündigen.

In der Jubiläumsschrift der Leipziger Leben zum 100jährigen Jubiläum heißt es[292]: „Das Gründungsstatut von 1830 ließ die Ansprüche nur dann verfallen, wenn der Tod ... (durch ausschweifenden Lebenswandel, insbesondere Trunksucht) herbeigeführt oder beschleunigt wurde; 1856 wurde diese Bestimmung noch dahin verschärft..., daß bei einem derartigen Verhalten die Versicherung schon bei Lebzeiten des Versicherten aufgehoben werden konnte... Gewöhnlich wurde der Versicherte, wenn die Gesellschaft erfuhr, daß er Trinker sei, durch ein von dem Gesellschaftsbeamten als ‚Säuferbrief' bezeichnetes Schreiben unter Hinweis auf die statuarischen Bestimmungen verwarnt und zur Besserung angehalten... Es wird die Erinnerung an einen ... Fall aufrechterhalten, wonach ein in Passau wohnender Versicherter den ‚Säuferbrief' mit der Angabe erhielt, man habe erfahren, daß er täglich 10 Maß Bier trinke; er trat darauf vor Gericht unter Benennung zahlreicher Zeugen den Beweis zum ewigen Gedächtnis dafür an, daß zehn Maß täglich keineswegs zuviel seien". Ab 1886 verschwand diese Bestimmung aus den Bedingungen.

Ein teilweiser Verfall der Pensionsansprüche war in einigen Satzungen für den Fall vorgesehen, daß der Pensionär nach dem Tode seiner Ehefrau neu heiratete und aus dieser Ehe Kinder stammten; die neue Ehefrau und deren Kinder erhielten keinen Anspruch auf eine Pension nach dem Tode ihres Ehemannes[293].

Sofern sich die Witwe wiederverheiratete, verfiel ihr Pensionsanspruch; auf die Unterhaltsansprüche ihrer Kinder reagierten die Unternehmen in diesem Fall unterschiedlich.

Von der „Wittwenkasse" der Gothaer Leben wurde das Waisengeld bis zur Vollendung des 21. Lebensjahres weitergezahlt[294]. Bei der Pensionskasse der Münchener Rück hing die Weiterzahlung des Waisengeldes von einer Entscheidung der Direktion im Einvernehmen mit der Verwaltungskommission der Pensionskasse ab[295].

Bei einigen Gesellschaften konnte ein Angestellter auch durch eine Heirat seine Altersversorgung gefährden.

Bei der Münchener Rück gehörte zu den Pflichten der Kassenmitglieder, zu ihrer Verehelichung oder Wiederverehelichung die dienstliche Bewilligung der Direktion einzuholen; diese konnte nach Einvernehmung der Verwaltungskommission der Pensionskasse verweigert werden[296]. Um den besonders angesehenen Ruf der Beamten der Münchener Rück nicht zu gefährden, erhielt kein Beamter eine Heiratserlaubnis, wenn er nicht mindestens 200 Mark monatlich verdiente[297]. Welche Konsequenzen sich aus einer Verletzung dieser Bestimmung, die noch deutlich den Geist einer patriarchalischen Fürsorge in sich trug, für den Angestellten ergaben, war der Satzung nicht zu

292 Leipziger Leben, 1830–1930. S. 157f.
293 Statuten der Pensionskasse der Münchener Rück von 1892, § 7 Abs. 5 und Pensionsstatut der Allgemeinen Rentenanstalt von 1892, § 9 Abs. 4.
294 Nach dem Statut der „Wittwenkasse" der Gothaer Leben von 1876, § 11 letzter Absatz, wurde das Waisengeld bis zur Vollendung des 21. Lebensjahres weitergezahlt.
295 Münchener Rück, Statuten von 1892, § 7 Abs. 4.
296 Münchener Rück, Statuten von 1892, § 4 Abs. 4.
297 Münchener Rück, Was Dokumente erzählen können, S. 13.

entnehmen. In der Satzung von 1906, mit der sich die Pensionskasse der Münchener Rück als kleinerer Verein a.G. konstituierte, war diese Bestimmung nicht mehr enthalten.
Bei dem Allgemeinen Deutschen Verein waren die Beamten, die sich verheiraten wollten, verpflichtet, „der Generaldirektion ungefähr drei Monate vor der Hochzeit Anzeige zu erstatten, dabei Namen und Wohnort der Braut und ihrer Eltern, sowie auch das Alter der ersteren anzugeben“[298]. Den Angestellten der untersten Gehaltsklasse (1.200 bis 1.800 M) wurde – wenn sie auf ein Verbleiben in der Gesellschaft rechnen wollten – empfohlen, „eine etwa beabsichtigte Verheiratung hinauszuschieben, bis sie in die zweite Gehaltsklasse vorrückten“[299].

Die Entscheidung über den Verfall von Pensions-„ansprüchen“ lag im allgemeinen bei der Direktion der Gesellschaft; bei einigen Pensionseinrichtungen bestanden jedoch Mitgliedsschaftsausschüsse, denen ein gewisses Mitspracherecht eingeräumt war[300]. Sofern die Altersversorgung über Lebensversicherungen erfolgte, und von dem Beamten hierfür eigene Beiträge bezahlt worden waren, hatte die Direktion über die Fortsetzung der Lebensversicherung oder die Auszahlung der rechnungsmäßigen Prämienreserve zu entscheiden[301]. Sofern ein schimpflicher Lebenswandel oder ein Verlust der bürgerlichen Ehrenrechte vorlag, konnte auch eine Rückzahlung von Beiträgen an den Angestellten versagt werden[302].

3.2.1.2.8 Mitspracherechte der Angestellten

Mit der zunehmenden rechtlichen Absicherung der in Aussicht gestellten Versorgungsleistungen – insbesondere des Teils, der durch eigene Beitragsleistungen vorfinanziert war – erhielten die Begünstigten auch zunehmende Mitwirkungsrechte bei der Verwaltung und Leitung ihrer Unterstützungseinrichtungen.

Bei den frühen Unterstützungsfonds oder -kassen, bei denen sich die Direktion der Gesellschaft die Entscheidung über die Zahlung einmaliger oder laufender Unterstützungen noch vorbehalten hatte, war in der Regel eine Mitwirkung der Angestellten an der Verwaltung der Kasse nicht vorgesehen oder auf Formalien, wie z.B. die Wahl eines Kassierers, beschränkt.

Bei der „Wittwenkasse“ der Gothaer Leben wurde jährlich von den Teilnehmern der Mitgliederversammlung aus ihrer Mitte ein „Rechnungsführer“ gewählt, „welcher die Beiträge einzuziehen, die vorfallenden Ausgaben zu leisten und Alles, was die Führung der Register und Rechnungsbücher erfordert, unentgeltlich zu besorgen“ hatte. Der Rechnungsführer unterlag der ständigen Beaufsichtigung seiner Kassen- und Rechnungsführung durch den „Vorstandskommissair“ und den „Bankdirektor“, welche auch die Verfügungen zur Leistung von Ausgaben, insbesondere beim Anfall von Pensionen, zu erlassen hatten. Von den beiden genannten Personen wurde auch die Jahresrechnung der Kasse geprüft. Erst danach zirkulierte diese dann mit den Belegen bei sämtlichen zu diesem Zeitpunkt in Gotha anwesenden Mitgliedern; deren Einwendungen wurden durch gemeinsame Beratung und

298 Allgemeiner Deutscher Verein, Vereins-Ordnung von 1910, § 13.
299 Ebenda, § 12.
300 Vgl. die Ausführungen unter 3.2.1.2.8.
301 Regulativ der Victoria von 1887, Teil III, § 8 und Regulativ des Nordstern von 1885, Nr. 4.b).
302 Allgemeine Rentenanstalt, Pensions-Statut von 1892, § 8.

Abstimmung erledigt[303]. Eine eigentliche Beschlußfassung über den Jahresabschluß und über die Entlastung der Kassenverwaltung durch die Mitgliederversammlung war nicht vorgesehen.
Zwar hatte nach den Statuten der „Wittwenkasse" die Mitgliederversammlung das Recht, über spezielle Gegenstände abzustimmen. Jedoch waren wichtige Beschlußgegenstände wie beispielsweise die Änderung der Statuten immer auch von der Genehmigung des „Bankvorstandes" abhängig. Ebenso entschied der „Bankvorstand" endgültig über alle persönlichen Beschwerden[304].
Bei der „Wittwenkasse" der A. u. M. Feuer waren deren Rendant und Kontrolleur automatisch mit ihrer Verwaltung beauftragt; hinzu trat ein Beamter der Aachener Direktion, der alljährlich von der Mitgliederversammlung gewählt wurde. Die Kassenverwaltung erhielt ihre Entlastung durch die Generalversammlung, die im übrigen über alle Angelegenheiten der „Wittwenkasse" entschied. Etwaige Beschwerden eines Mitglieds oder Pensionsberechtigten konnte dieser im Rechtswege verfolgen[305].

Diese beiden Beispiele machen den Unterschied in der personellen Besetzung der Entscheidungsgremien und damit in der Mitwirkung der Kassenmitglieder deutlich. Obwohl die Witwenkasse der A. u. M. Feuer im Jahre 1849 – also 27 Jahre vor der Gothaer Witwenkasse – ihre Tätigkeit aufnahm, war ihr bereits eine beachtliche rechtliche Selbständigkeit eingeräumt worden, während bei der Gothaer noch die patriarchalischen Aspekte überwogen.

Die Kanzleibeamten der Württfeuer waren nach § 10 des Pensionsstatuts von 1837 bei Festlegung einer Pension über ihre Ansicht zu hören; gegebenenfalls konnte bei einer Kontrollkommission „rekurriert" werden[306].
Bei der Victoria war ein „Curatorium" ins Leben gerufen worden, das darüber zu wachen hatte, daß „die von der Direktion ... disponibel gemachten Mittel wirklich zu Nutz und Frommen der Angehörigen ihrer verstorbenen Collegen die richtige Verwendung zur rechten Zeit finden können". Dieses „Curatorium" bestand aus fünf verheirateten Mitgliedern der Unterstützungskasse, die von sämtlichen Bureau-Beamten für die Amtsdauer von zwei Jahren zu wählen waren; die Direktion behielt sich die Bestätigung im einzelnen vor[307].
Bei der Münchener Rück lag die Verwaltung der Pensionskasse bei einer Kommission von sechs Mitgliedern. Hiervon wurden drei Mitglieder von den Beamten der Gesellschaft auf die Dauer von drei Jahren gewählt; ständige Mitglieder waren die beiden Stellvertreter des Direktors und der Hauptbuchhalter der Gesellschaft. Vorsitzender war der dienstältere Direktor-Stellvertreter. Eine Oberaufsicht war der Direktion der Gesellschaft eingeräumt, die auch in Beschwerdefällen als höchste schiedsrichterliche Instanz unter Ausschluß „jeder weiteren Appelation an die Gerichte" zu entscheiden hatte[308].
Alle drei Jahre war eine Generalversammlung einzuberufen. In dieser Generalversammlung waren die Jahres-Rechnungsabschlüsse zu genehmigen, die Verwaltungskommission zu entlasten und Neuwahlen für diese Kommission durchzuführen. Ferner konnte die Generalversammlung mit einer Dreiviertel-Mehrheit der anwesenden Mitglieder eine Abänderung der Statuten und auch die Liquidation der Pensionskasse beschließen. Solche Beschlüsse bedurften jedoch der Genehmigung durch die Direktion[309].

303 Gothaer Leben, Statut der „Wittwenkasse" von 1876, §§ 24ff.
304 Ebenda, §§ 28f.
305 von Koppen, A. u. M. Feuer, S. 3.
306 Württfeuer, Entstehungsgeschichte, S. 10.
307 Victoria, Regulativ von 1887, Anhang.
308 Münchener Rück, Statuten von 1892, §§ 9 und 10.
309 Ebenda, §§ 11 und 12.

Mit Ausnahme der A. u. M. Feuer hatten sich also die Direktionen bei den vorerwähnten Witwen-, bzw. Pensionskassen wesentliche Mitwirkungsrechte vorbehalten. Vor dem Hintergrund der patriarchalischen Grundstimmung, die auch noch am Ende des 19. Jahrhunderts in den Betrieben vorherrschte, wird man davon ausgehen können, daß solche Direktionsvorbehalte die Regel waren.

3.2.1.2.9 Auflösung der Unterstützungseinrichtungen

Bei den rechtlich selbständigen Unterstützungseinrichtungen, deren Tätigkeit meist auf Satzungen oder festen Regularien beruhte, war naturgemäß auch der Fall ihrer Auflösung vorzusehen. Hierfür enthielten die Satzungen entsprechende Bestimmungen in ihren Schlußkapiteln. Die Entscheidung über eine Auflösung lag notwendigerweise bei der Mitgliederversammlung, die ihrerseits aber – wie das nachstehende Beispiel zeigt – eventuelle Forderungen des Unternehmens zu berücksichtigen hatte.

Bei der Pensionskasse der Münchener Rück konnte die Generalversammlung mit ³/₄ der in der Generalversammlung anwesenden Mitglieder eine Liquidation der Pensionskasse beschließen. Allerdings bedurfte ein solcher Beschluß der Genehmigung der Direktion, und sie konnte verlangen, daß in diesem Falle die von der Gesellschaft geleisteten Zuschüsse unter Nachlaß der Zinsen zurückgezahlt wurden. Hätte sich die Münchener Rück selbst aufgelöst, so wären damit alle Rechte, die in den Statuten der Pensionskasse der Direktion der Gesellschaft eingeräumt waren, erloschen und sämtliche Fonds der Pensionskassenverwaltung zur statutenmäßigen Verwendung überlassen[310].

Ähnliche Regelungen dürften aus juristischen Gründen bei allen rechtlich selbständigen Pensionskassen bestanden haben. Im Unterschied hierzu hing bei den juristisch unselbständigen Unterstützungseinrichtungen, bei denen ihr Vermögen in der Bilanz der Versicherungsgesellschaft ausgewiesen wurde und damit grundsätzlich das Schicksal der Gesellschaft teilte, ein rechtlicher Regelungsbedarf für den Fall der Auflösung der Unterstützungseinrichtung oder auch der Gesellschaft von dem Willen der Gesellschaft ab. Wie die folgenden Beispiele zeigen, konnten die entsprechenden Regelungen höchst unterschiedlich ausfallen:

In dem Regulativ der Victoria von 1887 wurde festgelegt, daß die Fonds der Unterstützungskasse Eigentum der Victoria wären und daß keinem Mitgliede oder dessen Familie ein rechtlicher, bzw. ein klagbarer Anspruch auf den für ihn vorgesehenen Unterstützungs-Fonds oder auf Teile desselben zustünde[311]. Regelungen über das Schicksal der Fonds für den Fall der Auflösung der Kasse oder der Gesellschaft waren in dem Regulativ nicht enthalten.
Bei der Berlinischen Leben erwarben diejenigen Beamten, die im Fall der Auflösung des Unternehmens und damit auch der Pensionskasse noch nicht pensionsberechtigt waren, keine Ansprüche an die Pensionskasse. Soweit „noch schwebende Verbindlichkeiten der Pensionskasse" (also Forderungen der Pensionäre) bestanden, waren sie „entweder in Kapital abzulösen oder sicher zu stellen". Ein nach

310 Münchener Rück. Statuten von 1892, § 12.
311 Victoria, Regulativ von 1887, Teil II, § 6.

Tilgung aller Verbindlichkeiten etwa verbleibender Fonds wurde wieder unbeschränktes Vermögen der Berlinischen[312].
Bei der „Wittwenkasse“ der Gothaer Leben sah das Statut für den Fall der Auflösung des Versicherungsunternehmens vor, daß „der Stammfonds nebst den übrigen Beständen der Wittwenkasse an die zur Zeit der Auflösung vorhandenen Mitglieder und an die zu dieser Zeit im Genusse von Pensionen befindlichen Wittwen und Waisen vertheilt werden“, und zwar nach einem vorgegebenen Schlüssel[313].

Die aufgeführten Beispiele zeigen die Bandbreite der möglichen Regelungen und ihre Auswirkungen auf die betroffenen Mitglieder dieser rechtlich unselbständigen Pensionskassen. Diese Auswirkungen reichten von dem vollständigen Verlust der erwarteten betrieblichen Unterstützung im Ruhestand, über die Absicherung der schon im Ruhestand befindlichen Mitglieder bis zur Verteilung des im Zeitpunkt der Auflösung vorhandenen Vermögens an aktive und pensionierte Mitglieder der Unterstützungseinrichtung. Meistens erst zu Beginn dieses Jahrhunderts ist ein Bemühen um eine weitgehende Sicherstellung der Pensionsansprüche in den Satzungen der mit einem Zweckvermögen ausgestatteten, rechtlich unselbständigen Unterstützungseinrichtungen festzustellen. Dabei wurden in der Regel den Mitgliedern Pfandrechte auf das vorhandene Vermögen eingeräumt.

In dem Beamtenstatut der Württfeuer von 1906 wurde zwar das Vermögen der Pensionskasse ausdrücklich zum Eigentum der Anstalt erklärt – nachdem es hierüber vorher Meinungsverschiedenheiten gegeben hatte –, dagegen aber den Beamten und ihren Hinterbliebenen ein Rechtsanspruch auf Ruhegehalt, Witwen- und Waisengeld gewährt und zur Sicherung dieses Anspruchs ein Pfandrecht an dem Vermögen der Pensionskasse eingeräumt. Neben dem Vermögen der Pensionskasse übernahm die Anstalt selbst die Haftung für die Pensionsansprüche der Beamten. Zur Wahrnehmung der persönlichen und wirtschaftlichen Rechte wurde ein Beamtenausschuß gebildet[314].
Bei der Allgemeinen Rentenanstalt wurden zur Sicherstellung der Pensionsansprüche der Beamten „denselben verbriefte Forderungen der Anstalt gegen das Reich oder Einzelstaaten oder hypothekarisch gesicherte Forderungen gegen Privatpersonen in Höhe des jeweiligen rechnungsmäßigen Bestandes der Pensionskasse verpfändet. Zwecks Ausübung dieses Pfandrechts wählt der Beamtenausschuß aus der Zahl der Anstaltsbeamten einen Vertreter der gegenwärtigen und zukünftigen Beteiligten an der Pensionskasse und einen Stellvertreter je auf die Dauer von drei Jahren. Dieser Vertreter der Pfandgläubiger ist berechtigt und verpflichtet, alle mit dem Pfandrecht verbundenen Rechte und Pflichten wahrzunehmen...“[315].

Soweit kein Zweckvermögen zur Verteilung vorhanden war – wie z.B. bei den Unternehmen, die ihre Pensionen aus laufenden Mitteln zahlten –, hatten die aktiven und pensionierten Beamten im Falle der Auflösung des Unternehmens neben dem Verlust des Arbeitsplatzes auch den ihrer Altersversorgung zu beklagen[316].

312 Berlinische Leben, Satzungen der Pensionskasse von 1913, § 21. Diese Bestimmung dürfte wahrscheinlich auch schon in der vorhergehenden Satzung von 1899 gegolten haben.
313 Gothaer Leben, Statut von 1876, § 14.
314 Württfeuer, Entstehungsgeschichte, S. 11.
315 Allgemeine Rentenanstalt, Pensions-Statut von 1913, § 2.
316 Ein Beispiel bietet hierfür das Reglement der Preußischen Leben von 1890, das keine Hinweise für die Sicherstellung der Pensionsansprüche der Beamten im Falle der Auflösung der Gesellschaft enthielt.

3.2.2 Von 1901 bis 1923

3.2.2.1 Das Versicherungsaufsichtsgesetz von 1901

Das Jahr 1901 brachte mit der Verabschiedung des Gesetzes über die privaten Versicherungsunternehmen vom 12. Mai 1901 (RGBl. Nr. 18 S. 139ff.) – im folgenden kurz VAG genannt – für eine Vielzahl von betrieblichen Unterstützungseinrichtungen einschneidende Veränderungen. In § 1 Abs. 1 dieses Gesetzes wurde nämlich bestimmt, daß Privatunternehmen, die Versicherungsgeschäfte betreiben, einer gesetzlichen Regelung und der Aufsicht des neuerrichteten Kaiserlichen Aufsichtsamtes für Privatversicherungen – im folgenden kurz KAV genannt – unterworfen werden. Hiervon waren jedoch nach § 1 Abs. 2 VAG diejenigen Personenvereinigungen ausgenommen, „die ihren Mitgliedern Unterstützung gewähren, ohne ihnen einen Rechtsanspruch darauf einzuräumen".

Die Abgrenzung zwischen einem Versicherungsbetrieb und einer Unterstützungseinrichtung ohne Rechtsanspruch der Begünstigten war fließend. Die bloße Satzungsbestimmung nämlich, daß die Leistungen der Unterstützungseinrichtung freiwillige und nur beim Vorhandensein genügender Mittel zu gewähren seien, wurde nicht als ausreichend angesehen, da hierin eine Verschleierung hätte liegen können, um die Kasse der Aufsicht zu entziehen. Das Reichsgericht hat sich in mehreren Entscheidungen hierzu geäußert[317].

Andererseits war nicht jede Unterstützungseinrichtung, nach deren Satzung ihre Mitglieder Ansprüche auf regelmäßig zu zahlende Renten hatten, automatisch ein Versicherungsbetrieb. „Indem das Gesetz ... sich des Wortes ‚Unterstützung' bedient, meint es Leistungen jeder Art, die nicht erzwungen werden können...; mögen sie auch regelmäßig geleistet werden", jedoch sollte sich die Unterstützung auf kleinere Kreise beschränken, „bei denen die moralische Seite der Sache im Vordergrund steht, mag auch in den Satzungen von einem Anspruch gesprochen werden"[318]. Es wurde also auf die Gesamtheit der Umstände abgestellt, ob eine Unterstützungseinrichtung als Versicherungsbetrieb anzusehen war und damit der gesetzlichen Aufsicht unterlag.

Nach § 6 VAG 1901 durfte der Betrieb des privaten Lebensversicherungsgeschäftes, zu dem die Invaliditäts-, Alters-, Witwen- und Waisenversicherung zählte, nur in der Rechtsform des Versicherungsvereins auf Gegenseitigkeit – im folgenden kurz „VVaG" genannt – oder der Aktiengesellschaft geführt werden. In einem besonderen Abschnitt des VAG wurde das Recht des VVaG, das bis dahin im wesentlichen auf bürgerlich-rechtlichen Grundlagen beruhte, erstmals umfassend und einheitlich für das Reichsgebiet geregelt.

Das VAG unterscheidet zwischen den sogenannten großen VVaG's, die in den §§ 15–52 VAG 1901 behandelt werden, und dem „kleineren" VVaG nach § 53, mit dem eine Reihe von Erleichterungen gewährt wurden. Zur legalen Begriffsbestimmung gehört, daß ein kleinerer VVaG vorliegt, wenn satzungsgemäß entweder ein sachlich oder ein örtlich oder ein hinsichtlich des Personenkreises engbegrenzter Wirkungs-

317 Koenige und Petersen, VAG-Kommentar, S. 121.
318 Ebenda, S. 124.

kreis festgelegt ist. Ob eine solche Begrenzung gegeben ist, richtet ich nach den Umständen eines jeden einzelnen Falles. Eine große Mitgliederzahl oder ein sachlich bedeutender Geschäftsbetrieb kann trotz örtlicher Beschränktheit doch einen großen VVaG darstellen. Im allgemeinen stehen bei einem kleineren Verein die Mitglieder in näheren persönlichen, nachbarlichen oder beruflichen Beziehungen, weshalb meist satzungsmäßig ein eng begrenzter Wirkungskreis festgelegt wurde[319]. Als weitere Kriterien für die Anerkennung als kleinerer Verein wurden vom Aufsichtsamt der Verzicht auf jegliche Werbetätigkeit und die verwaltungsmäßige Abwicklung durch ehrenamtliche Organe, zum Teil wenigstens, festgelegt[320].

Die Zulassung des Vereins durch das Aufsichtsamt war Bedingung seiner Existenz und verlieh ihm die Rechtsfähigkeit. Im Zulassungsverfahren befand das Aufsichtsamt darüber, ob ein Verein als ein kleinerer oder als großer anzusehen war[321]. Dabei ging das Aufsichtsamt mehr und mehr zu einer weiten Auslegung des Begriffs eines kleineren Vereins über. Bei der gesetzlich erforderlich gewordenen Umgestaltung der Satzungen von Gegenseitigkeitsvereinen stellte sich nämlich heraus, daß die an das Aktiengesetz sich anschließende Organisation der größeren Versicherungsvereine auf Gegenseitigkeit in keiner Weise den Verhältnissen der nicht an das breite Publikum sich wendenden, von vornherein auf gewisse Berufskreise beschränkten Unternehmen gerecht wurde[322].

Zu den auf einen engen Berufskreis begrenzten Versicherungsbetrieben zählten unzweifelhaft die betrieblichen Pensions-, Witwen- und Waisenkassen. Ihre Erfassung als kleinere VVaG's und als Versicherungsbetriebe überhaupt gab jedoch vielfach Anlaß zu Zweifeln. In einer Reihe von Fällen wurde nämlich geltend gemacht, daß es sich „nur um interne Betriebseinrichtungen handelte, die nur ihrer äußeren Struktur nach sich als Versicherungseinrichtungen, ihrem inneren Kerne nach dagegen als eine besondere Ausgestaltung des Arbeits- und Dienstvertrages darstellten“[323].

Das Aufsichtsamt hat diese Erwägung nicht als ausschlaggebend angesehen, vielmehr danach unterschieden, „ob im einzelnen Falle als Träger der Fürsorgeeinrichtung lediglich das Hauptunternehmen mit seinem Vermögen zu gelten hat oder ob die Zwecke der Sterbe- oder Pensionskasse durch ein von dem Hauptbetriebe getrenntes selbständiges Rechtssubjekt mit eigenem Sondervermögen erfüllt werden“. In dem ersteren Falle verneinte das Aufsichtsamt regelmäßig das Vorliegen eines der Aufsicht unterstehenden Unternehmens. Im letzteren Falle dagegen wurde unterschieden, ob die Mittel der Kasse lediglich von dem Betriebsunternehmen oder ganz oder doch zu einem wesentlichen Teile von den Betriebsangestellten aufgebracht wurden. Nach Ansicht des Aufsichtsamtes konnte der Wohlfahrtseinrichtung der Charakter eines nach Maßgabe des Privatversicherungsgesetzes zu beaufsichtigenden Unternehmens nur unter der Voraussetzung beigemessen werden, „daß die

319 Koenige und Petersen, VAG-Kommentar, S. 535f.
320 VerAV, 5. Jg., 1906, S. 29.
321 Koenige und Petersen, VAG-Kommentar, S. 536.
322 VerAV, 2. Jg., 1903, S. 118.
323 Ebenda, S. 104.

Mittel wenigstens zu einem nennenswerten Teil von den Begünstigten aufgebracht werden"[324].

Sobald also die Mittel dieser Kassen ganz oder doch überwiegend vom Arbeitgeber aufgebracht wurden, waren die Voraussetzungen für eine Erfassung und Beaufsichtigung als Versicherungsbetrieb nicht gegeben[325]; demzufolge fielen sie auch nicht unter das VAG und wurden in der Regel als nicht rechtsfähige Vereine geführt.

Aufgrund dieser Abgrenzungsprobleme hatte sich das Aufsichtsamt bei Beginn seiner Tätigkeit insbesondere damit zu befassen, inwieweit die in Frage kommenden Einrichtungen und Betriebe überhaupt als Versicherungsunternehmen in Betracht kamen. Dies wurde bei zahlreichen Kassen bestritten. Nicht selten hatten Kassen, an deren Versicherungscharakter nicht zu zweifeln war, ohne jede Konzession Versicherungsgeschäfte betrieben; hauptsächlich handelte es sich hierbei um Vereinigungen, die auf die Angehörigen gewisser Berufsklassen oder auf die Mitglieder bestimmter Vereine oder auch die bei gewerblichen Großbetrieben für die Angestellten und Arbeiter eingerichteten Versorgungseinrichtungen beschränkt waren. Zum Teil handelte es sich hierbei auch um Großunternehmen, die ihren Angestellten bedeutende Renten gewährten und auch auf versicherungstechnischen Grundlagen aufgebaut waren, die sich freilich häufig als unzulänglich erwiesen[326].

Die vorangegangenen Darlegungen machen deutlich, daß die bereits aufgeführten rechtlichen Gestaltungsformen der im 19. Jahrhundert gegründeten Unterstützungseinrichtungen zum Teil nicht mehr zulässig waren und sich nunmehr an den Vorgaben des VAG auszurichten hatten, d.h.:

a) in den Fällen, in denen die Angestellten eigene nennenswerte Beiträge zu der Unterstützungseinrichtung zu leisten hatten, war die Rechtsform des VVaG zu wählen, der im Hinblick auf den begrenzten Einwirkungskreis als kleinerer Verein nach § 53 VAG betrieben werden konnte. Soweit diese Vereinigungen aus der Zeit vor 1900 stammten, enthielt das Gesetz Übergangsvorschriften,
b) bei den Pensionskassen, die von den Angestellten keine oder nur relativ unerhebliche Beiträge verlangten, galten für die entsprechenden Vereinigungen die vereins- bzw. gesellschaftsrechtlichen Bestimmungen weiter. In der Regel dürfte es sich um Vereine ohne eigene Rechtsfähigkeit gehandelt haben.

Bei allen seiner Aufsicht unterliegenden kleineren Vereinen hat das Aufsichtsamt gefordert, daß durch klare Satzungsbestimmungen jeder Zweifel über den juristischen Charakter des Unternehmens ausgeschlossen wurde[327].

Bei der Umgestaltung der Kassensatzungen hat das Aufsichtsamt im übrigen darauf gedrungen, daß vorzeitig ausscheidende Mitglieder ihre gezahlten Beiträge nicht vollständig verloren. Häufig enthielten nämlich die Satzungen der Unterstützungskassen die Bestimmung, daß ausgeschlossene oder austretende Mitglieder keinerlei Ansprüche auf das Vermögen der Kasse erheben könnten. Hierin hat das

324 VerAV, 2. Jg. 1903, S. 104.
325 Koenige und Petersen, VAG-Kommentar, S. 287.
326 VerAV, 2. Jg., 1903, S. 96.
327 VerAV, 3. Jg., 1904, S. 84.

Aufsichtsamt eine unbillige Härte erblickt, insbesondere weil dadurch die Mitglieder in der freien Wahl der Arbeitsstelle beeinträchtigt würden. Das Aufsichtsamt hat daher darauf gedrungen, daß nach einer gewissen Dauer der Zugehörigkeit (meistens 5 Jahre) dem ausscheidenden Angestellten entweder die Rückgewähr eines Teils der gezahlten Beiträge oder die Umwandlung in eine beitragsfreie Versicherung eingeräumt wurde[328]. Als weitere Möglichkeit war das Aufsichtsamt damit einverstanden, daß den ausscheidenden Mitgliedern stattdessen auch das Recht der vollen Weiterversicherung unter Übernahme des Beitragsanteils der Gesellschaft eingeräumt wurde[329].

Nach dem Inkrafttreten des Reichsgesetzes über den Versicherungsvertrag vom 30. Mai 1908 war der Versicherungsnehmer, wenn er laufende Prämien zu entrichten hatte, nach § 165 Abs. 1 berechtigt, das Versicherungsverhältnis jederzeit für den Schluß der laufenden Versicherungsperiode zu kündigen. Demzufolge waren Satzungsbestimmungen, nach denen der Angestellte zwar zum Beitritt zur betrieblichen Pensionskasse verpflichtet war, andererseits aber aus der Pensionskasse während der Dauer seines Anstellungsverhältnisses nicht ausscheiden durfte, nicht mehr zulässig[330].

Bei der Umwandlung zahlreicher Kassen waren nicht nur in rechtlicher Sicht, sondern auch in finanzieller Sicht Schwierigkeiten zu überwinden, um ihnen „eine auf die Dauer gesicherte und gedeihliche Existenz zu gewähren"[331]. Insbesondere war es das Ziel des Aufsichtsamtes, die Kassen auf finanzielle Grundlagen zu stellen, die den versicherungsmathematischen Anforderungen gerecht werden sollten. Bei dieser Zielsetzung waren die Systeme des Umlageverfahrens und auch der Durchschnittsbeiträge nicht mehr vertretbar, da sie bei der Bemessung der Beiträge die im jüngeren Alter eintretenden Angestellten stärker belasteten als die älteren. An ihre Stelle sollte die „Einführung bestimmter vorauszahlbarer, nach dem Eintrittsalter abgestufter Beiträge" treten[332].

Nach den Feststellungen des Aufsichtsamtes würden die meisten betrieblichen Pensionskassen Alters- und Invalidenpensionen sowie Witwen- und Waisenrenten „nach Art der für Staatsbeamte geltenden Pensionsgrundsätze" gewähren; einzelne Kassen würden in den Pensionssätzen noch höher greifen. Ob der sich hieraus ergebende Wert der Pensionsanwartschaften – und die damit verbundene Festlegung der jeweiligen Beitragshöhe – sich mit gleicher Sicherheit wie der Wert der Versicherungsansprüche in der eigentlichen Lebensversicherung abschätzen ließe, erschien dem Aufsichtsamt sehr zweifelhaft. Insbesondere würden noch keine abgesicherten Ergebnisse über die Voraussetzungen des Eintritts der Invalidität vorliegen, da die Kassen noch verhältnismäßig jung wären, und das bisherige Material an Erfahrungen noch nicht ausreichte, um zuverlässige Untersuchungen zu ermöglichen"[333].

328 VerAV, 3. Jg., 1904, S. 84f.
329 VerAV, 6. Jg., 1907, S. 82.
330 VerAV, 8. Jg., 1909, S. 165.
331 VerAV, 3. Jg., 1904, S. 80.
332 VerAV, 3. Jg., 1904, S. 84 und VerAV 3. Jg., 1904, S. 52 (Senatsentscheidung Nr. 10).
333 VerAV, 3. Jg., 1904, S. 85f.

Bei den notwendigen Sanierungsmaßnahmen hat sich das Aufsichtsamt in der Regel um ein schonendes und schrittweises Vorgehen bemüht[334]. Hätte das Aufsichtsamt auf die Erhöhung der Beiträge auf ein gesichertes Maß von vornherein in aller Strenge gedrungen, „so wären zahlreiche Pensionskassen der Auflösung anheimgefallen. Die Verantwortung hierfür konnte das Aufsichtsamt umso weniger übernehmen, als es sich bei den Pensionskassen gewerblicher Art vielfach um Wohlfahrtseinrichtungen handelt, die aus der Initiative und Fürsorge der Arbeitgeber für ihr Personal hervorgegangen und mit beträchtlichen Opfern der Arbeitgeber ins Leben gerufen und erhalten (wurden), bisher jedenfalls in hohem Grade segensreich gewirkt haben und deren ersprießliche Tätigkeit auch nicht durch andere Anstalten ersetzt werden könnte. Es unterliegt keinem Zweifel, daß die Mitglieder dieser Kassen nach deren Auflösung zum großen Teil sich nicht anderweitig versichern würden und könnten, vielmehr unversichert bleiben würden“[335].

Das Aufsichtsamt begnügte sich daher damit, darauf zu dringen, daß die Beiträge möglichst auf das für richtig angenommene Maß angehoben und satzungsmäßig Kürzungen der Versicherungsleistungen für den Fall der Unzulänglichkeit der Kassenmittel vorgesehen wurden. Mehrfach verpflichteten sich auch die Arbeitgeber bei einem sich später ergebenden Fehlbetrag einen Garantiefonds „in beträchtlicher Höhe aufzubringen“[336].

Die Pensionskasse der Münchener Rück wurde nach ihrer Unterstellung unter die Reichsaufsicht in der Rechtsform einer unabhängigen juristischen Person fortgeführt. Die in zahlreichen Bestimmungen geänderten Statuten von 1906 sahen nunmehr anstelle des bisherigen Umlageverfahrens das Anwartschaftsdeckungsverfahren vor. Die Pensionskasse mußte alle fünf Jahre eine versicherungstechnische Bilanz aufstellen, um die Erfüllbarkeit ihrer Pensionsverpflichtungen nachzuweisen. Für die Mitglieder ergab sich eine Erhöhung ihrer Beiträge von bisher 2 ½, bzw. 3% auf 5% ihres pensionsfähigen Gehalts; die Gesellschaft hatte unverändert den doppelten Beitrag, aber von nunmehr 10% zu bezahlen[337].

Das VAG brachte Probleme auch bei der organisatorischen Neugestaltung der Gegenseitigkeitsvereine. Nach dem Gesetz lag die entscheidende Gewalt bei den Versicherungsnehmern, d.h. bei der Mitgliederversammlung als dem obersten Organ des VVaG. Nun wäre es nach Ansicht des Aufsichtsamtes unbillig gewesen, den Arbeitgeber, von dem ein großer Teil der Beiträge gezahlt wurde, von der Geschäftsführung der betrieblichen Pensionskasse auszuschließen. Da das Aufsichtsamt bei den Pensionskassen, die als kleinere Vereine anerkannt waren, eine größere Gestaltungsfreiheit hinsichtlich der Vereinsorganisation hatte, hat es sich „möglichst an die gegebenen, aus der Vergangenheit überkommenen Verhältnisse der einzelnen Vereine angeschlossen“[338]. Der Arbeitgeber behielt also einen maßgebenden Einfluß auf die Geschäftsführung, meist in der Form, daß die obersten Organe einschließlich eines Schiedsgerichtes paritätisch besetzt waren; auch bei wichtigen Satzungsände-

334 VerAV, 3.Jg., 1904, S. 80.
335 Ebenda, S. 86.
336 Ebenda, S. 86.
337 Münchener Rück, Satzung von 1906, § 9.
338 VerAV, 3. Jg., 1904, S. 85.

rungen verblieb es dabei, daß sie weiterhin der Zustimmung des Arbeitgebers bedurften[339].

Um den gesetzlichen und aufsichtsamtlichen Auflagen für die Geschäftsführung und für die Vermögensverwaltung sowie den versicherungstechnischen Prüfungen zu entgehen, zogen manche Betriebe es vor, ihre Pensionskassen nicht als kleinere VVaG zu betreiben, sondern den Pensionsfonds für die Angestellten lediglich rechnerisch als besonderen Vermögensteil im Hauptunternehmen zu führen – ungeachtet der Gefahren, die sich, wie das Beispiel einiger Bankzusammenbrüche im Jahre 1900 zeigte[340], aus der Verknüpfung des Schicksals der Unterstützungseinrichtung mit dem des Hauptunternehmens ergeben konnten[341]. Andererseits haftete die Gesellschaft für die eingeräumten Pensionsansprüche nicht nur mit dem Pensionsfonds, sondern unbeschränkt auch mit ihrem übrigen Vermögen. Soweit die Haftung nur auf den Pensionsfonds beschränkt wurde, sollte dieser im Falle der Auflösung der Firma zur Sicherstellung der Ansprüche der Pensionsberechtigten dienen[342]. Bei Pensionskassen, bei denen ihr Vermögen lediglich in einem kontokorrentmäßig geführten Guthaben bei der Firma bestand, hat das Aufsichtsamt darauf hingewirkt, daß dieses Guthaben durch Verpfändung von mündelsicheren Werten sichergestellt wurde[343].

Ob der Pensionsfonds zu dem Vermögen der gewerblich tätigen Firma oder der Pensionseinrichtung zuzurechnen war, wurde bereits frühzeitig zum Gegenstand eines Verwaltungsstreitverfahrens. Zwar besaß in dem Streitfall die Kasse keine eigene Rechtsfähigkeit, verfügte jedoch über eigene Organe; die Rechte und Pflichten der Mitglieder waren eingehend geregelt, und die Kasse stand bezüglich sämtlicher Einnahmen und Ausgaben in einem Kontokorrentverhältnis zur Firma, die das jeweilige Guthaben zu verzinsen hatte. In diesem Fall kam das entscheidende Oberverwaltungsgericht zu dem Urteil, daß die Pensionskasse ein zwar nicht rechtsfähiger, aber selbständiger Verein sei, auf den die Vorschriften des BGB über die Gesellschaft anzuwenden wären; demgemäß durfte das Kassenvermögen nicht als Vermögen der Firma behandelt werden[344].

Als besonders interessant stellte das Aufsichtsamt in seinem Geschäftsbericht für das Jahr 1906 das Beamtenstatut einer Versicherungsgesellschaft heraus, „welches neben den Anstellungs- und Gehaltsverhältnissen und der Krankenfürsorge auch die Pensionsverhältnisse der Beamten und ihre Rechte an einer schon seit 70 Jahren bestehenden Pensionskasse regelt und eine ganz eigenartige Ausgestaltung der auf dem Dienstvertrage beruhenden, von der Unternehmung selbst eingerichteten Pensionsfürsorge darstellt“. Es handele sich um eine betriebsinterne Einrichtung. Die Beamten würden zu Beiträgen herangezogen, zu denen das Unternehmen das Fünffache dieses Beitrags hinzuzahle. Reichten die Einnahmen in einem Jahr zur Bestreitung der laufenden Ausgaben nicht aus, so entscheide der Aufsichtsrat der

339 VerAV, 3.Jg., 1904, S. 85.
340 Arps, Auf sicheren Pfeilern, S. 606.
341 VerAV, 4. Jg., 1905, S. 30.
342 VerAV, 6. Jg., 1907, S. 83.
343 VerAV, 5. Jg., 1906, S. 68.
344 VerAV, 6. Jg., 1907, S. 76.

Firma nach Anhörung eines Beamtenausschusses – welcher die Rechte der Beamten, Pensionäre und ihrer Hinterbliebenen an dem Vermögen der Pensionskasse nach dem Statut wahrzunehmen hätte –, „ob und inwieweit der Fehlbetrag aus dem Grundstocksvermögen der Pensionskasse oder aus dem freien Vermögen der Anstalt zu decken ist". Zur Sicherung ihrer Ansprüche würde den Mitgliedern der Pensionskasse ein Pfandrecht an den Wertpapieren der Pensionskasse eingeräumt. Der Beamtenausschuß wäre jederzeit berechtigt, Einblick in die Bücher der Pensionskasse zu nehmen. Zur Erleichterung der Freizügigkeit erhielten die Beamten beim Austritt infolge gewöhnlicher Kündigung ihre Einlage zurück, daneben könnte ihnen eine Abfindung bewilligt werden bis zum fünffachen Betrag ihrer Jahresbeiträge. Über Streitigkeiten über Rechte und Ansprüche aus dem Statut entscheide ein Schiedsgericht, bei welchem der beteiligte Beamte oder auch der Beamtenausschuß vertreten wäre. Für Abänderungen des Statuts wäre der Aufsichtsrat nach Anhörung des Beamtenausschusses zuständig; wenn kein Einvernehmen herbeigeführt werden könnte, so hätte das Schiedsgericht die endgültige Entscheidung zu treffen[345].

Es handelte sich ganz offensichtlich um die aus dem Jahre 1837 stammende Pensionskasse der Württfeuer, die im Jahre 1906 eine neugefaßte Satzung erhalten hatte, „um die Eigenschaft der Pensionskasse als einer Wohltätigkeitseinrichtung der Anstalt unter möglichst weitgehender Berücksichtigung und Sicherung der Interessen der Beamten und ihrer Hinterbliebenen sicherzustellen". Nachdem bereits seit dem Jahre 1850 Meinungsverschiedenheiten darüber bestanden, wem das Eigentumsrecht an dem Vermögen der Pensionskasse zustehe, war mit dem neuen Statut die Eigentumsfrage zugunsten der Gesellschaft geklärt worden. Dafür war den Mitgliedern ein Pfandrecht an diesem Vermögen eingeräumt worden, und zugleich übernahm die Gesellschaft selbst die Haftung für die Pensionsansprüche der Beamten. Zur Wahrnehmung der persönlichen und wirtschaftlichen Rechte der Beamten wurde der erwähnte Beamtenausschuß gegründet. Mit dem neuen Pensionsstatut wurden die Beiträge der Beamten von vorher 1% auf 2 ½% des Gehalts, für weibliche Beamte auf 2% des Gehalts und die Eintrittsgelder auf 15% – bei weiblichen Beamten auf 10% – festgelegt; die letzteren Prozentsätze galten auch für die einmaligen Beiträge auf Gehaltserhöhungen. Zum gleichen Zeitpunkt wurden die Leistungen der Pensionskasse in mehrfacher Beziehung erweitert[346].

Von der Pensionskasse der Württfeuer gibt es eine Zusammenstellung ihrer Einnahmen und Ausgaben vom Zeitpunkt der Gründung bis zum Jahre 1911:

	M
Beiträge der Gesellschaft und der Mitglieder des Verwaltungsausschusses von 1837 – Ende 1906	223.253,29
Beiträge der Gesellschaft von 1907 – Ende 1911	99.673,65
	322.926,94
Beiträge der Beamten 1837–1906	82.478,13
Beiträge der Beamten 1907–1911	29.966,48
	435.371,55
Zinseinnahmen	578.773,11
Bezahlte Pensionen	278.682,46
Beitragsrückgewähr an ausgetretene Beamte	5.706,97
Vermögen am 31.12.1911	655.486,28

345 VerAV, 6. Jg., 1907, S. 83f.

346 Württfeuer, Entstehungsgeschichte, S. 10f.

Die Zahl der mit Pensionsberechtigung Angestellten betrug zu Anfang des Jahres 1906 34 männliche Beamte, 3 Beamtinnen und ein Aufwärter, zusammen 38. Ende 1912 war diese Zahl auf 47 Beamte, 10 Beamtinnen und 2 Aufwärter gestiegen[347].

3.2.2.2 Bilanzauswertungen des Aufsichtsamtes für 1902

Nach § 83 VAG von 1901 hatte das Aufsichtsamt jährlich Mitteilungen über den Stand der seiner Aufsicht unterliegenden Versicherungsunternehmen zu veröffentlichen. Dies geschah erstmalig für das Jahr 1902[348]. In den einleitenden Ausführungen vermerkte das Aufsichtsamt, daß in die Tabellen dieser Statistik von den hier interessierenden Versorgungseinrichtungen nur einige der größeren Versicherungseinrichtungen von Berufsvereinigungen spezifiziert aufgenommen wurden; es handelte sich um 5 Pensionskassen – für Lehrerinnen, Beamtenvereine, ‚Handlungskommis‘ und deren Hinterbliebene sowie für Journalisten – mit einem Gesamtbestand von 22 616 Policen – und um 7 Sterbegeldkassen – insbesondere für die Angehörigen des Deutschen Kriegerbundes, für das deutsche Forstpersonal und für Lehrer –, deren Policenbestand mit 175 311 Stück angegeben wurde[349].

Zu den Versicherungseinrichtungen von Berufsvereinigungen gehörte ursprünglich auch die im Jahre 1883 in Berlin gegründete Sterbekasse Deutscher Versicherungsbeamter. Sie war vom „Verein Deutscher Versicherungsbeamter“ ins Leben gerufen worden; dieser Verein war 1882 aus dem im Jahre 1880 errichteten „Verein Berliner Versicherungsbeamter“ hervorgegangen. Die Sterbekasse bot Sterbegeldversicherungen in Höhe von 100–500 M an und finanzierte sich aus den Beiträgen der Mitglieder. Im Jahre 1889 wandelte sich die Sterbekasse in den Gegenseitigkeitsverein „Deutschland, Lebensversicherungs-Gesellschaft zu Berlin“ um und hatte von diesem Zeitpunkt an auch die große Lebensversicherung in ihrem Tarifangebot, das sich vermutlich über den Kreis der Versicherungsbeamten hinaus erstreckte. Im Jahre 1901 nahm der Verein die Rechtsform einer Aktiengesellschaft an und erschien als solche in den Statistiken des Aufsichtsamtes[350].

Bis zum Jahre 1913 – also dem letzten Vorkriegsjahr – erhöhte sich die Zahl der in den Tabellen der KAV-Statistik namentlich erfaßten Versicherungseinrichtungen von Berufsvereinigungen auf insgesamt 18, die sich auf 11 Sterbekassen und 7 Pensionskassen aufteilten; unter den letzteren erschien der Beamtenversicherungsverein des deutschen Bank- und Bankiergewerbes a. G. zu Berlin, für den 36 086 Versicherungs-Policen ausgewiesen wurden. Insgesamt belief sich die Zahl der Policen auf den Todes- oder Erlebensfall auf 270 569 Stück und bei den Rentenversicherungen auf 84 133 Stück[351].

Bei diesen 12 Versicherungseinrichtungen von Berufsvereinigungen wurden neben einer beträchtlichen Zahl von Sterbegeldversicherungen, deren Durchschnittsbetrag bei 533 M lag, 13 368 Policen für Rentenversicherungen aufgeführt. Der

347 Württfeuer, Entstehungsgeschichte, S. 11.
348 Versicherungs-Statistik für 1902 über die unter Reichsaufsicht stehenden Unternehmungen, Hrsg. Kaiserliches Aufsichtsamt für Privatversicherung, Berlin 1905.
349 Ebenda, S. 36.
350 Deutschland, 1883–1908, S. 10, 30 und 40.
351 KAV-Versicherungs-Statistik für 1913, S. 26.

Jahresdurchschnittsbetrag dieser Renten lag im Jahre 1902 zwischen 217 und 376 M und im Jahre 1913 zwischen 109 und 427 M[352]. Diese Rentenbeträge, die lediglich auf freiwilliger Beitragszahlung der Mitglieder beruhten und jeglicher Zuschüsse von dritter Seite entbehrten, sind dadurch kaum vergleichbar mit den betrieblichen Renten, die sich überwiegend an den Pensionen der Staatsbeamten ausrichteten.

Die große Mehrzahl von Pensions- und Sterbekassen, die „vielfach nur für die Angestellten bestimmter gewerblicher Firmen ins Leben gerufen" worden seien, wurde in dem Tabellenwerk des Aufsichtsamtes ganz fortgelassen; sie wurden in den textlichen Ausführungen nur sehr summarisch behandelt, „was um so mehr berechtigt erscheint, als die Zahl der unter Reichsaufsicht stehenden Unternehmungen dieser Art nur verschwindend klein ist im Vergleich zu den unter Landesaufsicht befindlichen; es werden mithin die Beobachtungen, die hier über diese Pensions- und Sterbekassen mitgeteilt werden können, auch nicht entfernt ein Bild von der Bedeutung dieser Einrichtungen im Reiche gewinnen lassen"[353]. Dieser Hinweis läßt erkennen, daß bereits um die Jahrhundertwende die Verbreitung von betrieblichen Versorgungseinrichtungen mit eigener Rechtspersönlichkeit in der deutschen Wirtschaft nicht unbeträchtlich gewesen sein muß.

Aus der summarischen Behandlung des Aufsichtsamtes geht hervor, daß zusätzlich zu den 12 namentlich aufgeführten Versorgungseinrichtungen von Berufsvereinigungen für das Jahr 1902 57 Sterbekassen mit 291 000 Mitgliedern und 39 Pensionskassen mit 29 859 Mitgliedern dem Aufsichtsamt Jahresberichte eingereicht hatten[354]. Für das Jahr 1913 haben dem KAV „befriedigende Jahresberichte" von 123 Sterbekassen mit 610 268 Mitgliedern und von 88 Pensionskassen mit 110 821 Mitgliedern vorgelegen[355].

Auf Basis der bis Ende 1904 genehmigten Satzungen – „vorläufig (lag) nur eine kleine Anzahl solcher Satzungen vor" – gab das Aufsichtsamt eine Übersicht über die Grundzüge der damaligen Pensionskassen. Bei fast sämtlichen Kassen handelte es sich um Zwangskassen, bei denen die höheren kaufmännischen und technischen Angestellten zum Beitritt verpflichtet waren. Regelmäßig waren diese Kassen nicht für das Arbeiterpersonal bestimmt, da dessen Versorgung, wenigstens für den Fall der Erwerbsunfähigkeit, bereits durch die öffentlich-rechtliche Arbeiterversicherung gewährleistet war. Sämtliche Kassen gewährten Invaliden-, Witwen- und Waisenpensionen; „meist wurde der Nachweis der Dienstunfähigkeit nicht mehr verlangt, wenn der Anspruchserhebende das 65. Lebensjahr bereits zurückgelegt hat". Bei einer Höchstgrenze der Pension zwischen 4 000 und 7 000 Mark pflegte die Pension in ähnlicher Weise bemessen zu sein wie die Pension der Reichs- und Staatsbeamten; bei zwei Kassen war sie gleich, d.h. nach 10 Dienstjahren erreichte sie $^{15}/_{60}$, von da ab mit jedem Jahre $^{1}/_{60}$ mehr bis zu $^{40}/_{60}$. Bei den anderen Kassen waren sie teils höher, teils niedriger. Die Witwenpensionen richteten sich nach der Pension des verstorbenen Ehemannes und beliefen sich zwischen einem und zwei Dritteln dieser Pension. Die Waisenpensionen betrugen zwischen $^{1}/_{6}$ und $^{1}/_{4}$ der Witwenpension. Als Beiträge

352 KAV-Versicherungs-Statistik für 1902, S. 36, und für 1913, S. 26.
353 Versicherungs-Statistik für 1902, S. IX.
354 Ebenda, S. XXXV.
355 Versicherungs-Statistik für 1913, S. 40*.

wurden meist zwischen 10 bis 12% des Gehalts erhoben; mit Ausnahme einer Kasse übernahmen hiervon die Firmen mindestens die Hälfte, häufig jedoch mehr[356].

Ein Vergleich des Umfanges der Sterbe- und Pensionskassen in den Jahren 1902 und 1913 macht den großen Aufschwung deutlich, den die Versorgungseinrichtungen von Betrieben und Berufsvereinigungen in diesem Zeitraum genommen haben. Da das KAV nach seinen eigenen Angaben nur einen sehr kleinen Teil der Sterbe- und Pensionskassen erfaßte, ist der Schluß zulässig, daß die Zahl der betrieblichen Versorgungseinrichtungen vor Beginn des Ersten Weltkrieges bereits sehr erheblich gewesen sein muß.

Aus den jährlichen Versicherungs-Statistiken des KAV sowohl für 1902 als auch für 1913 lassen sich also keine näheren Angaben über die betrieblichen Versorgungseinrichtungen der Versicherungswirtschaft entnehmen. Jedoch enthält das Tabellenwerk im Rahmen der Darlegung der Bilanzen und der Gewinnverwendung Hinweise auf ihr Vorhandensein. So erscheinen unter den Passiva die Position „Beamtenfonds“ und in der Gewinnverteilung auch die Zuwendungen an Beamtenfonds; eine Besonderheit weisen die Statistiken über die Bilanzen der Lebensversicherungsunternehmen im Jahre 1902 auf, in denen die für Versorgungszwecke reservierten Mittel unter den „Sonstigen Passiva“ erfaßt und in speziellen Anmerkungen erläutert wurden. Im folgenden wird davon ausgegangen, daß die Beamtenfonds für die Unterstützung und Altersversorgung der Betriebsangehörigen vorgesehen waren.

Auf Grund der vorgenannten bilanziellen Hinweise ergibt sich, daß in den Jahren 1902 und 1913 von folgenden Versicherungsunternehmen – und zwar getrennt nach Sparten und Rechtsformen – Beamtenfonds unterhalten wurden[357]:

356 VerAV, 4. Jg., 1905, S. 31f.

357 Versicherungs-Statistik

	für 1902	für 1913
	– Seite –	
Lebensversicherung-AG's	145	125
Lebensversicherung-VaG's	147	127
Unfall- und Haftpflichtversicherer	207	177
Viehversicherer	235	205
Hagelversicherer	255	223
Feuerversicherung-AG's	312	307
Feuerversicherung-VaG's	323	309
Glasversicherer	369	353
Rückversicherer		393

Lebensversicherungs-Aktiengesellschaften:

		1902	1913
		– in 1 000 M –	
Berlinische Leben	Beamten-Pensionsfonds	472 }	1 444
	Generalagenten-Pensionsfonds	103 }	
Deutsche Leben Berlin		–*	25
Deutschland		–	72
Friedrich Wilhelm	Beamten-Pensions- und Witwenkasse	219	1 022
Janus		–	182
Nordstern Leben		–	30
Preußische Leben		–	250
Victoria	Beamten-Spargelder	89	549
	Beamten-Hinterbliebenenfonds	81 }	7 603
	Beamten-Unterstützungsfonds	1 143 }	
Concordia Leben, Köln	Guthaben der Sparkasse	2 237	1 921
	Kinderversorgungskasse	88 }	26
	Beamten-Pensionsfonds	179 }	
Frankfurter Leben		–	203
Providentia	Beamten-Unterstützungs- und Pensionsfonds	242	1 280
Freia		–	541
Teutonia	Beamten-Pensionsfonds	246	1 020
Deutsche Leben Lübeck	Beamten-Witwenkasse	114	572
Wilhelma		–	220
Arminia	Beamten-Pensionsfonds	10	–
Bayerische Versicherungs-Bank		–	1 213
Germania	Pensionskassenfonds	1 659	2 741

Lebensversicherungsvereine auf Gegenseitigkeit:

Braunschweigische Leben		–	63
Sächsische Renten		–	46
Rothenburger		–	2
Gothaer Leben	Witwen-Pensions- und Unterstützungsfonds der Beamten	737	3 311
Iduna	Beamten-Pensionsfonds	155	741
Deutsche Militärdienst		330	127
Preußischer Beamtenverein		–	551
Karlsruher Leben	Sparkasse	2 594	–
	Kinderversorgungsvereine	250	38
	Beamten-Fonds	–	1 525
Leipziger Leben		1 735	
Deutsche Leben Potsdam		–	381
Mecklenburgische Leben		–	116
Allgemeine Rentenanstalt		–	835
Stuttgarter Leben		–	1 871

*) – = In den Aufsichtsamts-Statistiken wird kein Fonds gezeigt.

		1902	1913
		– in 1 000 M –	
Unfall- und Haftpflichtversicherungs-Gesellschaften:			
Allianz		–	60
Kölnische Unfall		–	510
Rhenania		–	100
Frankfurter Allgemeine		–	722
Nord-Deutsche		94	141
Mannheimer	Unterstützungsfonds f. Beamte	170	–
	Beamtenfonds	–	497
	Erholungsfonds	–	36
Oberrheinische		–	227
Allgemeiner Deutscher Verein	Pensionsfonds der Beamten	108	219*)
	Hilfs- und Versorgungskasse für Angestellte und „Fräulein“	–	201

*) In einer Fußnote heißt es: „Der ausgewiesene Betrag betrifft ein Guthaben der selbständigen Beamtenpensionskasse, deren Vermögen sich Ende 1913 auf 1.766.881 M belief“.

	1902	1913
Viehversicherungs-Gesellschaften:		
Braunschweigische Vieh	–	15
Vaterländische VV, Dresden	–	38
Halensia	2	–
Schweriner	–	48
Pfälzische	–	7
Hagelversicherungs-Gesellschaften:		
Kölnische Hagel	–	59
Borussia, Berlin	–	15
Greifswalder	–	12
Feuerversicherungs-Aktiengesellschaften:		
Aachen-Leipziger	–	35
A. u. M. Feuer	654	1 304
Berlinische Feuer	118	500
Deutsche Feuer	89	260
Preußische Feuer	–	200
Union Berlin	–	–**)
Victoria	–	415
Fortuna	10	–
Schlesische Feuer	424	1 041
Kölnische Feuer	431	937
Vaterländische Feuer	433	1 236
Thuringia	498	–**)
Westdeutsche	104	271
Deutscher Phönix	–	–**)
Neptun	50	68
Albingia	–	–**)
Hamburg-Bremer Feuer	256	–**)
Hansa	–	35

	1902	1913
Noch: Feuerversicherungs-Aktiengesellschaften:	–in 1 000 M–	
Hanseatische Feuer	2	–
Transatlantische Feuer	92	–
Badische Feuer	–	–**)
Leipziger Feuer	1 017	1 222
Magdeburger Feuer	–	–**)
Gladbacher Feuer	10	–**)
Rheinland	–	345
Oldenburger	85	–**)
Preußische National	657	–**)
Rhein u. Mosel	216	377

**) In einer Fußnote heißt es: „Für die Beamten der Anstalt besteht eine selbständige Pensions- bzw. Sterbekasse".

Feuerversicherungsvereine auf Gegenseitigkeit:		
Altonaer Feuer	–	120
Brandversicherung der Eisenbahner	7	40
Brandenburger Feuer	–	277
Landwirtschaftliche Feuer	–	–**)
Gothaer Feuer	–	–**)
Greifswalder	–	57
Güstrower Feuer	–	70
Concordia Feuer	67	153
Mecklenburgische Hagel	9	73
Württfeuer	458	718
Schwedter	–	429

**) In einer Fußnote heißt es: „Der Beamtenfonds ist selbständiges Vermögen und erscheint daher nicht in der Bilanz" (S. 308)

Glasversicherungs-Gesellschaften:		
Berliner Spiegelglas	–	3
Deutscher Lloyd	205	329
Brandenburger Spiegelglas	7	153
Hammonia Hamburg	–	111
Rückversicherungs-Gesellschaften:		
Kölnische Rück	.***)	833
Frankona	.	155
Nordwestdeutsche	.	47
Stettiner Rück	.	59

***) Für 1902 wurden vom Aufsichtsamt keine Bilanzen von Rückversicherungsunternehmen ausgewertet.

Aus dem Tabellenwerk für 1902 ist ferner zu entnehmen, daß weitere Versicherungsunternehmen, deren Beamtenfonds unter den Passiva nicht erwähnt sind, diesen im Rahmen der Gewinnverwendung Mittel zugeführt haben. Offenbar wurden dem Aufsichtsamt bei den bilanzmäßigen Nachweisungen entweder nicht alle Beamtenfonds gemeldet oder aber die Zuweisungen erfolgten an Fonds, die in rechtlich selbständiger Form geführt wurden. Es handelte sich um die Gewinnzuweisungen folgender Unternehmen[358]:

	1902	1913
	– in 1 000 M –	
Lebensversicherungs-Gesellschaften:		
Deutschland	6	.0)
Frankfurter Leben	3	.0)
Magdeburger Leben	–	40
Braunschweigische Leben	2	.0)
Bremer Leben	15	–00)
Militärdienst Hamburg	4	–00)
Stuttgarter Leben	30	.0)
Unfall- und Haftpflichtversicherungs- Gesellschaften		
Frankfurter Transport	18	.0)
Oberrheinische	10	.0)
Hagelversicherungs-Gesellschaften		
Union Weimar	–	123
Feuerversicherungs-Gesellschaften		
Union Berlin	45	.0)
Deutscher Phönix	40	.0)
Landwirtschaftliche Feuer	10	.0)
Gothaer Feuer	185	.0)
Glasversicherungs-Gesellschaften		
Hammonia	7	.0)

0) Für diese Gesellschaften wurden in der KAV-Statistik 1913 Beamtenfonds ausgewiesen.
00) Bremer Leben und Militärdienst Hamburg wurden in der KAV-Statistik 1913 nicht aufgeführt und waren daher vermutlich nicht mehr existent.

Die im Rahmen der Gewinnverteilung vorgenommenen Dotierungen der Beamtenfonds waren relativ geringfügig; so betrugen sie bei den Lebensversicherern im Durchschnitt der Jahre 1902 und 1913 jeweils weniger als 1% des zu verteilenden Gesamtgewinns[359]; bei den Feuerversicherern beliefen sich die entsprechenden

358 Versicherungs-Statistik

	für 1902	für 1913
	– Seite –	
Lebensversicherer	159, 161	139, 141
Unfall- und Haftpflichtversicherer	209	–
Hagelversicherer	–	227
Feuerversicherer	329, 331	–
Glasversicherer	371	–
Rückversicherer	–	401

359 Für 1902 ergibt sich der Prozentsatz aus dem Verhältnis der Zuweisungen an die Beamtenfonds zu den ausgewiesenen Gesamtgewinnen auf S. 158ff. der KAV-Statistik 1902 und für 1913 auf S. 37 der KAV-Statistik 1913.

Zahlen für die AG's auf 5% in 1902, bzw. 2,5% in 1913 und für die VVaG's auf 1,35%, bzw. 1,1%[360].

Diese Zahlen sagen jedoch nichts aus über den Gesamtbetrag, der für die Altersversorgung und für die Unterstützung in Notfällen von den Unternehmen für ihre Belegschaften aufgewendet wurde. Der weitaus größere Teil dürfte im Betriebsaufwand verbucht worden sein; das gilt vor allem für solche Zahlungen, denen satzungsmäßige Verpflichtungen der Unternehmen zugrunde lagen.

Ein Vergleich der obigen Aufstellungen mit der Übersicht auf den S. 25ff. zeigt, daß eine Reihe von Unternehmen, die im 19. Jahrhundert bereits Altersversorgungseinrichtungen unterhielten, nach den Bilanztabellen des Aufsichtsamtes für 1902 jedoch keine Beamtenfonds auswies; wie z.B. Allgemeine Renten, Allianz, Leipziger Hagel, Nordstern Leben, Norddeutsche Hagel, Preußische Leben, Schwedter und Vaterländische Leben. Dies trifft zwangsläufig für diejenigen Unternehmen zu, bei denen die Pensions- und Unterstützungseinrichtungen in rechtlich selbständigen Gesellschaftsformen, d.h. als kleinere Versicherungsvereine oder in anderen Rechtsformen bestanden. Aus diesem Grunde heißt es beispielsweise in der Bilanztabelle für 1902 in einer Anmerkung zu der Bilanzposition „Sonstige Passiva" der Gothaer Feuer, daß es sich bei deren Beamtenfonds um selbständiges Vermögen handele und daher nicht in der Bilanz erscheine[361]; entsprechende Anmerkungen sind für 12 weitere Unternehmen gemacht worden.

Aus den Veröffentlichungen des Aufsichtsamtes ist ferner zu entnehmen, daß in den Jahren 1901 bis 1913 7 weitere Versicherungsunternehmen die Zulassung zur Errichtung einer Pensionskasse als kleinerer Verein erhielten; dabei handelte es sich um die Concordia Leben, die Allianz, den Janus, die A. u. M. Feuer, – die aber sämtlich zusätzlich in ihren Bilanzen Beamtenfonds auswiesen – sowie Arminia, die Leipziger Hagel und die Münchener Rück. Außerdem wurde die Duncker'sche Pensionskasse in 1911 als kleinerer Verein zugelassen, über die die Altersversorgung der Angestellten der Nord-Deutschen und der Nordwestdeutschen erfolgte[362].

In der obigen Statistik konnten schließlich auch diejenigen Versorgungsformen keinen Niederschlag finden, bei denen die Pensionen oder Unterstützungen ohne Rücklagenbildung lediglich aus den laufenden Mitteln gezahlt wurden, oder die ausschließlich die versicherungsmäßige Lösung boten wie z.B. die Nordstern Leben.

Zusammenfassend ergibt sich also, daß bereits um die Jahrhundertwende die überwiegende Zahl von größeren Versicherungsunternehmen Unterstützungseinrichtungen unterhielt und daß diese in der ersten Dekade dieses Jahrhunderts noch weiter zunahmen.

360 Für 1902 errechnet sich der Prozentsatz aus dem Verhältnis der Zuweisungen zu den Beamtenfonds zu den Gesamtgewinnen auf S. 328ff. der KAV-Statistik 1902 und für 1913 auf S. 71 der KAV-Statistik 1913.

361 Versicherungs-Statistik 1902, 322f.

362 VerAV, 11. Jg., 1912, S. 3 und S. 201, Tabelle I Nr. 24f.

3.2.2.3 Die Erhebung des Aufsichtsamtes in 1907

Um dem bereits erwähnten Mangel an geeigneten Rechnungsgrundlagen für die Beurteilung der Lebensfähigkeit von betrieblichen Pensionskassen zu begegnen, hat das Aufsichtsamt im Jahre 1907 eine statistische Erhebung für die Angestellten der Versicherungsunternehmen durchgeführt. Es nahm dabei Bezug auf eine entsprechende Erhebung, die innerhalb des Bankgewerbes stattgefunden hatte[363].

Das Ziel der Erhebung war einmal die statistische Feststellung und Beschreibung der Familienstandsverhältnisse und der Berufssterblichkeit der Versicherungsbeamten sowie die Beschaffung von Material zur Beurteilung ihrer Invaliditätsverhältnisse.

Im Rahmen dieser Erhebung wurde speziell nach den Pensionierungsfällen, dem Grunde der Pensionierung (ob Unfall, Krankheit, Erreichung oder Überschreitung der Altersgrenze) und auch nach den Todesursachen für die Zeit vom 1. Januar 1901 bis zum 31. Dezember 1907 gefragt.

In die Erhebung der Familienstandsverhältnisse wurden sämtliche größeren privaten Versicherungsunternehmen einbezogen; nach dem Stand vom 1. Juli 1907 handelte es sich um 179 Unternehmen mit 15 284 Personen, davon 14 525 männliche und 759 weibliche[364].

Die spezielle Erhebung über das Ausscheiden der Versicherungsbeamten aus der Aktivität durch Tod und Pensionierung beschränkte sich auf diejenigen Gesellschaften, welche eine Pensionsfürsorge für ihre Angestellten bereits getroffen hatten; damit sollte die Gleichartigkeit des Materials und die Verwendbarkeit der Ergebnisse für die damals bestehenden Pensionskassen ermöglicht werden. Hierfür kamen „nach Zurückstellung des zu Zweifeln Anlaß gebenden Materials schließlich die Angaben von 81 Gesellschaften, welche sich auf 9 468 männliche Angestellte bezogen, in Betracht“[365].

Für die demnach aus der engeren versicherungstechnischen Erhebung ausgeschlossenen 98 Unternehmen sollte nach den Darlegungen des Aufsichtsamtes aber nicht angenommen werden, daß diese „sämtlich eine Pensionsfürsorge nicht kennen. Das trifft nur zum Teil zu; bei vielen Unternehmungen ist zwar eine Fürsorgeeinrichtung vorhanden, diese aber nicht derart gestaltet, daß auf zuverlässiges Material ... gerechnet werden konnte“[366].

Bemerkenswert ist, daß die weiblichen Angestellten nicht berücksichtigt wurden; ihre Einbeziehung in die betrieblichen Fürsorgeeinrichtungen war zu dieser Zeit noch eine Ausnahme, da sie – wie bereits auf S. 39f. ausgeführt – meist für büromäßige Hilfsarbeiten und nicht als Bürobeamte eingestellt waren.

Zu diesen Ausnahmen gehörten der Allgemeine Deutsche Verein und die Württfeuer, die – wie auf S. 48 bereits ausgeführt – in den Jahren 1904, bzw. 1906 ihren Beamtinnen eine Pensionsberechtigung zuerkannt hatten.

363 VerAV, 7. Jg., 1908, S. 122.
364 Ebenda, S. 124f.
365 VerAV, 8. Jg., 1909, S 197.
366 Ebenda, S. 197.

Einen interessanten Einblick in die Personenstandsverhältnisse der von der engeren Erhebung erfaßten Versicherungsbeamten mit Pensionsfürsorge nach dem Stand von Mitte 1907 gibt die folgende Aufstellung[367]:

Familienstand der männlichen Versicherungsbeamten (mit Pensionsfürsorge) nach dem Stand von 1907

Alter	insgesamt	davon verheiratet	davon verwitwet/ geschieden	davon ledig
bis unter 20	402	–	–	402
20 bis 29	3 155	863	6	2 286
30 bis 39	2 976	2 238	42	696
40 bis 49	1 755	1 535	26	194
50 bis 59	910	788	43	79
60 bis 64	164	136	20	8
65 bis 69	76	59	10	7
70 bis 74	24	18	5	1
75 bis 79	4	2	2	–
80 und älter	2	1	1	–
insgesamt:	9 468	5 640	155	3 673

Die Aufstellung zeigt, daß mehr als zwei Drittel der Gesamtzahl der erfaßten Beamten (mit Pensionsfürsorge) jünger als 40 Jahre war; die sogenannte betriebliche Lebensbaum-Pyramide wies also eine außerordentlich breite Basis auf. Da nach den Erhebungen des Aufsichtsamtes bei den männlichen Personen mit einem Lebensalter unter 40 Jahren (= 69% der Gesamtbeschäftigten) die durchschnittliche Dauer der Beschäftigung als Versicherungsbeamter unter 14 Jahren lag[368], kann für diesen Zeitpunkt auf eine besonders starke personelle Entwicklung geschlossen werden; diese Feststellung deckt sich mit der allgemeinen wirtschaftlichen Entwicklung der Versicherungsbetriebe in der damaligen Zeitepoche.

Andererseits mußten die Betriebe aufgrund des Ungleichgewichts im Altersaufbau ihrer Belegschaft mit einer zukünftigen erheblichen Beanspruchung ihrer Altersversorgungseinrichtungen rechnen, wenn die starken Jahrgänge zur Pensionierung anstanden. Diese Erkenntnis dürfte das Aufsichtsamt u.a. veranlaßt haben, die finanziellen Grundlagen der Fürsorgefonds und -kassen zu untersuchen und auf eine Vorsorge nach versicherungstechnischen Prinzipien zu drängen.

In der obigen Aufstellung wurden auch Angestellte mit einem über 70 Jahre liegenden Lebensalter erfaßt. Hieraus läßt sich schließen, daß die schon mehrfach erwähnte Pensionierungsgrenze von 65 Jahren damals noch nicht allgemein gültig war.

367 VerAV, 8. Jg., 1969, S. 204.
368 VerAV, 7. Jg., 1908, S. 130.

Beispielsweise setzte die im Jahre 1903 errichtete Pensionskasse der Norddeutschen Hagel für die Zahlung eines Ruhegehalts die Vollendung des 75. Lebensjahres voraus, sofern nicht vorher die Dienstunfähigkeit nachgewiesen wurde. Erst 1919 sollte „diese Grenze demnächst eine wesentliche Herabsetzung erfahren“[369].

Offensichtlich war nicht in allen Fürsorgeeinrichtungen das Erreichen einer bestimmten Altersgrenze Anlaß zur Pensionierung; in manchen Fällen mußte wohl der auch in der gesetzlichen Invaliditätsversicherung geforderte Nachweis der Invalidität geführt werden, um in den Pensionsgenuß zu kommen.

Nach dem Ergebnis der Erhebung erstreckte sich der Wirkungskreis der erfaßten Pensionskassen und sonstigen Fürsorgeeinrichtungen bei 31 Gesellschaften mit 2324 Personen nur auf Innenbeamte; bei den übrigen 36 Gesellschaften mit 7.144 Personen konnten sich auch bestimmte Gruppen von Außenbeamten (z.B. Generalagenten, Direktions-Außenbeamte usw.) den jeweiligen Unterstützungseinrichtungen anschließen; nach den Ausführungen des Aufsichtsamtes sind jedoch Außenbeamte nur „in geringem Maße“ in der Erhebung vertreten[370].

Bei 8 Gesellschaften mit 1 419 Angestellten bestanden im Zeitpunkt der Erhebung – also im Jahre 1907 – selbständige Pensionskassen als *Versicherungsvereine auf Gegenseitigkeit*, die neben der Ruhestandspension auch Invaliditäts- sowie Witwen- und Waisenrenten vorsahen. Nach den Feststellungen des Aufsichtsamtes sahen die Satzungen im wesentlichen folgende Regelungen vor[371]:

Die Invalidenpension begann
bei 3 Kassen mit 750 Personen nach einer Karenzzeit von 4 Jahren
bei 3 Kassen mit 556 Personen nach einer Karenzzeit von 5 Jahren
bei 2 Kassen mit 113 Personen nach einer Karenzzeit von 10 Jahren

Für diese Kassen stiegen die Pensionssätze in Abhängigkeit von den Dienstjahren in der obigen Reihenfolge

von anfangs 30%	bis max. 75 oder	80% des Gehalts
von anfangs 10 bis 12,5%	bis max. 60 oder	75% des Gehalts
von anfangs 25%	bis max.	75% des Gehalts

Die Anrechenbarkeit des Gehalts war bei diesen Unternehmen auf 3 000 bis 10 000 M begrenzt. Ferner war überall vorgesehen, daß bei Erreichung bestimmter Altersjahre (60, 65, 70) die Pensionierung ohne Nachweis der Invalidität gefordert werden konnte.

Die Witwenpension war zumeist auf 50% der Invalidenpension festgesetzt; die Waisenrenten bewegten sich zwischen 10 bis 20% der Witwenrenten, die jedoch nur bis zur Vollendung des 16. bis 21. Lebensjahres gezahlt wurden.

Die Kassenmitglieder hatten Pflichtbeiträge zu zahlen, die zwischen 2 und 6% des Gehalts schwankten; in einzelnen Fällen bestimmt sich der Prozentsatz nach der

369 Norddeutsche Hagel, 1869–1919, S. 23.
370 VerAV, 8. Jg.,1909, S. 198ff.
371 Ebenda, S. 199f.

Höhe des Einkommens. Von den Gesellschaften wurden zumeist die gleichen Beträge eingezahlt, vereinzelt auch mehr bis zu den doppelten Sätzen; in Abhängigkeit von der Gewinnsituation wurden auch besondere Zuwendungen geleistet.

Wenn das Kassenmitglied während der Karenzzeit starb, wegen Invalidität ausschied oder dem Angestellten durch die Gesellschaft gekündigt wurde, dann fand eine volle Rückgewähr der selbst eingezahlten Beiträge statt. Bei eigener Kündigung war die Rückgewähr zum Teil ausgeschlossen, zum Teil eingeschränkt auf 40 bis 50% der Einzahlungen des Mitglieds.

Nach den Feststellungen, die das Aufsichtsamt im Rahmen dieser Erhebung machen konnte, regelten weitere 51 Gesellschaften mit 6 021 Angestellten durch Satzungen oder Regulative *über Pensionsfonds, durch dienstvertragliche Regelungen oder durch allgemeine Verwaltungsvorschriften* die Art und Höhe der Pensionsversorgung sowie die Voraussetzungen eines Anspruchs. Hierunter fielen vorwiegend die bestehenden oder in Entstehung begriffenen *Pensionsfonds*, die zwar die Mittel für die vorgesehenen Unterstützungsleistungen bereitstellten, jedoch im Eigentum der Gesellschaft blieben. Diese Fonds wurden gewöhnlich durch Zuweisungen aus den Überschüssen gespeist; bei 23 Gesellschaften mit 3 644 Personen war jedoch auch eine Beitragspflicht der Angestellten vorgesehen, die zwischen 1 bis 6% des Gehalts schwankte. Im übrigen sahen die Satzungen ähnliche Regelungen wie bei den oben geschilderten Bestimmungen der rechtlich selbständig geführten Pensionskassen vor.

In einer dritten Gruppe wurden 8 Gesellschaften mit 2 028 Personen zusammengefaßt, bei welchen die Alters- und Invaliditätsabsicherung über den *Abschluß entsprechender Versicherungen* geregelt wurde. Die hierfür erforderlichen Mittel wurden von der Gesellschaft aufgebracht; teilweise bestand die Verpflichtung des Angestellten, auch seinerseits Versicherungen in gewissen Mindestbeträgen einzugehen.

Ausdrücklich vermerkte das Aufsichtsamt, daß es neben den drei vorerwähnten Gruppen noch andere, ähnliche Ziele verfolgende Einrichtungen gab.

Die Ergebnisse der Erhebung zeigten mehr oder weniger große Abweichungen von den bekannten Sterbens- und Invaliditätswahrscheinlichkeiten, die für vergleichbare Berufszweige ermittelt waren. Insbesondere lagen die Sterbewahrscheinlichkeiten bei den Versicherungsbeamten unter den Erwartungen, wie sie sich aus den Beobachtungen in anderen Berufsgruppen ergaben.

Das Aufsichtsamt kam zu dem Schluß, daß trotz des nicht allzu umfangreichen Beobachtungsstoffes die gewonnenen Erfahrungen bis zum Vorliegen größerer Zahlen zunächst ausreichend erschienen, um bei der Auswahl geeigneter Invaliditäts- und Sterbewahrscheinlichkeiten für Pensionskassen von Angehörigen ähnlicher Berufe nutzbringende Verwendung finden zu können[372].

Schließlich wies das Aufsichtsamt darauf hin, daß für die versicherungstechnischen Grundlagen einer Pensionskasse auch die Kenntnis der Sterblichkeit der Pensionäre und der speziellen Ausscheideverhältnisse aus dem Rentengenusse für

372 VerAV, 8.Jg., 1909, S. 202f.

die Hinterbliebenen von besonderer Wichtigkeit sei. Hierfür reichte aber das damals vorliegende Material noch nicht aus, da für den 31. Dezember 1907 nur

345 Pensionäre
528 Witwen
225 einfache Waisen und
11 Doppelwaisen

gemeldet waren.

Immerhin zeigt das Ergebnis der Erhebung, daß bereits im ersten Jahrzehnt dieses Jahrhunderts für die weit überwiegende Mehrheit der bei privaten Versicherungsunternehmen angestellten, männlichen Personen eine betriebliche Invaliditäts-, Alters- und Hinterbliebenenversorgung bestand. Das Ergebnis der Erhebung bestätigt ferner die vorherigen Ausführungen, daß nämlich die Versorgung der „Privatbeamten“ den staatlichen Beamtenregelungen weitgehend entsprach. Allerdings stand die Gewährung einer Rente in der Regel unter dem Vorbehalt, daß die wirtschaftlichen Verhältnisse dem Betrieb oder der Kasse eine Zahlung erlaubten.

Auch aufgrund dieser Veröffentlichungen des Aufsichtsamtes kann davon ausgegangen werden, daß in der ersten Jahresdekade dieses Jahrhunderts alle größeren Versicherungsunternehmen eigene Unterstützungseinrichtungen ins Leben gerufen hatten.

Aber auch Versicherungsunternehmen mit einer nur kleinen Zahl von Angestellten waren an dem Zustandekommen von Pensionseinrichtungen interessiert, um dadurch die gewünschte engere Bindung der Angestellten an das Unternehmen zu erreichen. Zu diesem Zweck wurden durch Ansammlung größerer Fonds, durch Schenkungen und Vermächtnisse sowie durch Übernahme oftmals weitgehender fortlaufender Verpflichtungen erhebliche Zuwendungen gemacht, die für die Versicherung bei einem fremden Versicherungsunternehmen in diesem Umfang nicht vorgenommen worden wären.

Die vorgenannten Zuwendungen haben zu einer gerichtlichen Auseinandersetzung über die Frage geführt, ob hierdurch eine Schenkungssteuerpflicht ausgelöst würde, wie es von den Steuerbehörden behauptet wurde. In der Auseinandersetzung über diese Frage ging es u.a. um die Auslegung des § 55 i. V. mit § 56 Abs. 2 des Reichserbschaftsgesetzes vom 3. Juni 1906, der Schenkungen von der Steuer freistellt, wenn sie „einer sittlichen Pflicht oder einer auf den Anstand zu nehmenden Rücksicht“ entsprechen. Das Kammergericht in Berlin hat hierzu in einer Entscheidung vom 19. März 1909[373] ausgeführt, es sei eine „sittliche Pflicht der Arbeitgeber... die Personen der Beamten und ihre Frauen und Kinder in ausreichender Weise pekuniär auch für die Zukunft sicherzustellen“.

Diese Auffassung wurde 1909 auch von dem Aufsichtsrat der Kölnischen Unfall vertreten: Den arbeitsunfähigen Beamten und den Hinterbliebenen „fortlaufende Unterstützungen zu bewilligen, müsse auch die (Gesellschaft) als eine Ehrenpflicht anerkennen, wie es bereits von zahlreichen anderen Anstalten, auch von den in Köln domizilierenden geschehen sei, indem besondere Unterstützungskassen errichtet worden sind“[374].

373 VerAV, 8. Jg., 1909, Anhang S. 45.
374 Kölnische Unfall, Protokoll der Aufsichtsrats-Sitzung vom 18. September 1909.

Zur Frage einer sittlichen Verpflichtung für die Errichtung von Versorgungseinrichtungen hat sich dann auch das Reichsgericht in seiner Entscheidung vom 15. April 1913[375] geäußert. Das Gericht vertrat die Auffassung, daß eine besondere sittliche Pflicht des Arbeitgebers zur Gründung und Ausstattung von Unterstützungskassen für die Witwen und Waisen der Angestellten nach der damals geltenden Anschauung des praktischen Lebens nicht bestünde; auch würde es „eine Überspannung des Begriffs des Anstandes, d.h. der Beobachtung dessen, was sich schickt, sein, wenn man annehmen wollte, daß das Gesetz den Begriff der Anstandspflichten so weit habe ausdehnen wollen“. Dieser Ansicht hat sich das Aufsichtsamt angeschlossen[376].

Aber das Kammergericht hatte mit der Begründung seiner Entscheidung einer Entwicklung vorausgegriffen, an deren Ende die Beziehungen zwischen Arbeitgeber und Arbeitnehmer nicht nur rein schuldrechtlich leistungsbezogen, sondern auch als ein personelles Gemeinschaftsverhältnis verstanden wurden. Aber die rechtliche Verankerung dieses Verständnisses, mit der das bis dahin vorherrschende patriarchalische Fürsorgedenken abgelöst wurde, sollte noch zwei Jahrzehnte auf sich warten lassen[377].

3.2.2.4 Das Angestelltenversicherungsgesetz von 1911

Aufgrund des Versicherungsgesetzes für Angestellte vom 20. Dezember 1911 wurden die Angestellten vom 1. Januar 1913 an einer Versicherungspflicht bei der Reichsversicherungsanstalt für Angestellte in Berlin (im folgenden kurz RfA) unterworfen. Die Beiträge zur RfA waren von den versicherungspflichtigen Angestellten und den jeweiligen Arbeitgebern zu zahlen. Als Gegenleistung erhielten die Angestellten einen Rechtsanspruch auf ein Ruhegeld und auf eine Hinterbliebenenrente.

Mit diesem Gesetz wurde ein langverfolgter Wunsch der „Privatbeamten“ – nämlich eine Altersversorgung ähnlich der von Staatsbeamten zu erhalten – zumindest hinsichtlich des Anspruchs, nicht jedoch der Höhe nach, erfüllt. Dabei ist zu bedenken, daß in anderen Branchen außerhalb der Versicherungswirtschaft die betriebliche Altersversorgung noch keineswegs die Regel, sondern eher als Ausnahme anzusehen war. Der privaten Versicherungswirtschaft kam also auf diesem Gebiet eine gewisse Vorreiterrolle zu, die aber auch aus branchenmäßigen Gesichtspunkten nahe lag.

Andererseits waren aber die Mängel, die der betrieblichen Altersversorgung auch in der Versicherungswirtschaft nur allzuoft anhafteten, nicht zu übersehen. In der Regel wurde nämlich – wie oben ausgeführt – den Angestellten kein Rechtsanspruch auf eine Pension eingeräumt. Und soweit Rechtsansprüche bestanden, verlor der Angestellte diese Ansprüche, wenn er den Betrieb wechselte oder gekündigt wurde. Ein zusätzliches Risiko lag im übrigen bei denjenigen Unternehmen, deren Pensionsfonds nicht in einer rechtlich selbständigen Einrichtung, sondern im eigenen Be-

375 VerAV, 12. Jg., 1913, Anhang S. 97.
376 VerAV, 12. Jg., 1913, S. 108f.
377 Vgl. die Ausführungen unter 3.2.3.2.

triebsvermögen gehalten wurden und damit das Schicksal des Unternehmens teilten. Einige Bankzusammenbrüche im Jahre 1900, bei denen auch die betroffenen Angestellten ihre Pensionsansprüche verloren, machten dies deutlich[378].

Diese unzureichenden Seiten der betrieblichen Altersversorgung gaben natürlich dem Wunsch der Angestellten nach einer staatlichen Altersversorgung einen großen Auftrieb. Die Diskussion über ein entsprechendes Gesetz zog sich über mehrere Jahre hin und wurde äußerst kontrovers geführt, bis das Angestelltenversicherungs-Gesetz am 5. Dezember 1911 vom Reichstag beschlossen und am 20. Dezember 1911 vom Kaiser unterzeichnet wurde.

In der Diskussion über die verschiedenen Entwürfe zu der sog. Privatbeamten-Versicherung wurde eine allgemeine Berufsinvalidenversicherung und Herabsetzung der Altersgrenze bis auf 65 Jahre für ausgeschlossen gehalten, da damit den Privatbeamten Privilegien gewährt würden, die eine Gleichstellung der Arbeiterversicherung herausforderten. Da „die Privatangestellten in ihrer Mehrheit nur mit dem Einkommen der gewöhnlichen Lohnarbeiter rechnen können“, stellte sich die Frage, „worin für den Staat ein Unterschied sein (soll) zwischen den Privatangestellten und den auf gleicher Gehalts- oder Lohnstufe stehenden Arbeitern“[379]. Im übrigen wäre die Einführung der Berufsinvalidität bei den Angestellten „ein Schritt von unübersehbarer Tragweite, denn bei den Privatbeamten liegen die Verhältnisse anders als bei den Arbeitern. Es würde jeder, der in seinem Beruf nicht mehr beschäftigt ist, hier Invalide sein und auf Rente Anspruch zu machen haben“[380].

Nach dem Angestelltenversicherungs-Gesetz war jeder Angestellte mit einem Einkommen bis zu 5.000 Mark zu einer Beitragszahlung verpflichtet, die gestaffelt nach Gehaltsklassen etwa 4% des Einkommens ausmachte; der Arbeitgeber hatte einen gleichhohen Beitrag zu leisten. Die im Gesetz vorgesehenen Leistungen der staatlichen Versicherung zerfielen in Invaliden- und Altersrente, beide Ruhegeld genannt, sowie in Hinterbliebenenrente. Die Höhe des Ruhegeldes richtete sich nach der Summe der eingezahlten Beiträge. Es betrug $1/4$ der innerhalb einer Wartezeit (120 Beitragsmonate) und $1/8$ der später eingezahlten Beiträge und wurde ab vollendetem 65. Lebensjahr gewährt; die Witwenrente betrug 40% des Ruhegeldes und das Waisengeld 8%[381].

Das Angestelltenversicherungs-Gesetz sah in § 381 vor, daß sich jeder versicherungspflichtige Angestellte von der Beitragsleistung befreien lassen konnte, wenn er am 5.12.1911 im Besitz einer privaten Lebensversicherungspolice gewesen war; der Beitrag hierauf mußte aber am 1.1.1913, also beim Inkrafttreten des Gesetzes, mindestens den zur Zeit des Antrags entsprechenden Beitragsverpflichtungen auf die gesetzliche Versicherung gleichkommen. Von dieser Befreiungsmöglichkeit hatten 12,6% aller männlichen und 2,7% aller weiblichen Versicherungspflichtigen Gebrauch gemacht[382]. Man kann wohl davon ausgehen, daß ein relativ hoher Anteil der Personen, die diese Befreiungsmöglichkeit in Anspruch nahmen, Angestellte von

378 Arps, Auf sicheren Pfeilern, S. 606.

379 „Hannoverscher Courier“ vom 17.11.1909; zit. nach der Monatsschrift der Friedrich Wilhelm Leben Nr. 179 vom 30. November 1909.

380 Graf Posadowsky auf der Generalversammlung der Gesellschaft für soziale Reform vom 4.–6. März 1909; zit. nach der Monatsschrift der Friedrich Wilhelm Leben Nr. 171 vom 31. März 1909.

381 25 Jahre Angestelltenversicherung, 1913–1937, Festschrift, Hrsg. RfA, S. 11.

382 Arps, Durch unruhige Zeiten, 1965, S. 436.

Versicherungsunternehmen waren, da bei ihnen der Abschluß einer Lebensversicherung aus beruflichen Gründen – wenn nicht sogar aus dem Zwang einer betrieblichen Altersversorgung – nahe lag[383].

Letzteres war beispielsweise bei der Victoria der Fall. Diejenigen Mitarbeiter, die bereits eine Beamtenpensionsversicherung besaßen, waren von der eigenen Beitragszahlung an die RfA befreit, vorausgesetzt, daß ihr Beitrag 4²/₃% ihres Nettogehaltes erreichte. Um dieser Voraussetzung zu genügen, hob die Gesellschaft bei allen Angestellten den Beitrag auf die geforderte Höhe – ab 1919 4% – an. Ihren eigenen Beitragsanteil für diese Mitarbeiter führte sie an die RfA ab; damit galten diese Angestellte als „Halbversicherte" in der Angestelltenversicherung[384].
Aus Gleichbehandlungsgründen mußten den vorgenannten Beitragssatz auch die Angestellten zahlen, die aufgrund des Überschreitens der Gehaltsgrenze von 5.000 M nicht versicherungspflichtig waren. Für diese Angestellten, für die auch die Gesellschaft keine Beiträge an die RfA zu zahlen hatte, gewährte die Gesellschaft eine kostenlose zusätzliche Lebensversicherung in Höhe des einfachen Jahresgehalts mit 10% Invaliditätsrente[385].
Um nun die Angestellten, die am 1.1.1913 noch keine Beamten-Lebensversicherung besaßen und die daher voll der gesetzlichen Versicherungspflicht unterlagen, nicht gegenüber den anderen Angestellten zu benachteiligen, konnten diese eine Beamten-Lebensversicherung bis zur Höhe des 2fachen Jahresgehalts mit 15% Rente abschließen; die Beitragszahlung übernahm in vollem Umfang die Victoria[386].

Für die Angestellten mit einem Einkommen von mehr als 5.000 M bot das Gesetz die Möglichkeit einer freiwilligen Versicherung bei der RfA. Das Gleiche galt für diejenigen Angestellten, die aufgrund von Gehaltserhöhungen diese Grenze übersprangen.

Bei einem Vergleich der Leistungen aus der gesetzlichen Angestelltenversicherung mit den Leistungen, die der Staat seinen Beamten gewährte, schnitt die gesetzliche Versicherung deutlich schlechter ab. Während der Staat seinen Beamten nach 40 Dienstjahren eine Pension von etwa 75% des letzten Einkommens bot, konnten die Angestellten seitens der RfA lediglich mit einer Rente rechnen, die in allen Gehaltsklassen nach 40 Dienstjahren weniger als die Hälfte des letzten Einkommens bot; in den unteren Gehaltsklassen bis 2.000 M war damit knapp das Existenzminimum abgesichert[387]. Dazu kam die Wartezeit von 120 Beitragsmonaten, während derer die RfA bei Eintritt des Versicherungsfalles keine Leistungen zu zahlen hatten. Demzufolge entsprach das Versicherungsgesetz für Angestellte bei den Betroffenen, die eine Anpassung ihrer Versorgung als Privatbeamte an den Status der staatlichen Beamten angestrebt hatten, keineswegs ihren Erwartungen[388].

Da sich die betrieblichen Pensionskassen bei der Festlegung ihrer Pensions- und Hinterbliebenenversorgung weitgehend die staatlichen Regelungen zum Vorbild genommen hatten, boten sie natürlich auch Vorteile gegenüber der gesetzlichen

383 Vgl. Abschnitt 3.2.1.2.6.
384 Victoria, Interner Vermerk, S. 4.
385 Ebenda, S. 4.
386 Ebenda, S. 4f.
387 Bei einem Jahreseinkommen von 2.000 M und einem Monatsbeitrag von 9,60 M errechnet sich auf der Basis von ¼ von 120 Monatsbeiträgen und ⅛ von 360 Monatsbeiträgen eine Jahresrente von 720 M; 25 Jahre RfA, S. 10f.
388 Arps, Durch unruhige Zeiten, 1965, S. 436.

Angestelltenversicherung, andererseits aber auch die oben bereits genannten Nachteile der meist fehlenden Rechtsansprüche der Begünstigten oder ihres Verfalls bei Kündigung.

Aufgrund der Beitragsverpflichtungen, die das Gesetz sowohl den Angestellten als auch den Arbeitgebern auferlegte, ergaben sich zwangsläufig Auswirkungen auf die bestehenden betrieblichen Versorgungseinrichtungen. Diese reagierten mit Anpassungen in ihren Regulativen, bzw. Satzungen.

In mehreren Gesellschaften wurde den beitragspflichtigen Angestellten ein entsprechender Nachlaß in ihren Prämien zur betrieblichen Versorgungseinrichtung gewährt – mit entsprechender Kürzung der späteren Leistung.

Für die beitragspflichtigen Beamten der Allgemeinen Rentenanstalt ermäßigten sich die ordentlichen Beiträge zur Pensionskasse um ihre Beiträge an die RfA. Waren letztere höher als erstere, so hatte die Pensionskasse den Mehrbetrag zuzuschießen. Dementsprechend verminderten sich die Ansprüche gegen die Pensionskasse um den Betrag der RfA-Rente[389].
Bei der Magdeburger Versicherungs-Gruppe ermäßigten sich für diejenigen Mitglieder, die an die RfA Beiträge zu entrichten hatten, die Beiträge an die betriebliche Pensionskasse auf die Hälfte, das waren 3 1/3% des Gehalts; die Renten der Pensionskasse wurden jedoch nur um 20–25% gekürzt[390]. Die Angestellten der Oldenburger hatten 3% des Gehalts in die Pensionskasse zu zahlen; hiervon waren sie befreit, sofern sie Beiträge an die RfA zu erbringen hatten[391]. Für die Mitglieder der Ruhegeldkasse der Stuttgart-Berliner verminderten sich ebenfalls ihre Beiträge um die Zahlungen an die RfA; zum Ausgleich wurde das betriebliche Ruhegeld um die RfA-Leistungen gekürzt, aber in einem geringeren Maße, als es dem Verhältnis der Kürzung bei den Kassenbeiträgen entsprochen hätte[392].
Der Allgemeine Deutsche Verein verlangte ab 1913 von den Mitgliedern seiner Pensionskasse, die von der gesetzlichen Rentenversicherungspflicht befreit waren, Beiträge in Höhe von 3,5% (männliche Mitglieder), bzw. 2,1% (weibliche Mitglieder) des Gehalts zur Pensionskasse. Die rentenversicherungspflichtigen Mitglieder waren von der Beitragspflicht zur Pensionskasse befreit. Das Ruhegeld betrug nach 40jähriger Mitgliedschaft zur Pensionskasse für die Angestellten, die von der Versicherungspflicht befreit waren, 70% des pensionsberechtigten Gehalts und 55% für alle übrigen Angestellten[393].
Die Thuringia unterschied zwischen den Mitgliedern, die vor der Beschlußfassung über das Gesetz, am 5.12.1911, der Pensionskasse beigetreten waren, und den später Beigetretenen. Bei den ersteren, die den bisherigen Beitrag von 5% des Gehalts weiterzuzahlen hatten, übernahm die Gesellschaft den Beitrag an die RfA und kürzte die spätere Rente um die RfA-Leistung. Die später Eingetretenen zahlten eigene Beiträge sowohl an die RfA als auch in Höhe von 2% an die Pensionskasse; die Leistungen der Pensionskasse reduzierten sich in diesen Fällen auf 60% der ursprünglichen Renten[394].
Bei der Münchener Rück waren die nach dem 5.12.1911 eingetretenen, sozialversicherungspflichtigen Mitglieder der Pensionskasse nur für den Betrag versichert, „der die reichsgesetzlichen Leistungen auf die satzungsmäßigen ergänzt“; sofern allerdings ein Kassenmitglied Anspruch auf Kassenleistungen hatte, während ein Anspruch gegen die RfA noch nicht gegeben war, mußte die Kasse die vollen Leistungen gewähren – vorausgesetzt, daß das Mitglied den Anspruch gegen die RfA während seiner Kassenmitgliedschaft erworben hatte. Entsprechend verminderte sich der Beitrag zur Kasse um den

389 Allgemeine Rentenanstalt, Pensionsstatut von 1913, §§ 4 und 13.
390 Vgl. Tabelle II Nr. 23 nach S.98.
391 Ebenda, Nr. 29. Ob und in welchem Umfang das Ruhegeld um die RfA-Leistungen gekürzt wurde, läßt sich der Tabelle nicht entnehmen.
392 Stuttgart-Berliner, Satzung der Ruhegeld-, Witwen- und Waisenkasse von 1918, §§ 11, 14 und 16.
393 Allgemeiner Deutscher Verein, Satzung der Pensionskasse von 1912, §§ 17 und 21.
394 Thuringia, Satzung der Pensionskasse von 1914, §§ 50ff.

Beitrag, der an die RfA abzuführen war[395]. Sozialversicherungspflichtige Mitglieder, die schon am 5. Dezember 1911 der Kasse angehört hatten, konnten sich bei Einführung des Gesetzes auf Antrag von der eigenen Beitragsleistung befreien lassen. Die Gesellschaft war aber nach wie vor verpflichtet, ihren eigenen Beitragsanteil an die RfA abzuführen; die hierdurch bei der RfA Versicherten erhielten als sogenannte Halbversicherte nur die halben Leistungen von der RfA[396].

Eine besondere Situation trat bei den Kassen ein, deren Mitglieder keine eigenen Beiträge gegenüber ihren Unterstützungseinrichtungen zu erbringen hatten.

Bei der Beamten-Pensionskasse der A. u. M. Feuer beschloß die Mitgliederversammlung, daß sich die Mitglieder Leistungen der Sozialversicherung anrechnen lassen mußten. Dafür übernahmen die beiden Trägergesellschaften die Sozialversicherungsbeiträge an die RfA[397].
Die Berlinische Leben führte die von den sozialversicherungspflichtigen Mitgliedern zu erbringenden Beiträge an die RfA ab, ohne hierfür von den Angestellten Ersatz zu verlangen. Dafür wurde die von der Pensionskasse zu zahlende Pension um die RfA-Rente gekürzt[398]. In gleicher Weise verhielten sich die Karlsruher Leben[399], die Kölnische Feuer[400], und die Kölnische Unfall[401]. Bei der Mecklenburgischen Hagel wurde das Ruhegeld um die RfA-Rente insoweit gekürzt, als diese auf dem Beitragsanteil der Gesellschaft beruhte[402].
Der Dienstvertrag der Stuttgarter Mit- und Rückversicherung aus dem Jahre 1914 sah die Übernahme der RfA-Beiträge und darüber hinaus bei Personenversicherungen (gegen Krankheit, Unfall, Invalidität) die Übernahme der hälftigen Beiträge bis zu gestaffelten Höchstbeträgen vor; eine eigene Unterstützungseinrichtung bestand nicht[403].

Nach den Feststellungen des Arbeitgeberverbandes deutscher Versicherungsunternehmen aus dem Jahre 1920 hatten es vorwiegend die Gesellschaften selbst oder ihre Pensionseinrichtungen übernommen, neben den Beiträgen der Arbeitgeber auch die der Arbeitnehmer an die RfA zu tragen[404].

Soweit sich die Unternehmen zu bestimmten Leistungen gegenüber ihren Versorgungseinrichtungen verpflichtet hatten, wurden diese um die Arbeitgeberbeiträge an die RfA gekürzt.

Vor dem Inkrafttreten des Angestelltenversicherungs-Gesetzes führte die Albingia ihrer Pensionskasse, der Mutzenbecherschen Invaliden-, Witwen und Waisen-Pensionskasse, das Doppelte der ordentlichen Beiträge der Angestellten zu, die nunmehr um ihre Beiträge zur RfA gekürzt wurden[405].
Bei der Stuttgart-Berliner, und bei der Württfeuer wurden die Zuwendungen, zu denen sich die Gesellschaften verpflichtet hatten, ebenfalls um die RfA-Beiträge gekürzt[406].

395 Münchener Rück, Satzung der Pensionskasse von 1918, §§ 38.
396 Münchener Rück, 50 Jahre Versorgungskasse, S. 5.
397 von Koppen, A. u. M. Feuer, S. 10.
398 Berlinische Leben, Satzung der Pensionskasse von 1913, § 10.
399 Karlsruher Leben, Beamtensatzung von 1917, § 13.
400 Kölnische Feuer, 1839–1914, S. 69.
401 Kölnische Unfall, Bestimmungen der Ruhegehaltskasse von 1911, Nachtrag von 1912.
402 Mecklenburgische Hagel, 1797–1972, S. 97.
403 Stuttgarter Mit- und Rückversicherung, Anhang zum Musterdienstvertrag von 1914, Abschnitt A, „Erweiterte Fürsorge".
404 Arbeitgeberverband deutscher Versicherungsunternehmungen, Pensionseinrichtungen, S. 7.
405 Vgl. Tabelle II Nr. 3 nach S. 98.
406 Ebenda Nr. 33 und Nr. 41.

Bei der Nordstern Leben verminderte sich der Zuschuß, den die Gesellschaft zum Beitrag der von ihren Angestellten gemäß dem Regulativ abgeschlossenen Lebensversicherungen gab, um den von ihr zu zahlenden Arbeitgeberbeitrag an die RfA[407].

Das Angestelltenversicherungs-Gesetz überließ dem Arbeitgeber, wie und auf welche Weise er seinen Angestellten neben der reichsgesetzlichen Leistung noch irgendwelche Renten oder andere Versorgungen zukommen lassen und die Prämien der Angestellten an die RfA tragen will. Demzufolge bestand eine große Zahl der Firmenpensionskassen unberührt von der Angestelltenversicherung neben dieser als Ergänzung weiter[408].

Darüber hinaus hatte jedoch das Angestelltenversicherungsgesetz die Möglichkeit geschaffen, die betrieblichen Pensionskassen in ein bestimmtes Verhältnis zur RfA in Form von Zuschußkassen nach §§ 365ff. zu stellen. Diese Zuschußkassen durften nur Angestellte versichern, dabei mindestens die gesetzlichen Leistungen gewähren, und die hierfür aufzubringenden Prämien mußten mindestens in gesetzlicher Höhe von den Arbeitgebern getragen werden. Diese Zuschußkassen hatten die gesetzlichen Beiträge an die RfA abzuführen und erhielten von ihr im Leistungsfall die gesetzlichen Renten. Die Zuschußkassen waren also im Verhältnis zur RfA reine Vermittlungsstellen[409].

Die Angestellten von Unternehmen mit Zuschußkassen hatten somit unabhängig von der Satzung dieser Zuschußkassen auch beim Wechsel des Arbeitgebers Anspruch auf die volle Leistung aus der Angestelltenversicherung; beim Stellenwechsel trat die reichsgesetzliche Versicherung durch den neuen Arbeitgeber ein. Allerdings blieb es im Belieben dieser Zuschußkassen, was im Falle des Stellenwechsels eines Mitglieds mit den höheren Beiträgen und den damit verbundenen höheren Leistungen, den Zuschüssen, geschah[410].

Da die Anerkennung als Zuschußkasse bei einer beträchtlichen Zahl von Pensionskassen von Versicherungsunternehmen Satzungsänderungen erfordert hätte, wurde in vielen Fällen kein Gebrauch davon gemacht, die Zuschußkassenmitgliedschaft zu erwerben. Es erschien den Unternehmen einfacher, die gesetzlichen Pflichten gegenüber der RfA direkt zu erfüllen und damit in der Gestaltung der Pensionsleistungen frei zu bleiben[411].

Das Angestelltenversicherungsgesetz ließ ferner betriebliche Pensionskassen gemäß §§ 372ff. als sog. Ersatzkassen zu, deren Mitgliedschaft als Erfüllung der gesetzlichen Versicherungspflicht galt. Diese Pensionskassen mußten jedoch schon im Zeitpunkt der Verkündung des Gesetzes, d.h. im Dezember 1911, bestanden und die nötigen Satzungsänderungen bis zum Inkrafttreten des Gesetzes, am 1.1.1913, vorgenommen haben. Praktisch sind diese Ersatzkassen nur in beschränktem Maße anerkannt worden. Voraussetzung für die Anerkennung als Ersatzkasse war, daß ihre Satzung bereits vor dem 5. Dezember 1911 einen Rechtsanspruch auf bestimmte Leistungen gewähren mußte, die den gesetzlichen Leistungen mindestens gleich

407 Nordstern Leben, Regulativ von 1913, Nr. 2.
408 Vollbrecht, Versicherungs-Beamte, o.D., S. 59.
409 Manes, Sozialversicherung, 1921, S. 104.
410 Vollbrecht, Versicherungs-Beamte, o.D., S. 60.
411 Ebenda, S. 60.

waren; Entsprechendes galt für die Beiträge. Die Ersatzkassen hatten sämtliche Versicherungspflichtigen des Unternehmens aufzunehmen, denen ein Einfluß auf die Verwaltung und die Feststellung der Leistungen einzuräumen war. Nach § 80 des Gesetzes war ein Stellenwechsel des Versicherten nicht schädlich, da die Versicherung bei der RfA weitergeführt wurde; hierfür hatte die Ersatzkasse das angesammelte Deckungskapital an die RfA zu überführen[412].

Die betrieblichen Versorgungseinrichtungen wurden damit vielfach gegenüber ihren versicherungspflichtigen Angestellten zu „Zuschußkassen" im Sinne der §§ 365ff. bzw. zu „Ersatzkassen" im Sinne der §§ 372ff. des genannten Gesetzes[413]. Insgesamt waren elf betriebliche Pensionskassen als Ersatzkassen zugelassen[414].

Während in den vorgenannten Fällen die Beiträge der Arbeitnehmer an die RfA entweder von diesen direkt gezahlt oder von den Arbeitgebern unter Anrechnung auf ihre Leistungen übernommen wurden, ergab sich bei den betrieblichen Versorgungseinrichtungen, die ihre Angestellten über Lebensversicherungen für den Fall der Invalidität, des Ruhestandes oder des frühzeitigen Todes absicherten oder die in der Rechtsform des kleineren VVaG geführt wurden, die oben erwähnte Befreiungsmöglichkeit nach § 381 des Gesetzes, bei der die Gesellschaften aber weiterhin ihren Arbeitgeberanteil an die RfA zu zahlen hatten.

Als Beispiel ist die Pensionskasse der Münchener Rück zu nennen, die eine besondere Vereinbarung mit der RfA traf. Nach dieser konnte die Münchener Rück ihren Beitragsanteil für die befreiten Mitglieder direkt an die Pensionskasse weiterzahlen; die Kasse hatte der RfA allmonatlich eine Liste über den Empfang der an sich von der Münchener Rück an die RfA zu zahlenden Beiträge zu senden. Soweit nun Leistungen von der RfA zu erbringen waren, hatte die Pensionskasse das jeweilige Deckungskapital, das nach den Rechnungsgrundlagen der RfA zu ermitteln war, an diese zu überweisen. Die Münchener Rück hatte für diese Verpflichtung ihrer Pensionskasse bei der RfA eine Sicherheit zu stellen. Dieses Abkommen wurde Anfang 1923 aufgehoben, als die überhitzte Inflation jede Geldüberweisung von vornherein wertlos machte[415].

Für den Fall, daß Angestellte aufgrund von Gehaltserhöhungen aus der Versicherungspflicht herausfielen, wurden sie in der Regel von ihren Gesellschaften verpflichtet – sofern sie nicht die Möglichkeit einer freiwilligen Fortsetzung der Versicherung bei der RfA nutzten –, die dort erworbene Anwartschaft durch Zahlung der vorgesehenen Anerkennungsgebühr aufrechtzuerhalten.

Um sicherzustellen, daß die RfA die höchstmöglichen Renten zahlte, wurde im übrigen von den Angestellten verlangt, daß sie alle von der RfA zum Bezug der Leistungen gestellten Forderungen rechtzeitig erfüllten und ihre Ansprüche an die RfA in vollem Umfange geltend machten[416].

412 Vollbrecht, Versicherungs-Beamte, o. D., S. 60, und Manes, Sozialversicherung, 1921, S. 103.

413 Arbeitgeberverband, Pensionseinrichtungen, S. 7.

414 Kammann, Wiederaufbau, 1928, S. 24f.

415 Münchener Rück, 50 Jahre Versorgungskasse, S. 6f.

416 Satzungen der Pensions-Kasse der Münchener Rück von 1918, § 39, und der Pensionskasse der Thuringia von 1914, § 51.

Nach Ansicht des Arbeitgeberverbandes deutscher Versicherungsunternehmen gab die Einführung der gesetzlichen Angestelltenversicherung einer Anzahl von Gesellschaften Anlaß, ihre Versorgungseinrichtungen für den Neuzugang zu schließen. Die Ansprüche der Angestellten, die den jeweiligen Kassen bereits vor dem Dezember 1911 angehört hatten, sollten jedoch erfüllt werden[417].

Andererseits wurde von mehreren Hamburger Gesellschaften die Duncker'sche Pensionskasse ins Leben gerufen, mit der den nichtversicherungspflichtigen Angestellten eine Altersversorgung geboten werden sollte[418].

3.2.2.5 Der Reichstarifvertrag von 1919

Die großen Veränderungen, die sich im sozialen und wirtschaftlichen Gefüge des Deutschen Reiches zu Beginn dieses Jahrhunderts andeuteten und insbesondere nach dem Ersten Weltkrieg vollzogen, wirkten sich auch in den Versicherungsunternehmen aus. Bereits im Jahre 1899 war in Berlin der Central-Verein der Versicherungsbeamten gegründet worden, der mittels einer gewerkschaftlichen Organisation eine Verbesserung der wirtschaftlichen Lage der Berufsangehörigen anstrebte[419].

Zu Streikmaßnahmen kam es jedoch erst nach dem Ersten Weltkrieg im Februar 1919. In Berlin wurde ein achttägiger Streik durch einen Schiedsspruch des als Einigungsstelle angerufenen Berliner Kaufmannsgerichts beendet. Auch in anderen Städten war es zu Lohnkämpfen gekommen, mit denen die Beziehungen zwischen den Gesellschaftsleitungen und ihren Angestellten vorübergehend empfindlich getrübt wurden. Einen gewissen Abschluß in dieser Bewegung brachte der am 12. Mai 1919 abgeschlossene Reichstarifvertrag für die privaten Versicherungsunternehmen. „Es muß rückhaltlos anerkannt werden, daß die Arbeitgeber bei diesem Vertragswerk im Interesse des sozialen Friedens weitgehendes Entgegenkommen gegenüber den wirtschaftlichen und sozialen Wünschen der Arbeitnehmer bekundet haben“, urteilte das Aufsichtsamt[420].

Die neuen Gehälter bedeuteten für die meisten Angestellten eine sehr erhebliche Steigerung ihrer Bezüge. Für 112 Versicherungsgesellschaften wurde eine Mehrbelastung der Ausgaben für die Angestellten von 78,8 Mio. M in 1918 auf 172,3 Mio. M in 1919, d.h. um durchschnittlich 119%, ermittelt[421].

Der Reichstarifvertrag brachte der Münchener Rück für das Geschäftsjahr 1919/20 eine Mehrbelastung von 600.000 M gegenüber dem Gehaltsetat 1918/19[422]. Für die Nordstern Leben bildete der Reichstarifvertrag – wie der Vorstand im Geschäftsbericht für 1918 ausführte – mit der dadurch ausgelösten Steigerung der Verwaltungskosten den Gegenstand ernster Sorge[423].

417 Arbeitgeberverband. Pensionseinrichtungen, S. 7; vgl. hierzu aber die Ausführungen auf S. 10.
418 Tabelle I. Nr. 24 nach S. 98.
419 Arps, Auf sicheren Pfeilern, 1965, S. 417.
420 VerAV, 18. Jg. 1919, S. 80.
421 ZfV, Jg. 1919, S. 389 (ohne Namensnennung des Verfassers).
422 Münchener Rück, „Was Dokumente erzählen können“, S. 1137.
423 ZfV, Jg. 1919, S. 215 (Berichterstattung).

Ferner wurde die tägliche Arbeitszeit auf 7½ Stunden – bei ungeteilter Arbeitszeit auf 7 Stunden mit Einschluß einer halbstündigen Pause – und sonnabends auf maximal 5 Stunden begrenzt. Neben der Festlegung des Urlaubs, weitgehender Sicherstellung bei einer durch Unfall oder Krankheit herbeigeführten Arbeitsunfähigkeit, dem Schutz bei Fusionen und Domizilverlegung der Betriebe, wurde vor allem das Kündigungsrecht der Arbeitgeber eingeschränkt.

Eine besondere Bedeutung war der vertraglichen Ausgestaltung des Mitbestimmungsrechts der Angestellten beizumessen. Danach waren künftig alle Fragen der Lohn- und Arbeitsbedingungen von den Geschäftsleitungen unter gleichzeitiger Mitwirkung der sogenannten Angestelltenausschüsse zu entscheiden. Diesen Ausschüssen wurde auch ein Einfluß auf Kündigungen und Entlassungen sowie auf Neueinstellungen, Beförderungen oder Versetzungen der Angestellten eingeräumt[424].

Diese letzteren Bestimmungen signalisieren das Ende einer Periode, in der die Unternehmensleitungen in mehr oder weniger patriarchalischer Weise die jeweilige Betriebsordnung festlegen und die Disziplinargewalt über ihr Personal ausüben konnten. Von nun an hatten die Angestellten über ihre Ausschüsse ein wichtiges Mitspracherecht in allen sie betreffenden Angelegenheiten.

Die veränderte Situation wurde in einer Festschrift der Vaterländischen Feuer aus Anlaß des 100jährigen Jubiläums des Unternehmens im Jahre 1922 verdeutlicht. Es wurde auf „das durch Tradition und den guten inneren Geist" in der Beamtenschaft herangebildete harmonische „wohltuende Vertrauensverhältnis", das vor dem Ersten Weltkrieg zwischen Gesellschaft und Angestellten herrschte, hingewiesen. „Wie aber der lange und schwere Krieg mit seinen wirtschaftlichen und gesellschaftlichen Folgeerscheinungen sich überall in Veränderungen überlieferter Anschauungen auswirkte, so hat er auch hier in das alte patriarchalische Verhältnis zwischen Geschäftsleitung und Beamtenschaft eingegriffen. Die Strömung der Zeit riß neue große Volksteile auf die Seite der sozialistischen Anschauungen, und so erstarkte auch die gewerkschaftliche Idee nicht nur in den Kreisen der Handarbeiter, die ihr bisher allein Gefolgschaft geleistet hatten, sondern sie griff auch über auf die Staatsbeamten und die kaufmännische Beamtenschaft großer wirtschaftlicher Erwerbsgruppen. Auch die Versicherungsangestellten, unter ihnen vornehmlich die Jugend, glaubten ihre Interessen durch einen Zusammenschluß auf gewerkschaftlicher Grundlage besser gewahrt und lösten damit die Einzelbeziehungen, welche bisher die Geschäftsleitung in altbewährter Weise mit der Beamtenschaft verbunden hatten. Es gab nur noch Arbeitgeber und Arbeitnehmer, deren Zusammenwirken durch das Betriebsrätegesetz der neuen Volksvertretung nur noch rein mechanisch geregelt war"[425].

In einer Festschrift der Württfeuer heißt es hierzu: „Das patriarchalische Verhältnis, das in der württembergischen Anstalt seit ihrer Gründung zwischen Direktion und Beamtenschaft bestanden hatte ..., konnte den Forderungen der neuen Zeit nicht mehr genügen. Die moderne Auffassung vom kollektiven Arbeitsvertrag brach sich auch im Versicherungsgewerbe Bahn; die neugebildeten Angestelltengewerkschaften erlangten Einfluß"[426].

424 Eberhard, Reichstarifvertrag, 1919, S. 247ff.
425 Vaterländische Feuer, 1822–1922, S. 41.
426 Württfeuer, 1828–1928, S. 175.

In diesem Zusammenhang sei erwähnt, daß der gewerkschaftliche Zusammenschluß der Angestellten zwangsläufig die Gründung des Arbeitgeberverbandes der deutschen Versicherungsunternehmen im Jahre 1919 zur Folge hatte.

Die wirtschaftlichen Lasten, die der Tarifvertrag den Arbeitgebern auferlegte, wurden, „wenn sie von den jungen und weniger starken Gesellschaften überhaupt getragen werden können, innerhalb der meisten Betriebe schwer empfunden“. Sie trafen die Gesellschaften zu einer Zeit, in der sie „unter den ... Nachwirkungen des Krieges, so insbesondere unter dem Herabgleiten der Börsenkurse und der allgemeinen Verschlechterung der Risiken schwer zu leiden“ hatten[427].

Der Reichstarifvertrag selbst enthielt keine ausgesprochene Anweisung für die Lösung der Frage, inwieweit künftig die angehobenen Gehälter pensionsberechtigt sein sollten. In einer Ergänzungsniederschrift zum Tarifvertrag war lediglich hervorgehoben, daß die tarifliche Erhöhung der Bezüge an sich nicht ruhegehaltsfähig sei, und daß es den berufenen Organen freigestellt sei zu bestimmen, ob und inwieweit diese Mehrbezüge ruhegehaltsfähig sein sollten[428]. Im Hinblick auf die oben erwähnte beträchtliche Erhöhung der Gehälter hätte eine entsprechende Aufwertung der Pensionsanwartschaften zu einer weiteren ebenso beträchtlichen Ausweitung der Personalaufwendungen geführt.

Aus einer im gleichen Jahr durchgeführten Erhebung des Arbeitgeberverbandes deutscher Versicherungsunternehmen e.V. ergab sich, daß der überwiegende Teil der Mitgliedgesellschaften – wie die Übersichten nach S. 98, in Spalte 8 zeigen – sich zunächst nicht schlüssig war, ob und inwieweit die Gehaltserhöhungen des Reichstarifvertrages bei der Berechnung der Pensionen berücksichtigt werden sollten. In einigen Fällen mag sogar die Absicht vorgelegen haben, ganz von der Fortführung bestehender Pensionseinrichtungen abzusehen. Letztlich haben sich sämtliche Gesellschaften, die Pensionseinrichtungen besaßen, für ihren Weiterbestand unter gewissen Einschränkungen entschieden[429].

Eine unmittelbare Schließung der Pensionseinrichtungen wäre im übrigen nur in einigen wenigen Fällen möglich gewesen, in denen die Gesellschaften „nach freiem Ermessen“ Alters- und Hinterbliebenenrenten gewährten. Da „die meisten Gesellschaften gegenüber den Angestellten bei fast allen Pensionseinrichtungen vertragsrechtliche Verpflichtungen eingegangen“ waren, „die durch den Reichstarifvertrag nicht als aufgehoben betrachtet werden“, war eine Fortführung der bestehenden Pensionseinrichtungen unumgänglich; das galt zum mindesten gegenüber denjenigen Angestellten, die der Pensionskasse bereits vor Abschluß des Reichstarifvertrages angehörten[430].

In diesem Zusammenhang empfahl der Arbeitgeberverband, für die Pensionsberechnung das jeweilige Gehalt zugrunde zu legen, das bezogen worden wäre, wenn die im Dezember 1918 gültige Gehaltsordnung weitergegolten hätte. Gewisse prozentuale Erhöhungen zu diesen Sätzen sollten den Gesellschaften, bei denen sich die

427 VerAV, 18. Jg., 1919, S. 80.
428 Eberhard, Reichstarifvertrag, S. 248.
429 Arbeitgeberverband, Pensionseinrichtungen, S. 8.
430 Ebenda, S. 9.

Pensionseinrichtungen nur aus Gesellschaftsmitteln finanzierten, unbenommen bleiben, wenn das gesamte pensionsfähige Gehalt – ohne Urlaubs- und Weihnachtsgeld und ohne Funktions- und Sonderzulagen – Dreiviertel des Grundgehalts laut Reichstarifvertrag nicht überschritt. Soweit die Angestellten auch Beiträge an die Pensionseinrichtungen zu zahlen hatten, konnte nach den Vorstellungen des Arbeitgeberverbandes das gesamte Jahresgrundgehalt pensionsfähig gemacht werden, allerdings mit der Einschränkung, daß die betroffenen Gesellschaften zu den entstehenden Mehrkosten in keinem Falle mehr beitrugen als die Angestellten selbst[431].

3.2.2.6 Die Enquete des Arbeitgeberverbandes 1919

Im Jahre 1919 führte der Arbeitgeberverband deutscher Versicherungsunternehmen e.V. bei seinen Mitgliedsunternehmen – es handelte sich ausschließlich um privatrechtlich geführte Versicherungsgesellschaften – eine Erhebung zu den jeweils bestehenden Pensionseinrichtungen durch. Von 95 Gesellschaften wurde diese Rundfrage mit Materiallieferung beantwortet[432]. Für 75 Unternehmen – davon 4 ausländische – wurde das Ergebnis der Erhebung im Jahre 1920 veröffentlicht. Es bietet im Hinblick darauf, daß nahezu alle größeren Versicherungsunternehmen erfaßt wurden, einen repräsentativen Einblick in die betrieblichen Pensionseinrichtungen der Versicherungswirtschaft in der damaligen Zeit.

Da die Erhebung kurze Zeit nach Beendigung des Ersten Weltkrieges erfolgte, und da wohl davon ausgegangen werden kann, daß die erfaßten Versorgungseinrichtungen insgesamt vor Beginn des Krieges gegründet wurden und daß deren Satzungen während des Krieges keine wesentlichen Änderungen erfuhren, dürfte das dargestellte Ergebnis mit der Situation zu Beginn des Krieges übereinstimmen. Sie spiegelt also auch den Entwicklungsstand wider, den die Versorgungseinrichtungen der privaten Versicherungsunternehmen vor Beginn des ersten Weltkrieges unter Berücksichtigung der in 1911 in Kraft gesetzten Angestelltenversicherungspflicht erreicht hatten.

Das Ergebnis der Erhebung, das in den nachfolgenden Tabellen I. und II. wiedergegeben wird, unterscheidet zwischen zwei Gruppen von Versorgungseinrichtungen, nämlich

I. Pensionseinrichtungen, zu denen die Angestellten keine Beiträge zu leisten hatten, und
II. solchen, zu denen Beiträge von den Angestellten zu erbringen waren.

Von den aufgeführten 75 Unternehmen hatten 6 ihre Versorgungskassen für den Neuzugang geschlossen und damit eine Abwicklungsphase eingeleitet. Bei 17 Unternehmen bestanden aufgrund von konzernmäßigen oder sonstigen Verflechtungen Vereinbarungen über die gemeinsame Nutzung von Versorgungseinrichtungen. Die A. u. M. Feuer, die Gladbacher Feuer und die Magdeburger Versicherungsgruppe hatten jeweils für mehrere Gesellschaften eine gemeinsame Pensionskasse; in Hamburg wurden die Duncker'sche Pensionskasse und die Mutzenbecher'sche Invaliden-, Witwen- und Waisenkasse für ortsansässige, über die Aktionäre verbundene

431 Arbeitgeberverband, Pensionseinrichtungen, S. 10f.
432 Ebenda, S. 1ff.

Pensionseinrichtungen der Versicherungs-Gesellschaften

(Rundfrage A. V. Nr. 123 vom 28. Juni 1919.)

Tabelle I.

Pensionseinrichtungen, zu denen die Angestellten keine Beiträge leisten.

1	2	3	4	5 a		5 b		6 a	6 b	7 a	7 b	7 c	8	9
Lfde. Nr.	Name der Gesellschaft	Bezeichnung der Pensionseinrichtung	Leistungen der Gesellschaft dazu	An Pension wird gewährt: nach Jahren	% des Gehalts	nach Jahren	% des Gehalts	Pensionsfähiges Höchstgehalt M.	mithin Höchstpension M.	Hinterbliebenenfürsorge: Witwenrente in % der Pension	Waisenrente in % der Pension	Sonstige Zuwendungen	Inwieweit sollen die Tarifgehälter pensionsfähig gemacht werden?	Bemerkungen
1.	Aachener und Münchener Feuer	Pensionskasse (rechtsfähige Stiftung)	bisher insgesamt M. 1 178 295,—	10	33⅓	40	75	6000,—	4500,—	siehe Tabelle II		—	wollen die Pensionsfähigkeit der Gehälter von Fall zu Fall festsetzen. Da der Reichstarifvertrag nur eine aus der Not des Augenblicks geborene, vorübergehende Erscheinung sei, bestehe nicht die Absicht, die Tarifgehälter als pensionsberechtigt anzuerkennen.	Zu der Witwenkasse zahlen auch die Angestellten Beiträge.
2.	Aachener Rück	wie Nr. 1	siehe Nr. 1	—	—	—	—	—	—	siehe Tabelle II		—	(wie Nr. 1)	vgl. Tabelle II, Nr. 1 und 2.
3.	Berliner. Hagel-Assecuranz	ohne Bezeichnung	?	10	25	40	75	?	2400,—	—	—	—	wollen das zuvor bezogene Gehalt der Pensionsberechnung zu Grunde legen.	
4.	Berlinische Feuer	Beamten-Unterstützungsfonds	?	nach freiem Ermessen der Anstalt				—	—	—	—	—	wollen weiter nach freiem Ermessen Unterstützungen gewähren.	
5.	Brandenburger Feuer a. G.	a) Pensions-Reglement b) Fürsorge-Ordnung	? ?	10	33⅓	35	75	nicht begrenzt	—	33⅓	20—33⅓	Gnadengehalt	glauben, daß die Generalversammlung eine Beschränkung der Pensionsleistungen nicht zugeben wird.	
6.	Braunschweigische Leben a. G.	Beamten-Versorgungs- und Unterstützungs-Rücklage	5 % des Jahresüberschusses	10	30	40	60	3500,—	3500,—	20	5—10	1 Monat Gnadengehalt	Beurteilung erst nach versicherungstechnischer Berechnung möglich.	
7.	Colonia, Kölnische Feuer	Versorgungskasse	bisher insgesamt M. 1 167 276,43	10	33⅓	40	75	6000,—	4500,—	40	8—13⅓	3 Monate Gnadengehalt	noch nicht schlüssig.	
8.	Deutsche Leben a. G., Potsdam	Pensionierung	?	10	25	40	75	nicht begrenzt	—	40	8—13⅓	1 Monat Gnadenpens.	noch keine Beschlüsse gefaßt.	Die Gesellschaft bezahlt auch **sämtliche** Beiträge zur Angestelltenversicherung.
9.	Deutscher Lloyd	Beamten-Unterstützungs- und Pensions-Fonds	?	10	25	35	75	?	—	33⅓	?	—	erwägen noch, halten jedenfalls Tarifgehälter nicht für pensionsfähig.	
10.	Deutscher Phönix	Fonds (bereits geschlossen)	?	?	?	?	?	?	—	?	?	?	beabsichtigen Fortführung für den kleinen, geschlossenen Kreis von Beamten, für den die Kasse nur noch besteht.	
				10	30	40	75	nicht begrenzt	—	20	4	—	wollen nur die Höchstgehälter, die vor dem 1. 1. 19 für die einzelnen Angestellten-Gattungen galten, berücksichtigen.	
													… Gehälter mit ihrem Angestellten-Ausschuß regeln und Ergebnis mitteilen	
	[illegible]	[illegible]	? … Zuwendungen	10	33⅓	40	75	6000,—	4500,—	40	8—13⅓	—	Entschluß ist noch nicht gefaßt worden, auf Freiwilligkeit der Leistungen der Gesellschaft wird hingewiesen.	
20.	Kölnische Unfall	Ruhegehalts-, Witwen- und Waisenkasse	insgesamt bisher M. 565 165,75	10	33⅓	35	75	12 000,—	9000,—	40	8—13⅓	—	wollen eine Erklärung der Beamtenschaft erzielen, daß das Dezember 1918 gezahlte Gehalt der Pensionsberechnung zu Grunde gelegt wird.	
21.	Leipziger Feuer	Pensions- und Unterstützungskasse	in Deutschland insgesamt M. 1 051 728,70	5	10	43	75	—	6000,—	50	10—15	2 Monate Gnadengehalt (Gnadenpens.)	Entschluß ist noch nicht gefaßt.	
22.	Leipziger Leben a. G.	Ruhegeld und Hinterbliebenenrenten	alljährlich rund M. 70 000,—	1 10	3 30	30 50	50 70	—	—	50	10—15	3 Monate Gnadengehalt (Gnadenpens.)	noch nicht schlüssig.	
23.	Mecklenburgische Leben a. G.	a) Ruhegehaltsordnung b) Versicherung zum Zwecke der Hinterbliebenen-Versorgung	?	10	25	40	75	—	3000,—	gewöhnliche Lebensversicherung			Erwägungen schweben noch.	
24.	Norddeutsche	Duncker'sche Pensionskasse 1913	20 % des Einkommens der Angestellten zwischen 5000 und 10 000 M.	10	25	35	50	10 000,—	5000,—	50	10—16⅔	—	die Kasse soll weitergeführt werden; im übrigen nichts ersichtlich.	nur für Angestellte, die nicht bei der Reichsversicherungsanstalt versichert sind.
25.	Nordwestdeutsche	siehe Nr. 24	—	—	—	—	—	—	—	—	—	—		(wie Nr. 24)
26.	Preußische Leben	Gewährung von Beamten-Pensionen	?	10	25	40	75	—	—	33⅓	—	—	die Kasse ist bereits seit mehreren Jahren geschlossen; über Pensionsfähigkeit der Tarifgehälter noch nicht schlüssig.	
27.	Rheinland	Alters- und Hinterbliebenen-Versorgung	M. 650 000,—	nach den Grundsätzen, die für die preußischen Staatsbeamten gelten									Anrechnung der Tarifgehälter wird nicht beabsichtigt; bezgl. neu eintretender Beamten noch nicht schlüssig.	Ein Rechtsanspruch auf Pensionierung besteht nicht.
28.	Rothenburger Vers.-Anstalt a. G.	Wohlfahrtskasse	bis 31. 12. 19 insgesamt M. 164 011,16	10	33⅓	40	75	nicht begrenzt	—	40	8—13⅓	3 Monate Gnadengehalt (Gnadenpens.)	Beschlüsse sind noch nicht gefaßt.	Bis 1906 haben die Beamten geringe Beiträge geleistet.
29.	Sächs. Militär-Feuerversicherungs-Verein	Pensionsfonds	jährlich durchschnittlich M. 10 000,—	nach den Bestimmungen des Königlich Sächsischen Zivil-Staatsdiener-Gesetzes									Entschließung ist noch nicht gefaßt.	
30.	Schlesische Feuer	ohne Bezeichnung	?	nach freiem Ermessen ohne eine Verpflichtung der Gesellschaft gegenüber den Angestellten									nicht ersichtlich.	
31.	Schlesische Leben a. G.	Pensionsordnung	jährlich einen Prozentsatz der Gehälter und freiwillige Zuwendungen	nach den Bestimmungen, die für die preußischen Staatsbeamten gelten									haben noch keine Beschlüsse gefaßt, werden Nachricht geben.	
32.	Schwedter Hagel a. G.	Fürsorge-Ordnung	alle bisherigen Pensionen seit 1876	10	33⅓	40	75	nicht begrenzt	—	40	8—13⅓	—	Entscheidung werden Aufsichtsrat und Mitgliederversammlung treffen.	
33.	Sterbekasse deutscher Lehrer a. G.	Beamten-Unterstützungsfonds	3 % des Ueberschusses	nichts ersichtlich				—	—	—	—	—	nichts ersichtlich; betrachten diesen Fonds nicht als Pensionseinrichtung; ein Rechtsanspruch besteht nicht.	
34.	Stuttgarter Leben a. G.	Pensionskasse	jährliche Rücklagen vom Geschäftsüberschuß	10 10	25 40	30 46	55 100	— 6000,—	— 5000,—	60—50 50	15—30 12,5—25	—	noch nicht schlüssig, auch bezgl. der Pensionsberechtigung für Neueingetretene.	Pensionsgewährung je nach Dienstvertrag.
35.	Teutonia	Fürsorge-Ordnung	die gesamten Lasten	10	31	40	70	10 000,—	7000,—	40	10—15	—	Laut Aufsichtsratsbeschluß ist bis auf Weiteres das Gehalt vom 31. 12. 18 pensionsberechtigt, Neuaufnahmen unterbleiben.	
36.	Union, Berlin	Pensions- und Unterstützungskasse (E. V.)	M. 697 000,—	10	35	30	75	5000,—	3750,—	50	10—16⅔	nach Antrag	der Pensionsgewährung wird das letzte vor Einführung des Tarifvertrages gewährte Gehalt zu Grunde gelegt.	Ein Rechtsanspruch auf Pension besteht nicht.
37.	„Vaterländische" und „Rhenania"	Beamten- Pensions- und Unterstützungskasse	M. 1 298 373,—	10	25	40	75	4500,—	3375,—	25	8,3—10	—	wollen der Pensionsberechnung die Friedensgehälter zu Grunde legen.	Die Beamten haben keine Ansprüche an die Kasse.
38.	Zürich	Versorgungswerk	?	nach 30 Dienstjahren oder im 55. Lebensjahr Erlebensfallsummen, bei vorherigem Ableben Auszahlung eines Teiles der Erlebensfallsummen an die Hinterbliebenen									wird vom Verwaltungsrat bzw. der Generaldirektion in Zürich entschieden.	Ausländische Gesellschaft.

Anmerkungen: Zu Spalte 7a: Die angegebene Prozentzahl bezieht sich, wenn nichts anderes vermerkt ist, jeweils auf die Pension, die der verstorbene Angestellte beim Ableben bezog oder bezogen hätte, wenn er pensioniert gewesen wäre.

Zu Spalte 7b: Die angegebenen Prozentzahlen beziehen sich in gleicher Weise wie die Zahlen der Spalte 7a auf die Pension des verstorbenen Vaters. Die erste niedrigere Zahl bedeutet, wo nichts besonderes vermerkt ist, das Waisengeld (die Erziehungsbeihilfe usw.) für **Halbwaisen**, die zweite, höhere Zahl das für **Vollwaisen.**

Gesellschaften gegründet. Schließlich sammelten sich um die Pensionskasse der Münchener Rück mehrere Versicherungsunternehmen. Die Tabellen auf den vorstehenden Seiten geben also die Verhältnisse von 59 Versorgungseinrichtungen bzw. für 64 unter Berücksichtigung der für den Neuzugang geschlossenen Kassen wieder. Vier Gesellschaften wurden in beiden Gruppen erfaßt.

Die Rechtsform der in den Tabellen aufgeführten Versorgungseinrichtungen läßt sich nur in wenigen Fällen eindeutig aus der Bezeichnung oder den Bemerkungen erkennen. Eine eigene Rechtsfähigkeit der Pensionseinrichtung dürfte vor allem in den Fällen vorgelegen haben, in denen die Angestellten eigene Beiträge in die Pensionskasse zu zahlen hatten, d.h. insbesondere bei den in der Tabelle II aufgeführten Einrichtungen. Aber es kann wohl unterstellt werden, daß auch einige der in Tabelle I als „Pensions-“ oder „Witwenkassen“ bezeichneten Unterstützungseinrichtungen in rechtlich selbständiger Form geführt wurden. Im allgemeinen wird bei den rechtlich selbständigen Kassen der kleinere Verein i.S. des § 53 VAG überwogen haben; daneben bestanden aber auch rechtsfähige Vereine oder Stiftungen. Hiervon waren mehrere als „Ersatzkassen“ oder „Zuschußkassen“ gemäß § 365 oder 372 des Angestelltenversicherungs-Gesetzes anerkannt.

Dagegen wird es sich bei den „Fonds“, die mit Ausnahme des Pensionsfonds des Deutschen Phönix, des Versorgungsfonds des Janus und der Beamten-Pensionskasse der Iduna – bei der es sich um einen unselbständigen Fonds handelt – nur in der Tabelle I erscheinen, um rechtlich unselbständige Einrichtungen gehandelt haben. Das betrifft in einem besonderen Maße diejenigen Einrichtungen, bei denen in der Spalte 3 lediglich auf eine Ruhegehalts- oder Fürsorge-Ordnung oder auf die Gewährung von Pensionen oder Unterstützungen hingewiesen wird. In den Fällen, in denen der Hinweis auf das Vorhandensein einer Kasse oder eines Fonds fehlt, wurden vermutlich die Pensionen unmittelbar zu Lasten der laufenden Mittel gezahlt.

Ob die Pensionseinrichtungen allen Angestellten oder nur einem begrenzten Kreis offen standen oder ob sogar eine Pflichtmitgliedschaft bestand, läßt sich aus den Tabellen und den dazugehörigen Ausführungen nicht erkennen. Für einige Unternehmen wurde besonders erwähnt, daß die Pensionseinrichtung nur noch für einen geschlossenen Kreis von Angestellten bestand und demnach eine Abwicklung vorgesehen war, so für Teutonia, Deutscher Phönix, Preußische Leben, Allianz, Germania und Süddeutsche Rück[433].

Bei drei Gesellschaften, die 1913 gemeinsam die Duncker'sche Pensionskasse errichtet hatten (s. Tabelle I, Nr. 12, 24 und 25), diente – wie oben bereits erwähnt – die Pensionseinrichtung nur denjenigen Angestellten, die aufgrund der Höhe ihres Gehalts nicht mehr versicherungspflichtig waren.

433 Teutonia wurde 1920 mit der Nordstern Leben, Phönix 1923 mit der Allianz und die Preußische Leben 1923 mit der Berlinischen fusioniert. Vermutlich wird die Abwicklung der alten Pensionseinrichtungen bei diesen Gesellschaften auf die jeweiligen Fusionsabsichten zurückzuführen sein, und nicht auf die Einführung der Angestelltenversicherungspflicht, wie es vom Arbeitgeberverband auf S. 7 seiner Ausführungen über die Pensionseinrichtungen dargestellt wird. Letzteres trifft für die Allianz, die Germania und die Süddeutsche Rück zu. Allerdings hat Allianz 1923 als neue Pensionseinrichtung die Allianz Versorgungskasse ins Leben gerufen. Germania gab ihrer Pensionskasse 1920 eine neue Satzung, die jedoch nur für den geschlossenen Mitgliederkreis galt; Germania, Satzung der Pensionskasse von 1921, § 3.

In fast allen Unterstützungseinrichtungen waren satzungsmäßig die Aufbringung der erforderlichen Mittel und ihre Leistungen festgelegt. Lediglich in vier Fällen lagen die Pensions-, bzw. Unterstützungszahlungen im freien Ermessen der Gesellschaften, d.h. des Direktoriums oder sogar des Verwaltungsrates; offensichtlich hatten sich diese Gesellschaften nach der Verkündung des Versicherungs-Gesetzes für die Angestellten auf die Unterstützung ihrer Angestellten von Fall zu Fall zurückgezogen.

Die Aufbringung der für die Versorgungsleistungen erforderlichen Mittel lag bei den „Unterstützungseinrichtungen ohne Beiträge der Angestellten" natürlich ausschließlich bei den Versicherungsgesellschaften. Aber auch bei den Unterstützungseinrichtungen mit Beiträgen der Angestellten trugen die Gesellschaften den weit überwiegenden Anteil an der Aufbringung der erforderlichen Mittel. Bei diesen Pensionseinrichtungen waren die Zuwendungen der Gesellschaft meist mit einem Mehrfachen der Beiträge der Kassenmitglieder oder einem Prozentsatz, der sich auf die Gehaltssumme der Kassenmitglieder bezog, festgelegt. Zusätzlich oder auch ausschließlich wurden Sonderzuwendungen erbracht, die entweder betragsmäßig fixiert waren oder – wenn dies nicht der Fall war – in Abhängigkeit vom jeweiligen Jahresergebnis standen. Letzteres dürfte bei den Versorgungseinrichtungen ohne Beiträge der Angestellten die Regel gewesen sein; aber auch hier gab es Fälle, bei denen die Dotationen in Abhängigkeit von der Gehaltssumme der Kassenmitglieder standen (s. Tabelle I, Nord-Deutsche und Schlesische Leben).

Die Beiträge der Angestellten setzten sich aus verschiedenen Komponenten zusammen. Neben dem laufenden Beitrag, der in einem Prozentsatz des Monatsgehalts berechnet und von diesem abgezogen wurde, war in der Regel ein einmaliger Beitrag bei Gehaltserhöhungen zu zahlen; dieser belief sich überwiegend auf zwei Monatsbeträge der Zulage. Mehrere Versorgungseinrichtungen verlangten ein Eintrittsgeld, das in einem Prozentsatz des Monats- oder auch Jahresgehalts – häufig ein halbes Monatsgehalt – zu zahlen war. In einem Fall wurde auch ein Sonderbeitrag in Höhe eines Monatsgehalts im Falle der Verehelichung verlangt.

Die von den Angestellten zu leistenden laufenden Beiträge zeigten zwischen den einzelnen Versorgungseinrichtungen erhebliche Unterschiede. Die Spannweite der Beiträge reichte von 2 bis 10,5% der jeweiligen Gehälter. In einer Reihe von Fällen bestanden Staffelungen, die von der Höhe des Gehalts oder von der Dauer der Zugehörigkeit zur Pensionskasse abhingen.

Bei mehreren Pensionskassen (s. Tabelle II, Nr. 4, 7, 28, 13, 33, 35 und 41) wurden auch weibliche Kassenmitglieder aufgenommen. Damit war offensichtlich bei einigen Unternehmen bereits vor Beginn des Ersten Weltkrieges ein Durchbruch in der Anerkennung der weiblichen Angestellten als gleichberechtigte Arbeitskräfte eingetreten.

Bemerkenswert ist es, daß bei der Germania auch noch nach der Pensionierung ein Beitrag, und zwar von 4% der Pension, verlangt wurde, solange eine pensionsberechtigte Ehefrau oder unterstützungsberechtigte Kinder noch lebten[434]. Eine ähnliche

434 Germania, Satzung der Pensionskasse von 1921, § 6. Es kann wohl davon ausgegangen werden, daß diese Bestimmung auch schon in den vorhergehenden Satzungen vorhanden war.

Bestimmung bei der Allgemeinen Rentenanstalt war dort bereits vor dem Kriege aufgehoben worden.

Der Anspruch auf Pensions- bzw. Invaliditätsleistungen begann bei den *beitragsfreien Versorgungseinrichtungen* nach Ablauf von 10 Dienstjahren. Lediglich zwei Gesellschaften sahen einen abweichenden Beginn vor; die Leipziger Feuer verlangte fünf Dienstjahre und die Leipziger Leben in bestimmten Fällen sogar nur ein Jahr.

Bei Leistungsbeginn nach 10 Dienstjahren reichten die Pensionszahlungen von 25 bis 40% des letzten Gehalts. Bei den beiden vorgenannten Gesellschaften mit einem früheren Leistungsbeginn wurden im ersten Jahr 3, bzw. 10% des Gehalts gezahlt; da die Pensionen in Abhängigkeit von der Dauer der aktiven Dienstzeit stiegen, wurde bei einer Pensionierung nach 10 Dienstjahren bei diesen beiden Gesellschaften in etwa das gleiche Niveau wie bei der Mehrzahl der Gesellschaften erreicht. Dieses Niveau lag zwischen 25 und 33¹/₃% des letzten Gehalts; lediglich drei Gesellschaften begannen nach 10 Dienstjahren bereits mit einer Pension von 40% des Gehalts (Gothaer Feuer und Leben, Stuttgarter Leben).

Bei allen Gesellschaften stiegen die in Aussicht gestellten Pensionen mit zunehmendem Dienstalter zwischen 1 bis 2% jährlich an; in einigen Fällen bestand zunächst eine höhere Steigerungsrate, die dann im höheren Dienstalter zurückging. Dieser Zuwachs in der Pensionsanwartschaft war bei allen Gesellschaften begrenzt; die höchste Pension wurde grundsätzlich nach 40 Dienstjahren mit 75% des letzten Gehalts erreicht. In drei Fällen ergab sich das höchste Pensionsniveau bereits nach 30 Dienstjahren, und zwar mit 55% des Gehalts (Stuttgarter Leben), 70% (Gothaer Leben) und 75% (Union Berlin).

Von der Stuttgarter Leben wurden zwei Varianten angegeben, von denen eine nach 46 Dienstjahren eine Pension von 100% des letzten Gehalts vorsah.
Die Pensionskasse der Berlinischen Leben, die in den obigen Tabellen nicht erfaßt ist, sah nach 10 Dienstjahren eine Pension von 30% des Gehalts vor; sie stieg nach jedem weiteren Jahr um 2% bis zu maximal 90%, limitiert auf 6.000 M. Die Finanzierung der Leistungen lag ausschließlich bei der Gesellschaft[435].

Die Bezugnahme auf das Gehalt wurde bei einigen Gesellschaften insoweit differenziert, als sie ein sogenanntes pensionsfähiges Gehalt einführten. Hierunter wurde meistens das monatliche Grundgehalt – ohne Funktions-, Teuerungs- und ähnliche Zulagen – verstanden. Diese Eingrenzung der Bezugsbasis für die Pension gewann an Bedeutung, als im Jahre 1919 der Reichstarifvertrag für die Versicherungswirtschaft zu einer allgemeinen Anhebung der Gehälter führte, der die Gesellschaften bei der Bemessung der gehaltsabhängigen Pensionen nicht folgen wollten.

Eine Reihe von Gesellschaften limitierte die pensionsfähigen Gehälter und damit auch die Pensionen auf bestimmte Beträge. Die Höchstpensionen lagen demzufolge meist unter 5.000 M; eine Ausnahme bildete die Kölnische Unfall mit einer Höchstpension von 9.000 M.

Der Beginn der Pensionsleistungen nach 10 Dienstjahren mit 25–33¹/₃% des Gehalts und die Steigerung auf 75% nach 40 Dienstjahren entsprach beamtenrecht-

435 Berlinische Leben, Satzung der Pensions-Kasse von 1913, § 13.

lichen Grundsätzen. Die exakte Anpassung an das Niveau der Staatsbeamten hatten vier Gesellschaften vollzogen, indem sie die Pensionsbestimmungen für die mecklenburgischen nichtrichterlichen, der königlich sächsischen oder der preußischen Beamten übernahmen. Andererseits waren aber auch vier Gesellschaften vorhanden, die über die Leistungen ihrer beitragsfreien Pensionseinrichtungen nach freiem Ermessen entschieden; offensichtlich war hier noch patriarchalischer Fürsorgecharakter dominierend.

Die *Pensionseinrichtungen, bei denen auch die Angestellten Beiträge zu zahlen hatten* – s. Tabelle II –, wiesen einen früheren Beginn der möglichen Pensionsleistungen auf als die beitragsfreien Pensionskassen. Nach vier bis sechs Dienstjahren konnten bei der Mehrzahl der Gesellschaften erstmalig Pensionszahlungen fällig werden, die von 12,5% des Gehalts bei den meisten Gesellschaften bis zu 50% bei der Bayerischen Versicherungs-Bank reichten. Zwei Gesellschaften sahen Pensionsleistungen bereits nach einem Dienstjahr in Höhe von 12,5 bzw. 30% des Gehalts vor. Andererseits gab es sechs Gesellschaften, die eine zehnjährige Dienstzeit für eine Pensionszahlung voraussetzten, die dann zwischen 25 und 40% lag.

Auch bei diesen beitragspflichtigen Pensionskassen wuchs die Pensionsanwartschaft jährlich in der Regel um 1 bis 2% des Gehalts an. Das Maximum der möglichen Pension wurde jedoch überwiegend bei einem früheren Dienstalter als bei den beitragsfreien Pensionseinrichtungen erreicht, nämlich bereits nach 30 bis 35 Dienstjahren; die Bayerische Versicherungs-Bank sah die Höchstpension von 80% bereits nach 24 Dienstjahren vor. Andererseits gab es 5 Gesellschaften, bei denen die Höchstpension eine Dienstzeit von 39 bzw. 40 Jahren voraussetzte.

Überwiegend wurden 75% des Gehalts bzw. des pensionsfähigen Gehalts als Pension gezahlt. Einige wenige Gesellschaften lagen mit 80, 90 oder 100% – Janus Wien sogar mit 120% (des vermutlich pensionsfähigen Gehalts) – darüber. Bei fast allen Pensionseinrichtungen war die Pension betragsmäßig begrenzt, wobei 4.500 M dominierte, aber auch 8.000 M war mehrfach das Limit. Das Maximum lag bei 9.000 M. Lediglich eine Gesellschaft richtete sich in ihren Leistungen nach den Bestimmungen für Staatsbeamte. Bei vier Gesellschaften wurden die Leistungen nicht aufgeführt.

Ein Vergleich der beitragsfreien mit den beitragspflichtigen Versorgungseinrichtungen zeigt, daß die Pensions- bzw. Invaliditätsleistungen bei den beitragspflichtigen Pensionskassen früher einsetzten und auch früher ihr Maximum erreichten, daß aber der Leistungsunterschied nicht sehr groß war. Zwar lagen die betragsmäßigen Limite bei den beitragspflichtigen Kassen etwas höher; dafür bot aber eine nicht geringe Zahl der beitragsfreien Kassen eine zwar prozentual, aber nicht betragsmäßig begrenzte Pension.

Offen ist bei diesem Vergleich die Anrechnung der Beiträge an die RfA und ihre Leistungen. Nur für wenige Pensionskassen sind hierüber Angaben in den Tabellen gemacht worden. Nach den Ausführungen des Arbeitgeberverbandes hatten die Gesellschaften selbst oder ihre Pensionseinrichtungen es übernommen, sowohl die Arbeitgeber- wie auch die Arbeitnehmerbeiträge ihrer Angestellten an die RfA abzuführen; in einigen Fällen würde den versicherungspflichtigen Angestellten ein entsprechender Nachlaß in ihren Prämien zu der Ruhegehaltskasse der Gesellschaft gewährt. Als Ersatz- oder Zuschußkassen im Sinne des Angestelltenversicherungs-Gesetzes wurden lediglich die Pensionskassen der Concordia Feuer, der Concordia Leben und der Süddeutschen Rück aufgeführt[436].

In beiden Gruppen wurde je ein Unternehmen aufgeführt, das die Altersversorgung seiner Angestellten über Lebensversicherungsverträge vornahm, und zwar unter den beitragsfreien Unterstützungseinrichtungen die ausländische Zürich mit einem kurzen Hinweis auf ihr Versorgungswerk und unter den beitragspflichtigen die Victoria[437].

Zu den Gesellschaften, die eine Lebensversicherung ihren Angestellten als Altersversorgung boten und in den Tabellen nicht aufgeführt sind, gehörte die Nordstern Leben, deren Unterstützungseinrichtungen 1885 ins Leben gerufen worden sind[438].

Mit der Pension des Angestellten war fast ausnahmslos im Fall seines Todes eine Versorgung seiner Hinterbliebenen verbunden. Diese Witwen- und Waisenpension belief sich auf einen Prozentsatz der Pension des Verstorbenen, in einigen Fällen auch seines letzten Gehalts. Bei den beitragsfreien Pensionskassen lag dieser Prozentsatz bei 40 oder 50% der Angestelltenpension, in einigen wenigen Fällen nur zwischen 20 und 33¹/₃%. Die beitragspflichtigen Pensionskassen sahen überwiegend eine Witwenpension in Höhe von 50%, in drei Fällen sogar von 60% der Angestelltenpension vor; allerdings waren auch hier etliche Fälle zu verzeichnen, bei denen sich die Witwenpension zwischen 20 und 33¹/₃% bewegte. Insgesamt gesehen lagen auch hier die Witwenpensionen der beitragspflichtigen über denen der beitragsfreien Pensionskassen.

Bei drei beitragspflichtigen Versorgungseinrichtungen handelte es sich um reine Witwen- und Waisenkassen, zu denen die Angestellten Beiträge in Höhe von 2–3% ihres Gehalts zahlten. Die Pensionsansprüche der Witwen waren auf 33¹/₃% des Angestelltengehalts und betragsmäßig auf 1.200, 1.800 und 2.000 M begrenzt.

Die Waisenunterstützung wurde in der Regel in Prozent der Witwenpension berechnet, wobei Vollwaisen eine höhere Rente erhielten als Halbwaisen. In keinem Fall durfte jedoch die Witwen- und Waisenrente die Pension bzw. den Pensionsanspruch des Angestellten übersteigen.

Die Rentenhöhe bei der Waisenversorgung war – insbesondere bei den beitragspflichtigen Pensionskassen – außerordentlich vielgestaltig und schwankte zwischen 20 und 40% der Witwenpension, bei Vollwaisen zwischen 30 und 50%. Gegenüber den Feststellungen des Aufsichtsamtes für 1907 war das Niveau der Waisenrenten gestiegen[439].

436 Die auf S. 94 erwähnte Ersatzkasse der Münchener Rück wird in Tabelle II nicht aufgeführt.
437 Vgl. S. 59f.
438 Vgl. S. 58f.
439 Vgl. S. 85.

3.2.2.7 Die Inflation 1923

Die Anhebung der Versicherungspflichtgrenze von ursprünglich 5.000 M über 7.000 ab 1. September 1918 auf 15.000 M ab 31. Mai 1920 und die Erhöhung des gesamten Gehaltsniveaus durch den Reichstarifvertrag offenbarten bereits die kriegsbedingte Geldentwertung, die sich nach Kriegsende fortsetzte und in den Jahren 1922 und 1923 in eine heiße Inflationsphase überging.

Mit der galoppierenden Inflation brach das Versicherungsgeschäft insbesondere im Bereich der Personenversicherungen zusammen. Die vereinbarten Versicherungssummen waren nach dem Nominalwertprinzip Mark = Mark wertlos geworden. Es lohnte sich nicht mehr, Beiträge einzusammeln und zu verwalten. Die Bearbeitung des einfachen Geschäftes wurde aufgegeben; kleine Lebensversicherungsunternehmen und Sterbekassen mußten ihren Betrieb einstellen[440]. Damit war zwangsläufig ein erheblicher Personalabbau verbunden.

Von den 560 vollbeschäftigten Mitarbeitern der Gothaer Leben im Juli 1922 waren im November 1923 nur 77 geblieben und auch diese nur mit halber Arbeitszeit[441]. Die Leipziger Leben hatte im September 1922 noch einen Personalbestand von 610 Personen, der sich bis zum Februar 1924 auf 133 verminderte[442]. Bei der Karlsruher Leben belief sich der Personalbestand im September 1922 auf 412 Angestellte; Ende 1923 wurden nur noch 100 Personen beschäftigt[443].
Beispielhaft sei hier aus einem anderen Dienstleistungsbereich erwähnt, daß bei dem Beamtenversicherungsverein der Banken die Mitgliederzahl im Jahre 1923 noch 160 000 Personen betrug, aber 1924 nicht einmal mehr die Hälfte ausmachte[444].

Die Inflation hat also in dem personellen Bestand der Versicherungsunternehmen einen beträchtlichen Einschnitt verursacht; damit waren natürlich auch erhebliche Auswirkungen auf das Beitragsaufkommen und auf die Leistungsverpflichtungen der betrieblichen Pensionskassen verbunden. Aber sehr viel wesentlicher waren durch die Inflation ihre Kapitalanlagen betroffen. Diese bestanden entsprechend den gesetzlichen Vorschriften nahezu ausschließlich aus festverzinslichen Wertpapieren, d.h. im wesentlichen aus Staatsanleihen und in Hypotheken, die im Hinblick auf den damit verbundenen Arbeitsaufwand anlagemäßig jedoch seltener Berücksichtigung fanden[445]. Aufgrund ihres Nominalwertcharakters war das Vermögen der Pensionseinrichtungen praktisch wertlos geworden.

Das Gleiche galt natürlich auch für die auf Nominalwertbasis beruhenden Pensionen. Einige Gesellschaften sperrten daher den Neuzugang zu ihrer Pensionskasse, und es durfte für die laufenden Mitgliedschaften keine weitere Steigerung über die bis

440 Arps, Durch unruhige Zeiten, 1965, S. 407.
441 Ullrich, Hans, Der Währungsverfall, die Aufwertung und der Wiederaufbau bei den deutschen Lebensversicherungsgesellschaften, Jahrbücher für Nationalökonomie und Statistik, III. Folge 70. Band II, Jena 1926, S. 126; zit. nach Arps, Durch unruhige Zeiten, 1965, S. 320.
442 Alte Leipziger, 1830–1930, S. 72.
443 Karlsruher, 1835–1935, S. 91 und 100.
444 Arps, Durch unruhige Zeiten, 1965, S. 320.
445 Kammann, Wiederaufbau, 1928, S. 24.

zum 31. Dezember 1922 erworbenen Ansprüche hinaus erfolgen[446]. Beitrags- und Rentenzahlung waren zum Teil schon in der ersten Hälfte des Jahres 1923, jedenfalls aber in der Hochinflation zum Erliegen gekommen[447]. Soweit die betrieblichen Unterstützungseinrichtungen ihre Leistungen aus eigenem Vermögen finanzierten, standen sie zum Jahresbeginn 1924 am Ende ihrer Existenz; die Pensionsberechtigten waren somit hinsichtlich ihrer weiteren Altersversorgung auf das Vermögen und die Bereitschaft ihrer Gesellschaften zur Übernahme der Rentenzahlungen angewiesen[448,449].

3.2.3 Von 1924 bis 1948

3.2.3.1 Die Währungsneuordnung 1924

Die Währungsneuordnung zu Beginn des Jahres 1924 führte zunächst zu einer Umstellung von 1 Billion Papiermark zu 1 Rentenmark, d.h. praktisch zur Vernichtung aller Nominalwertansprüche. Mit der Steuernotverordnung vom 14.2.1924 und vor allem mit dem Aufwertungs-Gesetz vom 16.7.1925 wurden jedoch gewisse Besserungen verordnet. Insbesondere wurden die Hypotheken mit 25% aufgewertet; aber auch die Anleihen des Reichs, der Länder und der Gemeinden erfuhren eine Aufwertung. Auf dieser Basis wurden die noch vorhandenen Vermögenswerte ermittelt und diese in ein Verhältnis zu dem Betrag gestellt, der für eine volle Erfüllung der Versicherungsverpflichtungen notwendig gewesen wäre. Nach diesem Verhältnis wurde die Aufwertungsquote errechnet. Infolge der unterschiedlichen Zusammensetzung der Kapitalanlagen bewegten sich die Aufwertungsquoten bei den Beständen der Lebensversicherungsunternehmen – und damit auch der Pensionseinrichtungen – zwischen 8% und 34%, das gewogene Mittel lag bei 16,2%[450]. Die Aufwertungsquote für den Gesamtbestand war dann maßgeblich für den Aufwertungsanteil der einzelnen Versicherungen.

Bei der Leipziger Leben und bei der Hannoverschen Leben wurde der Aufwertungsanteil der einzelnen Versicherung bei geringer Höhe sofort an den Versicherungsnehmer ausgezahlt oder anderenfalls zur Bildung einer neuen beitragsfreien Versicherung verwandt[451].

446 Germania ab 1. Juli 1921 gemäß § 3 der Satzung von 1921 und Iduna ab Ende 1922 (Erläuterungen zur Umstellungsrechnung, Gruppe 2).

447 Kammann, Wiederaufbau, 1928, S. 24.

448 Die Pensionskasse der A. u. M. Feuer verlor im Laufe der Inflation ihr gesamtes Stiftungsvermögen und mußte daraufhin ihre Zahlungen einstellen, die jedoch auf freiwilliger Basis von der A. u. M. Feuer übernommen wurden; von Koppen, A. u. M. Feuer, S. 11; vgl. auch die Ausführungen auf S. 112.

449 Die Pensionskasse der Münchener Rück war am Ende der Inflation mittellos; die Pensionszahlungen für die Angestellten der Münchener Rück übernahm die Gesellschaft; 50 Jahre Versorgungskasse, S. 8; vgl. auch S. 111f.

450 Schwarzburg, Versicherungswirtschaft, 1958, S. 379.

451 Leipziger Leben, 1830–1930, S. 68 und Hannoversche Leben 1875–1950, S. 19.

Das Aufwertungsgesetz unterschied in seiner Durchführungsverordnung vom 8. Juli 1926 zwischen Pensionskassen, die als Versicherungsverein auf Gegenseitigkeit gesetzmäßig eingerichtet waren, und den sog. Betriebspensionskassen, denen als betriebliche Versorgungseinrichtungen entweder das Merkmal des Rechtsanspruchs oder der Rechtsfähigkeit oder beides fehlte (Pensionsfonds, Pensionsrücklagen, Pensionsstiftung, Unterstützungsfonds). Für diese Betriebspensionskassen galt nicht die gesetzliche, sondern eine individuelle, gesetzlich nicht begrenzte Aufwertung[452]. Aber bezogen auf das Deckungsvermögen, das den Fonds, Rücklagen oder Stiftungen zur Verfügung stand, war natürlich auch den betrieblichen Pensionseinrichtungen die finanzielle Basis entzogen.

Das verbliebene Vermögen reichte nicht aus, um daraus die bereits laufenden Renten zu zahlen. Zur Abdeckung der Ansprüche der älteren noch aktiv tätigen Beamten, an denen der Betrieb ein besonderes Interesse haben mußte, waren keine Werte übrig geblieben. Da die Unternehmen selbst alle Reserven verloren hatten, konnten auch sie keine Mittel ihren Pensionseinrichtungen zur Verfügung stellen[453]. Die Währungsneuordnung mit ihren harten Kapitalschnitten führte daher bei vielen rechtsfähigen betrieblichen Pensionskassen zur Auflösung.

Nur ein recht bescheidener Teil erstand wieder mit vollwertigen Leistungen und einigermaßen zureichenden Beiträgen[454]. Einige wenige hatten zwar die Beiträge in der ursprünglichen satzungsmäßigen Höhe bei Arbeitgebern und Arbeitnehmern erneut in Kraft gesetzt, jedoch die Leistungen nur für eine Quote der seit dem Wiederbeginn aufkommenden Beiträge zugesagt; die Erfüllung der vor der Stabilisierung erworbenen Ansprüche wurde von der versicherungstechnischen Entwicklung abhängig gemacht. Andere Pensionskassen sicherten nur diejenigen Leistungen zu, die aus den seit der Stabilisierung von den Arbeitnehmern geleisteten Beiträgen quotenmäßig erwuchsen, und gaben aus den Arbeitgeberbeiträgen, die davon rechnungsmäßig getrennt gehalten wurden, Ergänzungszuschüsse ohne Rechtsansprüche. In einigen wenigen Fällen wurde die Pensionskasse trotz Einbuße des gesamten Vermögens „mit den vorkrieglichen Beiträgen und Leistungsnormen“ einfach weitergeführt, nachdem der Arbeitgeber sich für die dauernde Erfüllung dieser Leistungen verbürgt hatte[455].

Eine besondere Position nahmen die 11 betrieblichen Pensionskassen ein, die nach dem Versicherungsgesetz für Angestellte als Ersatzkassen zugelassen waren. Als Ersatzträger der öffentlichen Versicherung konnten sie ihre Funktionen auch nicht einmal vorübergehend einstellen. Stufenweise haben sie sich mit Beiträgen und Leistungen in dem Raum zwischen den gesetzlichen Mindestanforderungen und den alten satzungsmäßigen Leistungsnormen wieder eingerichtet[456].

Da sich die Feststellung des Vermögens der Pensionskassen bis in die 30er Jahre erstreckte und damit ihre Vermögenslage auf lange Zeit ungeklärt blieb, wurden von einer Reihe von Versicherungsgesellschaften, die ihren Belegschaften eine Alters-

452 Kammann, Wiederaufbau, 1928, S. 23.
453 Ebenda, S. 27.
454 Ebenda, S. 24.
455 Ebenda, S. 24.
456 Ebenda, S. 24f.

versorgung weiterhin zukommen lassen wollten, neue Versorgungseinrichtungen als Nachfolgeinstitute gegründet. Dabei führten die Erfahrungen der Inflationszeit dazu, daß manche Unternehmen die Rechtsform der rechtsfähigen betrieblichen Pensionskasse mit Rechtsansprüchen ihrer Mitglieder wieder aufgaben. Das Risiko, das sich aus den Rechtsansprüchen der Mitglieder bei erneutem Vermögensverfall für sie ergeben könnte, erschien ihnen zu groß. Zum Teil blieb bei den alten Kassen die Abwicklung der laufenden Pensionen, während für die laufenden und neuen Pensionsanwartschaften neue Kassen ohne Rechtsansprüche seitens der Betriebsangehörigen gegründet wurden.

Bei der Münchener Rück dauerte die endgültige Feststellung der Aufwertungsquote aufgrund eines langdauernden Prozesses mit einer Gemeinde bis zum Jahre 1933; sie betrug für die sogenannten Altpensionäre, die sich am Jahresanfang 1924 bereits im Ruhestand befanden, 12,2% und für die aktiven Mitglieder 20,1% des rechnungsmäßigen Deckungskapitals. Für die Altpensionäre hatte die Münchener Rück seit dem Jahresende 1923 freiwillig die Pensionszahlungen der Pensionskasse übernommen und diese bis nach dem Zweiten Weltkrieg fortgesetzt. Die aktiven Mitglieder der alten Pensionskasse wurden von einer im Jahre 1923 neugegründeten Versorgungskasse übernommen; dabei wurden die bereits bei der Pensionskasse erworbenen Beitragsjahre bei der Berechnung des Ruhegeldes voll angerechnet[457]. Die neue Versorgungskasse hatte die Form des nichtrechtsfähigen Vereins. Ein Rechtsanspruch wurde ausgeschlossen. Allerdings trafen die Münchener Rück und die neue Kasse eine Garantievereinbarung, nach der die Gesellschaft verpflichtet war, der neuen Kasse Zuschüsse in solcher Höhe zu leisten, daß diese die jeweils fälligen Leistungen decken konnte. Im Rahmen eines Umlageverfahrens hatten die Mitglieder 5% des pensionsfähigen Gehalts zu zahlen; der zu zahlende Betrag verminderte sich um den Beitrag an die RfA. Die neue Satzung sah im übrigen eine Herabsetzung des Pensionsalters von 70 auf 65 Jahre und eine Anhebung des höchstzulässigen Eintrittsalters der weiblichen Mitglieder von bisher 30 auf nunmehr 40 Jahre vor. In diese neue Kasse wurden die Mitglieder der alten Versorgungskasse ohne weiteres übernommen[458].

Auch die „Pensionskasse der Beamten und Bediensteten der Allianz-Versicherungs-Actien-Gesellschaft", die in der Rechtsform eines Versicherungsvereins auf Gegenseitigkeit gegründet worden war, mußte aufgelöst werden, nachdem ihr Anlagevermögen durch die Inflation nahezu vollständig verloren gegangen war. An ihre Stelle wurde in 1924 die „Allianz Versorgungskasse (AVK)" in der Rechtsform eines nichtrechtsfähigen Vereins ins Leben gerufen; sie übernahm das aus der Liquidation der alten Kasse verbliebene Restvermögen von rd. 140.000 RM[459]. Die Mitglieder der bisherigen Pensionskasse wurden geschlossen in diese neue Kasse überführt[460]. Ihre Leistungen blieben „um ein geringes" hinter denen der alten Kasse zurück[461]. Im Umlageverfahren wurden zunächst 5%, später 6% des pensionsfähigen Gehalt als Beitrag erhoben[462]. Damit die Versorgungskasse ihre laufenden Pensionsverpflichtungen erfüllen konnte, leisteten die Allianz-Gesellschaften – wie auch schon zu der vorhergehenden Pensionskasse – die erforderlichen Zuschüsse. Darüberhinaus verpflichteten sie sich in einem Garantievertrag vom 25. März 1925, für die satzungsmäßigen Leistungen an ihre jeweiligen Angestellten, denen keine Rechtsansprüche gegenüber der neuen Versorgungskasse eingeräumt waren, aufzukommen[463].

Bei der Pensionskasse der Germania zu Stettin betrug die Aufwertungsquote nur 13% und führte damit zu völlig unzulänglichen Renten. Die Gesellschaft sah sich daher, obwohl sie nach der Satzung eine

457 Münchener Rück, 50 Jahre Versorgungskasse, S. 9.
458 Ebenda, S. 10.
459 Allianz, Beitrag Schäfer über die Versorgungskasse, S. 8.
460 Allianz, Interner Vermerk, S. 1.
461 Allianz, 1890–1940, S. 217.
462 Allianz, Interner Vermerk, S. 1.
463 Ebenda, S. 2.

Garantie für die Verbindlichkeiten der Kasse nicht übernommen hatte, veranlaßt, eine Verbesserung der Renten herbeizuführen. Sie zahlte neben den Aufwertungsleistungen der Kasse einen Zuschuß von 40% des ursprünglichen Nennbetrages der Pensionen; zur Sicherstellung wurde bei der Gesellschaft ein Zuschuß-Fonds gebildet. Da in manchen Fällen auch diese Regelung noch nicht zu befriedigenden Pensionen geführt hatte, sah sich die Gesellschaft veranlaßt, zu ihrer Verbesserung Rentenzuschüsse zu geben. „Ein Rechtsanspruch auf diese Sonderzuschüsse bestand zwar formal nicht, man war sich schon damals darüber im Klaren, daß praktisch keine Möglichkeit bestand, die Zuschüsse wieder aufzuheben oder zu kürzen". Die Pensionskasse wurde jedoch infolge der Verbesserung der Sterblichkeitsrate und des niedrigen Marktzinsniveaus erneut notleidend, so daß sie sich nicht einmal in der Lage sah, die aus der niedrigen Aufwertungsquote zu erbringenden Pensionen dauernd sicherzustellen. Es wurde deshalb zum 31. Dezember 1934 die Auflösung der Pensionskasse und die Übertragung ihrer Vermögenswerte und Verpflichtungen auf die Iduna-Germania-Leben zu Berlin beschlossen, wobei die Gesellschaft die Deckung des Fehlbetrages der Pensionskasse übernahm. Hierbei erhielten die einzelnen Berechtigten einen Rentenversicherungsschein der Iduna-Germania, in dem neben der Aufwertungsleistung der Pensionskasse auch der unmittelbar von der Gesellschaft gewährte Zuschuß verbrieft wurde[464].

Bei der A. u. M. Feuer hatte sowohl die Pensions- als auch die Witwenkasse in der Inflation ihr gesamtes Vermögen verloren. Jedoch zahlte die A. u. M. die Pensionen in voller Höhe aus eigenen Mitteln weiter. 1932 wurde eine neue Versorgungskasse gegründet. Diejenigen Angestellten, die wegen fortgeschrittenen Alters (über 50 Jahre) nicht mehr der neuen Kasse beitreten konnten, blieben Mitglieder der alten Kasse, bei denen ein aufgewerteter Hypotheken- und Wertpapierbesitz vorhanden war. Es handelte sich im Jahre 1933 bei der Witwenkasse noch um 175 Mitglieder nebst 51 pensionsberechtigten Witwen und bei der Pensionskasse um 131 Mitglieder nebst 58 Pensionären. Mit den sich hieraus ergebenden alten Versorgungsverpflichtungen wurde also die neue Versorgungskasse nicht belastet[465].

Bei der Württfeuer waren von der Beamtenpensionskasse, die am Jahresende 1921 noch 1,2 Mio. M Vermögen auswies, zu Beginn des Jahres 1924 noch rd. 0,2 Mio. RM verblieben[466]. Der Aufsichtsrat beschloß daher im März 1924 eine Neuregelung der Ruhegehälter der Altpensionäre mit der Maßgabe, daß eine Rechtspflicht der den Pensionären zustehenden Papiermarkbezüge nicht anerkannt wurde. „Der Vorsitzende des Aufsichtsrates (wurde) jedoch ermächtigt, zur Ausgleichung von Härten in einzelnen Fällen die Bezüge herauf- oder herunterzusetzen, sowie auch eine angemessene Erhöhung derselben für den Fall anzuordnen, daß die Erhöhung der staatlichen Pensionsbezüge dies als wünschenswert erscheinen lassen sollte[467]. Im April 1925 hat dann der Aufsichtsrat die Bezüge der Pensionäre auf durchschnittlich 75% der „Friedenspension", jedoch weiterhin ohne Anerkennung einer rechtlichen Verpflichtung, angehoben. Zugleich wurde eine „Umgestaltung bzw. Neunormierung" des Pensionskassenstatuts beschlossen[468].

Bei der Berlinischen Leben wurden nur die rechtlich selbständigen Pensionskassen der ehemaligen Deutschen Militärdienst und der Preußischen Leben, die im Rahmen von Fusionen in den Jahren 1915 und 1923 von der Berlinischen Leben übernommen waren, wieder aktionsfähig gemacht; der von ihnen betreute Personenkreis war jedoch nicht sehr groß. Dagegen wurde die ursprüngliche Pensionskasse der Berlinischen Leben mit den Fonds für die Beamten und die General-Agenten nicht wieder ins Leben gerufen. Die Gesellschaft bezahlte die Pensionen und Unterstützungen ab 1928 aus den laufenden Mitteln, und zwar in Höhe von 90% der Pensionen mit einer Indexklausel von 5%. Eine neue umfassende Lösung wurde erst aus Anlaß der Hundertjahrfeier der Berlinischen Leben im Jahre 1936 mit einer Werksgemeinschaftsversicherung geschaffen[469].

464 Iduna, Erläuterungen zur Umstellungsrechnung, Gruppe 1.
465 von Koppen, A. u. M. Feuer, S. 11.
466 Württfeuer, Bilanzen 1921 und 1924.
467 Württfeuer, Aufsichtsrats-Protokoll vom 15. März 1924.
468 Württfeuer, Aufsichtsrats-Protokoll vom 29. April 1925.
469 Berlinische Leben, Chronik, 1836–1961, S. 198.

Bei der Pensionskasse der Thuringia waren 1928 die durch die Inflation entstandenen Schäden überwunden, und die Gesellschaft sah sich in der Lage, „in absehbarer Zeit ihre satzungsmäßigen Leistungen wieder voll zu erfüllen“[470].
Auch bei der Preußischen National war nach der Inflation das Fortbestehen der rechtlich selbständigen Pensionskasse nicht mehr gewährleistet. Sie wurde mit sämtlichen Aktiven und Passiven auf die „National“ Allgemeine Versicherungs-Aktien-Gesellschaft übertragen. Von dieser Gesellschaft wurden die Ruhegehälter zunächst verkürzt und ab 1929 wieder in vollem Umfang ausgezahlt. Grundsätzlich erhielten alle Festangestellten des Innen- und Außendienstes bei ihrem Ausscheiden bei Vollendung des 65. Lebensjahres oder dauernder Berufsunfähigkeit eine Pension. Im Jahre 1929 wurde die Altersversorgung auf den Abschluß von Lebensversicherungen umgestellt[471].
Der Witwen- und Waisenversorgungsverein der Gothaer Feuer verlor ebenfalls in der Inflation sein Vermögen; die Versorgungsleistungen wurden von der Gesellschaft aus laufenden Mitteln bestritten[472].
Die Allgemeine Rentenanstalt wollte die Frage der Aufwertung der Pensionärsrenten „nicht allein unter rechtlichen, sondern auch unter allgemeinen sozialen Gesichtspunkten behandeln und (hat) deshalb unter Berücksichtigung dessen, daß auch andere hiesige Institute eine verhältnismäßige Aufwertung (der) Pensionsansprüche zugestanden haben, eine Aufwertung von 80% ins Auge gefaßt“[473].

Die Inflationsjahre hatten auch in personeller Hinsicht zu neuen Erfahrungen geführt. Wie oben bereits erwähnt, mußte die Zahl der Belegschaftsangehörigen erheblich gesenkt werden. In diesem Zusammenhang ergab sich die Erkenntnis, „daß in den Inflationsjahren die Unkündbarkeit, welche die Beamten nach zehnjähriger Dienstzeit erlangten, für das Unternehmen zu einer existenzbedrohenden Gefahr geworden war. Die Privilegierung der Beamten einschließlich der damit verbundenen Unkündbarkeit wurde deshalb ab 1926 beseitigt“[474]. Die Unterscheidung zwischen Beamten und Gehilfen, wie sie in vielen Betrieben noch üblich war, ließ sich demzufolge nicht mehr aufrechterhalten. Dennoch war die Bezeichnung des Beamten noch in der zweiten Hälfte des 20. Jahrhunderts in etlichen Gesellschaften anzutreffen[475].

3.2.3.2 Arbeitsrechtliche Einflüsse

Nach dem Ersten Weltkrieg gewann das Arbeitsverhältnis eine neue Qualität. Wurden bis dahin die Rechtsbeziehungen zwischen dem Arbeitgeber und dem Arbeitnehmer als ein reiner Leistungsaustausch verstanden, der im Arbeitsvertrag seine Festlegung fand, so kamen jetzt personalrechtliche Elemente hinzu. In Anlehnung an die wissenschaftliche und sozialpolitische Auseinandersetzung setzte sich allgemein die Auffassung durch, daß das Arbeitsverhältnis „soziologisch bedingt ein

470 Thuringia, 1853–1928, S. 42.
471 Kölnische Feuer, Interner Vermerk zur RM/DM-Umstellung, S. 5f.
472 Gothaer Feuer, Schreiben an RAV vom 18. September 1940.
473 Allgemeine Rentenanstalt, Schreiben an ihren Treuhänder vom 17. Juni 1926.
474 Gothaer Feuer, 1820–1970, S. 199f. Bei der Karlsruher Leben wurde der Beamtenstatus erst im Jahre 1932 abgeschafft; Bericht über das 150. Geschäftsjahr, S. 89.
475 Die Geschäftsberichte der Münchener Rück sprachen noch bis zum Jahre 1968 von den Beamten der Gesellschaft.

auf Treue und Fürsorge gegründetes personenrechtliches Gemeinschaftsverhältnis ist, das sich von dem ausschließlich vermögensrechtlich orientierten Schuldrecht des BGBG wesensmäßig fundamental unterscheidet"[476].

Als wesentlicher Inhalt des Arbeitsverhältnisses wurde nunmehr auch die persönliche Bindung von Arbeitgeber und Arbeitnehmer gesehen, der mit einer zunehmenden Dauer auch ein wachsendes Gewicht beigemessen wurde. Diese persönliche Bindung verpflichtete einerseits den Arbeitgeber, sich für das Wohl seiner Arbeitnehmer einzusetzen, wie andererseits von dem Arbeitnehmer die Beachtung einer Treuepflicht erwartet wurde[477].

Bei der A. u. M. Feuer war ein Teil des Personals nach der Satzung nicht berechtigt, der Pensions- oder Witwenkasse beizutreten. „Trotzdem fühlte sich die A. u. M. verpflichtet – entsprechend den weiterentwickelten Anschauungen über die Sozialfürsorgepflicht des Arbeitgebers – ihnen bei Pensionierung eine laufende Rente aus eigenen Mitteln zu gewähren"[478].

Der Inhalt der Fürsorgepflicht des Arbeitgebers wurde vor allem in den Unterstützungen gesehen, die er seinen Arbeitnehmern zukommen ließ[479]. Zu diesen Unterstützungen zählte in besonderem Maße die betriebliche Altersversorgung, denn die Fürsorgepflicht des Unternehmers endete nicht stets mit dem Arbeitsverhältnis, sondern ging darüber hinaus; um die Existenz seines Arbeitnehmers sollte er sich auch nach Eintritt von Invalidität oder in den Ruhestand sorgen. Die betriebliche Altersfürsorge wurde somit als eine zusätzliche soziale Leistung des Arbeitgebers angesehen, die aus seiner Fürsorgepflicht entsprang[480].

Andererseits war der Unternehmer nicht verpflichtet, seiner Fürsorgepflicht durch die Errichtung einer betrieblichen Alters- und Hinterbliebenenversorgung nachzukommen. Aus der allgemeinen Fürsorgepflicht entstanden also keine Rechtsansprüche des Arbeitnehmers auf Zahlung von Ruhegeldern[481]. Der Arbeitgeber war also bei der Gewährung von Ruhegeldzusagen grundsätzlich frei. Wenn er aber Versorgungsleistungen in Aussicht stellte, so sollten die Arbeitnehmer damit rechnen dürfen, daß diese Handhabung fortgesetzt wurde und daß sie die zugesagten Leistungen erhielten, wenn sie bei Beendigung des Arbeitsverhältnisses die Voraussetzungen erfüllten. Aus der betrieblichen Übung erwuchsen also vertragliche Ansprüche der Arbeitnehmer auf die üblich gewordenen Leistungen[482]. Damit war die Disposition des Arbeitgebers über seine betriebliche Versorgungseinrichtung wesentlich eingeschränkt.

Diese Entwicklung ist im wesentlichen von der Arbeitsrechtsprechung vorangetrieben worden. Im Jahre 1930 zwar hatte das Reichsarbeitsgericht – im folgenden kurz: RAG – noch ausgeführt, daß bei einem frei vorbehaltenem Widerruf die

476 Dersch, Herrmann, Arbeitsrecht, 5. Aufl., Berlin 1957, S. 113; zit. nach Graef, Altersfürsorge, S. 41.

477 Graef, Altersfürsorge, S. 41.

478 von Koppen, A. u. M. Feuer, S. 11.

479 Graef, Altersfürsorge, S. 41f.

480 Ebenda, S. 41f.

481 Detzer, Rechtsverhältnisse, 1972, S. 47.

482 Ebenda, S. 49.

Pensionszusage auch ohne besonderen Anlaß jederzeit nach freiem Ermessen des Unternehmers zurückgezogen werden könne[483]. Später haben dann jedoch die einschlägigen Urteile das Handeln des Arbeitgebers praktisch immer unter dem Postulat der Billigkeit beurteilt, was oft durchaus nicht seinem Willen entsprach. In vielen Fällen wurde ihm nicht mehr zugestanden, als auch ohne Vorbehalt möglich gewesen wäre[484].

Im Ergebnis führte diese Rechtsprechung dahin, daß es auf dem Gebiet der betrieblichen Altersversorgung tatsächlich keinen fehlenden Rechtsanspruch gab, auch wenn der Arbeitgeber die Zusage einer Rente mit allen denkbaren Vorbehalten verbunden hatte. Jegliche Willkür in Gewährung, Widerruf, Kürzung oder Steigerung gezahlter oder zugesagter betrieblicher Renten war tatsächlich ausgeschlossen. Im Rahmen seiner wirtschaftlichen Möglichkeiten mußte der Betrieb auch sogenannte rechtsanspruchsfreie Renten zahlen[485].

3.2.3.3 Steuerrechtliche Einflüsse

In den zwei Jahrzehnten zwischen den beiden Weltkriegen wurde die Entwicklung der Altersfürsorge jedoch nicht nur durch die vorerwähnten arbeitsrechtlichen Einflüsse, sondern in einem besonderen Maße auch durch die Steuergesetzgebung bestimmt.

Zunächst noch sah das Körperschaftsteuergesetz 1920/22 in seinem § 2 Nr. 6 vor, daß rechtsfähige und nicht rechtsfähige soziale Kassen von der Körperschaftsteuer befreit waren; letztere jedoch nur dann, wenn die „Sicherung der dauernden Verwendung der Einkünfte für die Zwecke der Kasse" gegeben war. In § 9 Abs. 1 Nr. 10 KStG 1925 wurde außerdem vorausgesetzt, daß auch die Verwendung des Kapitals entsprechend dem satzungsmäßigem Zweck im Falle der Auflösung gesichert sein mußte. Damit waren alle rechtsfähigen Pensionskassen schlechthin von der Steuerpflicht befreit[486].

Zu den freigestellten sozialen Kassen gehörten auch die innerbetrieblichen Unterstützungsfonds – zu denen die oben aufgeführten Beamten- oder Pensionsfonds zu zählen waren –, in denen innerhalb des Unternehmens zweckgebundene Mittel angesammelt wurden, aus denen je nach Bedarf und Vermögen freiwillige Versorgungsleistungen ohne Rechtsanspruch erbracht wurden[487].

Diese Möglichkeiten nutzten die Unternehmen bei der Finanzierung ihrer Altersfürsorge mehr und mehr zur Bildung ihrer innerbetrieblichen Pensionsfonds, deren Zuführungen als zweckgebundene Mittel den steuerpflichtigen Ertrag minderten[488].

483 RAG 18.6.1930 – 579/29 – ARS, Bd. 9 1930, S. 359ff.

484 Graef, Altersfürsorge, S. 49. Ferner: RAG 4.11.1941 – 72/41 – ARS Bd. 43; zur Fürsorgepflicht: RAG 19.1.1938 – 153/37 – ARS Bd. 33, S. 172ff. und frühere Entscheidungen: RAG 23.3.1935 – 264/34 – ARS Bd. 23, S. 170; RAG 5.2.1936 – 250/35 – ARS Bd. 26, S. 175ff.

485 Kersten, Altersvorsorge, 1959, S. 23.

486 Ebenda, S. 23.

487 Detzer, Rechtsverhältnisse, 1972, S. 3.

488 Graef, Altersfürsorge, S. 57.

Mit der zunehmenden Ausbreitung dieser Fonds und den wachsenden Steuersätzen stieg bei der Finanzverwaltung die Besorgnis, hier würden steuerpolitisch nicht vertretbare Gewinnmanipulationen vorgenommen. „Von Seiten der Finanzverwaltung wurde behauptet, daß eine Reihe von Unternehmern diese Fonds für eigennützige Zwecke mißbraucht hätten“[489]. Den innerbetrieblichen Pensionsfonds wurde daher 1934 die Steuerfreiheit entzogen und auf die rechtsfähigen Kassen nach näherer Anordnung des Reichsministers der Finanzen begrenzt[490].

Danach wurde die Steuerfreiheit von Zuwendungen an Altersversorgungseinrichtungen nur dann anerkannt, wenn diese in rechtlich selbständiger Form geführt wurden, die Sicherung der zugesagten Pensionen im Anwartschaftsdeckungsverfahren erfolgte und den Mitgliedern ein Rechtsanspruch auf die in Aussicht gestellten Leistungen zuerkannt wurde. Demzufolge sollten vermögensmäßige Zuwendungen an Pensionsfonds oder Unterstützungskassen, bei denen das Vermögen nicht getrennt vom Betriebsvermögen geführt wurde, keine steuerliche Anerkennung finden.

Die Gesetzgebung zielte also auf eine Ausgliederung der innerbetrieblichen Pensionsfonds und ihre Einbringung in selbständige Pensionskassen, die damit auch der einengenden laufenden Überprüfung durch das Aufsichtsamt unterworfen waren. Dieser Weg hätte für die Wirtschaft schwerwiegende Folgen gehabt. Mehrere tausend Pensionsfonds hätten aufgelöst und auf Pensionskassen übertragen werden müssen. Damit wäre ein beträchtlicher Aufwand verbunden gewesen, denn die in versicherungstechnischer Sicht meist unzureichend dotierten Fonds hätten auf den Barwert der Anwartschafts- und laufenden Rentenverpflichtungen aufgefüllt werden müssen, um als Pensionskasse anerkannt zu werden. Das war weder wirtschaftlich noch verwaltungsmäßig vertretbar.

Wenn nach dem neuen Steuerrecht bei den Zuweisungen an Pensionsfonds für die Gewährung der Steuerfreiheit verschiedene Auflagen eingeführt wurden, die von der Industrie als unzweckmäßig empfunden wurden, so handelte es sich hier um Schutzmaßnahmen für die Betriebsangehörigen, die aber ebensosehr auch im eigenen Interesse der Industrie lagen. „Der Zusammenbruch einiger Pensionskassen und Pensionsfonds in alten Großbetrieben, verbunden mit dem Verlust vieler Hoffnungen von Gefolgschaftsmitgliedern, die Jahrzehnte dem Betrieb die Treue gehalten haben, war ein unerhörter Prestigeverlust für die deutsche Industrie“[491]. Mit den neuen steuerlichen Bestimmungen sollten solche Zusammenbrüche verhindert werden.

Die nunmehr gegebene steuerliche Benachteiligung der Pensionsfonds und der Unterstützungskassen gegenüber den Pensionskassen wurde jedoch von den betroffenen Betrieben weder als berechtigt noch als erwünscht angesehen, da sie den sozialen Betätigungswillen der Unternehmer eher hinderten als förderten. Aufgrund der Vorstellungen wurde eine Übergangsphase eingeschaltet, die bis Ende 1938 lief[492].

Es kam zu langwierigen Verhandlungen zwischen der damaligen „Reichsgruppe Industrie“, dem RAV und dem Reichsfinanzministerium, „um eine Regelung zu

489 Kersten, Altersvorsorge, 1959, S. 26.
490 Ebenda, S. 26.
491 F. M., Reichsgruppe Industrie, 1938, S. 112.
492 Ebenda, S. 112.

treffen, die die Interessen der Beschäftigten und der Unternehmer berücksichtigte und der Altersversorgung ihre bisherige Elastizität erhielt“[493]. Steuerrechtliche, versicherungsrechtliche und arbeitsrechtliche Schwierigkeiten verzögerten die Schaffung einer klaren Rechtsgrundlage, so daß erst gegen Ende der dreißiger Jahre die Verhandlungen zu einem Ergebnis führten, das in einer Anzahl von Erlassen des Reichsministers der Finanzen seinen Niederschlag fand.

Als Kompromiß ergab sich die Form der rechtlich selbständigen Unterstützungskasse, die bisher auf Leistungen von Fall zu Fall beschränkt war, wobei jedesmal geprüft werden mußte, ob Bedürftigkeit vorlag[494]. Nunmehr konnte sie auch für die Zahlung laufender Renten steuerunschädlich herangezogen werden, selbst wenn kein Rechtsanspruch auf Rentenleistungen bestand.

In einem Erlaß vom 15. Dezember 1938 hatte der Reichsfinanzminister angeordnet, daß die Steuerbefreiung von Kassen ohne Rechtsanspruch der Leistungsempfänger auch bei der Gewährung von Altersrenten, Witwengeld, Waisengeld oder Sterbegeld gegeben wäre, „wenn derartige Bezüge ohne Rücksicht auf die wirtschaftlichen Verhältnisse des Leistungsempfängers im Einzelfall gewährt werden. Dies gilt jedoch nur dann, wenn der Betrieb der Kasse bei sinngemäßer Anwendung der Grundsätze des § 14 Ziffer 2 der Ersten KStDVO und des § 6 Ziffer 2 der VStDB 1935 als soziale Einrichtung sichergestellt ist“[495].

Als steuerlich abzugsfähige Betriebsausgaben wurden jedoch nur solche Zuwendungen zugelassen, die sich in angemessenem Umfang hielten. Als angemessen galten in der Regel nur solche Zuwendungen, die 20% der Lohn- und Gehaltssumme, die der Steuerpflichtige im Jahr der Zuwendung für die Leistungsberechtigten der Kasse aufwendet, nicht übersteigen[496]. Ab 1.1.1944 bis zur Währungsreform im Jahre 1948 waren nur 10% der Lohn- und Gehaltssumme als Betriebsausgabe zugelassen[497].

Im Jahre 1940 erklärte schließlich das Aufsichtsamt, daß es seine Aufsichtsrechte nicht in Anspruch nehmen wolle, wenn der Rechtsanspruch auf die Leistungen ausdrücklich ausgeschlossen und dies von den Arbeitnehmern durch schriftliche Bestätigung anerkannt wurde. Dieser Verzicht des Aufsichtsamtes in Verbindung mit dem erwähnten RdF-Erlaß ermöglichte den Unternehmen den Ausbau der sogenannten Unterstützungskassen, mit denen Versorgungsleistungen ohne Rechtsanspruch und ohne Nachprüfen im Einzelfall gewährt werden konnten. Im Unterschied zu den Pensionskassen, die als Versicherungsgesellschaft nur in der Rechtsform des VVaG gegründet werden durften, standen diesen Unterstützungskassen mehrere Rechtsformen offen, und zwar als eingetragener Verein, als GmbH und als Stiftung. Der Vereinsform bedienten sich vor allem kleinere Unternehmen; die GmbH wurde von den größeren Firmen bevorzugt. Dagegen fand die Form der Stiftung verhältnismäßig selten Anwendung[498].

493 Weiß, Altersversorgung, 1955, S. 17.
494 Detzer, Rechtsverhältnisse, 1972, S. 5.
495 Abschnitt 2 Buchstabe c des RdF-Erlasses vom 15.12.1938, RStBl 1983, S. 1181f.
496 Ebenda, Abschnitt 3 des Erlasses.
497 Weiß, Altersversorgung, 1955, S. 18.
498 Detzer, Rechtsverhältnisse, 1972, S. 7ff.

3.2.3.4 Betriebliche Altersversorgung im NS-Regime

Das Programm der NSDAP sah einen großzügigen Ausbau der Altersversorgung der deutschen Bevölkerung vor. Es hieß in Punkt 15 des Parteiprogramms: „Wir fordern einen großzügigen Ausbau der Altersversorgung“[499].

Zur Erreichung dieses Ziels sollten die Betriebe, die als Glieder einer angestrebten allumfassenden Volksgemeinschaft betrachtet wurden, einen maßgeblichen Beitrag leisten. Im Rahmen einer Führer-Gefolgschafts-Idee wurden den „Betriebsführern“, d.h. den Unternehmensleitern, besondere Fürsorgepflichten für ihre „Gefolgsleute“ auferlegt[500]. Dementsprechend sollte „ein Gefolgsmann, der Jahrzehnte seines Lebens dem Betriebe treue Dienste geleistet hat, ...auch nach seiner Zurruhesetzung oder bei Berufsunfähigkeit billigerweise erwarten, daß (sein) Betrieb ihn und nach seinem Tode die hinterbliebenen Familienangehörigen unterstützt“[501].

Diese Fürsorgepflicht fand ihren gesetzlichen Niederschlag bereits in dem Gesetz zur Ordnung der nationalen Arbeit vom 20. Januar 1934. Nach § 2 war den Unternehmern eine Sorgfaltspflicht für das Wohl der Belegschaft auferlegt. Auch § 70 des Aktiengesetzes von 1937 verlangte von dem Vorstand, „die Gesellschaft so zu leiten, wie das Wohl des Betriebs und seiner Gefolgschaft und der gemeine Nutzen von Volk und Reich es fordern“. Nach § 77 AktG sollte ein angemessenes Verhältnis zwischen der Gewinnbeteiligung von Vorstand und Aufsichtsrat einerseits und den Aufwendungen für die Belegschaft andererseits bestehen.

Im Hinblick auf den seit 1933 verhängten Lohnstopp war das geforderte angemessene Verhältnis nur über die „freiwilligen“ sozialen Aufwendungen, d.h. insbesondere über die betriebliche Altersvorsorge, herzustellen. Dies erschien aus der Sicht des NS-Parteiprogramms um so notwendiger, als sich die gesetzliche Altersversorgung in einem desolaten Zustand befand und auch nicht in absehbarer Zeit zu sanieren war[502]. Infolge des Ausfalls an Beitragseinnahmen durch die große Wirtschaftskrise mit den immensen Arbeitslosenzahlen von mehr als 5 Millionen in den Jahren 1929 bis 1934 war die Reichsversicherung völlig ausgezehrt.

Aufgrund der Notverordnungen der Regierung v. Papen vom 14.6.1932 waren die Renten herabgesetzt worden. Die Durchschnittsrente bei der Invalidenversicherung betrug 1937 monatlich 30,97 RM, die Witwenrente 18,97 RM; das Ruhegeld der Angestelltenversicherung kam auf 59,31 RM und das Witwengeld auf 29,86 RM[503]. Diese Renten waren – auch bezogen auf die damaligen Verhältnisse – mehr als bescheiden und reichten bei weitem nicht aus, um das programmatisch angestrebte Ziel eines „sorgenfreien Lebensabends“ zu erreichen. Den Ausgleich sollten die Betriebe herbeiführen. Damit wurde den Betrieben die Altersversorgung als „eine ihrer größten sozial-politischen Aufgaben (auferlegt), die besonders vordringlich in

499 Haydn/Fischer, Recht der NSDAP, 1937, S. 37.
500 Lencer, Sozialpolitik, 1936, S. 21.
501 Kalbaum, Soziale Leistungen, 1990, S. 94.
502 Klüver, Klassenkampf, 1988, S. 63ff.
503 Arps, Durch unruhige Zeiten, 1976, S. 238.

den Unternehmen wird, die über einen größeren Stamm älterer Mitarbeiter verfügen“[504].

Unabhängig von den programmatischen Aufforderungen wuchs allerdings mit beginnender Vollbeschäftigung auch das Eigeninteresse der Unternehmen, – wie schon im letzten Quartal des 19. Jahrhunderts – die Mitarbeiter durch Versorgungszusagen stärker an das Unternehmen zu binden. Durch den gesetzlich verhängten Lohnstopp, dem alle betrieblichen Leistungen mit eindeutigem Lohncharakter unterworfen waren, bestanden nur geringe Möglichkeiten, erhöhte Leistungen gehaltsmäßig zu honorieren[505]. Als Ausgleich bot sich der Ausbau bzw. bei jüngeren Unternehmen auch der Aufbau einer betrieblichen Altersversorgung an[506].

Hierfür fanden die Unternehmen bei der Deutschen Arbeitsfront (DAF), in der die Interessen der früheren Gewerkschaften und der Arbeitgeberverbände zwangsweise zusammengefaßt waren, eine starke Unterstützung. Nach Ansicht der DAF war eine ausreichende soziale Absicherung von großer Bedeutung „für die Hebung der Arbeitsfreude und damit der Leistungssteigerung“[507]. „Denn nur der gesunde und lebensfreudige Mensch wird zum letzten Einsatz seiner Kräfte bereit und fähig sein“[508]. Und dieser Kräfteeinsatz erschien notwendig, um die ehrgeizigen Ziele der NS-Führung insbesondere auf wehrwirtschaftlichem Gebiet zu erreichen.

Um der sozialpolitischen Zielvorstellung Nachdruck zu verleihen, forderte die DAF, daß beim Leistungswettkampf der deutschen Betriebe – der jährlich durchgeführt wurde und die Auszeichnung von Musterbetrieben zum Inhalt hatte – die Förderung der betrieblichen Altersversorgung als wesentlicher Bewertungspunkt einbezogen werden sollte[509].

Im übrigen unterschieden sich hinsichtlich der betrieblichen Altersversorgung die Vorstellungen der DAF nicht von den früheren gewerkschaftlichen Forderungen: Sicherung des unbedingten Rechtsanspruchs bei den betrieblichen Altersversorgungseinrichtungen sowie die Wahrung der Freizügigkeit des Begünstigten[510].

Da der DAF zuverlässige Angaben über die vorhandenen Altersversorgungseinrichtungen fehlten, hat sie ihre Vorstellungen in zwölf Thesen zusammengefaßt. Ausgehend von der ideell und gesetzlich auferlegten Fürsorgepflicht des „Betriebsführers“ für seine „Gefolgschaft“ und deren Angehörige wurde einleitend „der einer überwundenen Zeit entstammende Ausdruck von ‚freiwilligen Leistungen‘ (als) nicht mehr zutreffend (betrachtet). Aus dieser unzutreffenden Auffassung wird manchmal aber noch ... der Einwand hergeleitet, daß die Art der Verwendung der Mittel grundsätzlich dem Unternehmer als ‚Wohltäter‘ überlassen bleiben müßte.

504 Kalbaum, Soziale Leistungen, S. 94.

505 Osterkamp, Betriebliche Aufwendungen für den arbeitenden Menschen, Stuttgart 1956, S. 18; zit. von Kersten, Altersvorsorge, 1959, S. 18.

506 Potthoff, Die betrieblichen Sozialleistungen, Berlin 1957, S. 58; zit. von Kersten, Altersvorsorge, 1959, S. 38.

507 Kratz, Gestaltung, 1938, S. 315.

508 Denkschrift der Deutschen Arbeitsfront über die Sozialen Aufgaben nach dem Krieg, zit. von Klüver, Klassenkampf, 1988, S. 295.

509 DAF, Deutsche Sozialpolitik 1937, S. 233; zit. nach Müller, Herbert, Erwerbsunfähigkeitsversorgung, 1938, S. 97.

510 Kersten, Altersvorsorge, 1959, S. 28.

Derartige Auffassungen sind bei voller Anerkennung der weitgehenden Rechte des Betriebsführers abzulehnen". Da die verfügbaren Mittel „von der Leistungsgemeinschaft des Betriebes gemeinsam erarbeitet wurden", sollten sie auch im Geiste echter sozialer Fürsorge verwendet werden[511].

In den Thesen wurde gefordert, daß die Vorsorgeeinrichtungen grundsätzlich und einheitlich die gesamte Belegschaft zu umfassen hätten. Damit waren u.a. auch die Außenbeamten in der Versicherungswirtschaft gemeint, die „als gleichwertige Arbeitskräfte in die Betriebsgemeinschaft eingebaut" und denen „sozial und wirtschaftlich" das zu geben wäre, „worauf sie auf Grund ihrer Leistung und Stellung berechtigten Anspruch" hätten[512]. Entsprechend diesen Forderungen wurden die Versicherungsunternehmen durch eine Anordnung der Reichsgruppe gezwungen, ihren vollberuflichen Außenvertretern eine Alters- und Hinterbliebenenversorgung mit Rechtsansprüchen zu gewähren[513].

Nach Ansicht der DAF sollte der für die Bemessung der Beiträge maßgebliche Prozentsatz für alle Einkommensgruppen gelten. Ferner sollte ein Rechtsanspruch auf die Altersversorgung eingeräumt werden und die dauernde Erfüllbarkeit der versprochenen Rentenleistungen gewährleistet sein. Schließlich wurde die Mittelaufbringung grundsätzlich als Sache des Betriebes angesehen; die Gefolgschaft wäre mit dem geringstmöglichen Beitrag, keinesfalls aber mit mehr als der Hälfte des Gesamtbeitrages zu belasten. Letztendlich sprach sich die DAF dafür aus, daß die Gewährung laufender Zusatzrenten im allgemeinen der Zahlung eines einmaligen Kapitalbetrages unbedingt vorzuziehen wäre[514].

Mit der letzteren Empfehlung nahm die DAF Stellung zu einem heftigen Meinungsstreit über die zweckmäßigste Form der Vorsorge[515]. Es ging um die Frage „Kapital oder Rente", die im Vordergrund des Interesses stand; doch ging diese Alternative weniger auf die interessierten Betriebe als vielmehr auf die Versicherungsgesellschaften zurück, die teilweise die Kapitalversicherung deshalb empfahlen, weil ihnen geeignete Pensionsrententarife fehlten[516].

In dieser Frage hatte der Reichsarbeitsminister in einem Erlaß vom 7.7.1937 den Standpunkt vertreten, daß er jede der vielen Möglichkeiten der zusätzlichen betrieblichen Altersversorgung anerkennen würde, wenn durch sie das gesteckte Ziel erreicht würde[517]. Aber in einem tags vorhergehenden Runderlaß vom 6.7.1937 an die Reichstreuhänder der Arbeit hieß es, daß als zusätzliche Altersversorgung für

511 Kratz, Gestaltung, 1938, S. 315.

512 Lencer, Sozialpolitik, 1936, S. 37f.

513 Württfeuer, Brief an RAV vom 23. August 1939, S. 5.

514 Kratz, Gestaltung, 1938, S. 317.

515 F. M., Grundsätzliche Fragen der Altersversorgung der Gefolgschaft, in: Neumanns Zeitschrift für Versicherungswesen, Jg. 1938, S. 42ff.; Müller, Herbert, Hinterbliebenenversorgung, 1938, S. 97; Skrodzki, Bernhard, Möglichkeiten der Betrieblichen Altersfürsorge, Heft 3 der Veröffentlichungen der Steuerabteilung der Reichsgruppe Industrie, 1937, zit. und kommentiert von F. M., Reichsgruppe Industrie über betriebliche Altersfürsorge, in: Neumanns Zeitschrift für Versicherungswesen, Jg. 1938, S. 113ff.

516 Heubeck, Gefolgschaftsversicherung, 1938, S. 553f.

517 Ebenda, S. 42.

Gefolgschaftsmitglieder vornehmlich die Rentenversicherung in Betracht käme[518]. Ähnlich hatte sich bereits im Mai 1937 die Steuerabteilung der Reichsgruppe Industrie geäußert: „In sozialpolitischen Kreisen wird ... die Pensionsrentenversicherung ganz allgemein als die zweckmäßigere Form der Altersversorgung von Gefolgschaftsmitgliedern betrachtet. Auch die Reichsgruppe Industrie teilt diese Auffassung“[519]. Die gleiche Position nahm auch – wie oben ausgeführt – die DAF ein.

Neben der Alternative „Kapital oder Rente“, die seitens der zuständigen Berufsverbände zugunsten der Rente geklärt war, stellte sich als institutionelle Frage, wer als Träger der betrieblichen Altersversorgung am besten in Frage käme. Freiwillige Höherversicherung in der Sozialversicherung, Mitgliedschaft bei den Zusatzversorgungsanstalten, Abschluß von Lebensversicherungen, insbesondere von Gefolgschaftsversicherungen und betriebseigene Lösungen wie Pensionsfonds oder -kassen sowie Stiftungen wurden in Betracht gezogen.

Die Reichsgruppe Industrie hat in ihrer vorerwähnten Äußerung die Gefolgschaftsversicherung oder die Pensionskasse favorisiert. Eine eigene Pensionskasse wurde dann als zweckmäßig angesehen, wenn eine genügende Anzahl von Mitgliedern (mindestens 200) mit einer normalen Alters- und Gehaltsmischung in die Pensionskasse aufgenommen werden sollte und wenn der dauernde Zugang junger Mitglieder sichergestellt wäre. Sollten diese Voraussetzungen nicht gegeben sein, so mangelte es an einer ausreichenden Risikenmischung; in diesem Fall wurde mit Hinweis auf die genannten einschränkenden Steuerbestimmungen der Anschluß an überbetriebliche Pensionskassen oder der Abschluß von Versicherungen empfohlen[520].

Unter den gegebenen Umständen nahm der Abschluß von Lebensversicherungen in Gestalt der Gruppenlebensversicherung – in der NS-Zeit als Gefolgschaftsversicherung bezeichnet – einen beachtlichen Aufschwung. Allerdings setzte dieser Aufschwung eine Neugestaltung der amtlichen Richtlinien für die Gruppenlebensversicherung voraus. Diese Richtlinien waren in den 20er Jahren mehrfach geändert worden, wobei Verbote und einschränkende Zulassungen miteinander abwechselten[521]. Im Jahre 1934 erließ dann das Aufsichtsamt eine Richtlinie, die eine grundlegende Klärung herbeiführte[522]; diese Richtlinie wurde 1935 ergänzt und 1939 neugefaßt[523].

518 Müller, H., Hinterbliebenenversicherung, 1938, S. 99.

519 Skrodzki, Bernhard, Möglichkeiten der betrieblichen Altersfürsorge, Heft 3 der Veröffentlichungen der Steuerabteilung der Reichsgruppe Industrie 1937, S. 15/16; zit. nach Müller, H., Hinterbliebenenversicherung, 1938, S. 99.

520 Mit dieser Empfehlung haben sich F. M. und Heubeck in: Neumanns Zeitschrift für Versicherungswesen, 1938, S. 113ff. und 553ff. kritisch auseinandergesetzt.

521 Anfang der 20er Jahre hatte sich die Rechtsprechung mit sehr unerwünschten Zuständen bei den Gruppenlebensverträgen befaßt. Art und Umfang der Vergünstigungen und Zugeständnisse, wie z.B. Provisionsabgaben, drohten aus Konkurrenzgründen ins Uferlose zu geraten. Durch eine Novelle zum VAG vom 19.7.1923 wurden Gruppenverträge in der Form von Begünstigungsverträgen verboten; nach der Inflation stellte sich heraus, daß dieses Verbot zu einschneidend war. In den Folgejahren ließ das Aufsichtsamt Gruppenverträge wieder zu, wenn bestimmte Voraussetzungen erfüllt waren; VerAV 25. Jg., 1926, S. 126/7, VerAV 28. Jg., 1929, S. 98ff.

522 VerAV, 33. Jg., 1934, S. 101f.

523 VerAV, 35. Jg., 1935, S. 52ff. und VerAV, 38. Jg., 1939, S. 92ff.

Danach mußte der durch die Versicherungen der „Gefolgschaftsmitglieder" erfaßte Personenkreis fest umschrieben sein. Von ihm mußten mindestens 50% und mindestens 10 Personen versichert werden. Wurden mindestens 90% versichert, so konnte auf eine Gesundheitsprüfung oder auf die an ihre Stelle tretende Wartezeit verzichtet werden. Auch die Ehefrauen der versicherten „Gefolgschaftsmitglieder" konnten mitversichert werden. „Gefolgschaftsmitglieder" und ihre Ehefrauen, die anderweitig bereits gleichwertig versichert waren, brauchten an dem Gruppenversicherungsvertrag nicht teilzunehmen.

Der Betrieb hatte für jeden Versicherten mindestens 20% des seinem Eintrittsalter entsprechenden Beitrags zu zahlen; für das versicherte „Gefolgschaftsmitglied" durfte die Beitragszahlungsdauer nicht über das 65. Lebensjahr hinausgehen. Jedem Versicherten mußte gegen das Versicherungsunternehmen ein unmittelbarer Rechtsanspruch auf die Versicherungsleistung eingeräumt werden, und zwar mindestens insoweit, als er den Beitrag selbst bezahlt hatte. Im Falle seines vorzeitigen Ausscheidens aus dem Betrieb sollte die Versicherung zu den bisherigen Beitragssätzen – unter bestimmten Umständen mit einem angemessenen Aufschlag für den individuellen Beitragseinzug – fortgesetzt werden können.

Die Form der Gruppenlebensversicherung fand in der Wirtschaft großen Anklang. Ende der 30er Jahre hatten von 18–20 Mio. Arbeitern 7,2–8,0 Mio. und von 4–5 Mio. Angestellten 2,0–2,5 Mio. Lebensversicherungen über betriebliche Versorgungswerke abgeschlossen. Dagegen wurden 1940 nur 218 Betriebspensionskassen mit 518 254 Mitgliedern gezählt[524].

3.2.3.5 Die Enquete der DAF 1936

Der wirtschaftliche Aufschwung, den die Versicherungswirtschaft in der zweiten Hälfte der 20er Jahre und insbesondere im Rahmen der gesamtwirtschaftlichen Erholung Mitte der 30er Jahre nahm, erlaubte den Versicherungsunternehmen wieder eine stärkere Dotierung der betrieblichen Sozialleistungen. Allerdings muß hinter dieser Dotierung auch der bereits erwähnte Druck des nationalsozialistischen Regimes gesehen werden. Immerhin wurde der Versicherungswirtschaft attestiert, daß sie die Aufgabe der betrieblichen Invaliditäts- und Altersvorsorge „in einem Umfange in Angriff genommen (hat), der mit seinem Einsatz an Mitteln und betrieblichen Maßnahmen über ihre sonstigen freiwilligen Leistungen hinausragte". Diese Aussage fand ihre Bestätigung in dem Ergebnis einer Enquete, die von dem Fachamt der DAF für das Jahr 1936 durchgeführt wurde[525].

In die Erhebung der DAF wurden 290 Gesellschaften der Privatversicherung mit über 65 000 Mitarbeitern einbezogen; in dieser Zahl sind nur die festangestellten Außendienstmitarbeiter und nicht die auf Provisionsbasis arbeitenden Vertreter – die in der Regel keinen Anteil an der Altersversorgung ihrer Betriebe hatten – berücksichtigt[526]. Von den erfaßten Gesellschaften hatten bis Ende 1936 191 Gesellschaften

524 Kersten, Altersvorsorge, 1959, S. 29.
525 Kalbaum, Soziale Leistungen, 1990, S. 94.
526 Ebenda, S. 3.

mit 61 000 Mitarbeitern, d.s. 93% der Gesamtzahl, Maßnahmen und Einrichtungen für die Altersversorgung getroffen[527].

Bezogen auf die Betriebsgröße – als Kleinstbetriebe wurden Betriebe mit weniger als 20 Angestellten, als Kleinbetriebe mit 20 bis unter 50, als Mittelbetriebe mit 50 bis unter 200 und als Großbetriebe mit 200 und mehr Angestellten erfaßt – verteilten sich die an der Enquete beteiligten Betriebe und ihre Belegschaften sowie die Betriebe mit Altersversorgung wie folgt[528]:

Betriebsgröße	Gesamtzahl der Betriebe	Zahl der Mitarbeiter	Betriebe mit Altersversorgung	
			Anzahl	Mitarbeiterzahl
Kleinstbetr.	87	646	19	.
Kleinbetr.	40	1 307	25	.
Mittelbetr.	78	7 769	64	.
Großbetr.	85	55 836	83	.
Insgesamt	290	65 558	191	rd. 61 000*

* Eine Aufgliederung der Mitarbeiterzahl bei den Betrieben mit Altersversorgung liegt nicht vor.

Die obige Aufstellung zeigt, daß in den Großbetrieben 85% der in der Erhebung erfaßten Personen beschäftigt waren; in den Mittelbetrieben waren es 12% und bei den Klein- und Kleinstbetrieben bedeutungslose 3%. In der Privatversicherung kam also der Großbetriebsform eine überragende Bedeutung zu. Dies würde noch deutlicher werden, wenn den Großbetrieben die ihnen konzernmäßig verbundenen Mittel- und Kleinbetriebe zugerechnet werden, die aus den gesetzlichen Spartentrennungsgründen in einer selbständigen Rechtsform geführt werden mußten.

Die obige Tabelle läßt ferner erkennen, daß 191 Betriebe (= 66% der insgesamt erfaßten Betriebe) ihrer Belegschaft eine Altersversorgung anboten. Gemessen an der Mitarbeiterzahl waren jedoch 93% der Belegschaft an ein Altersversorgungssystem angeschlossen; d.h. daß nahezu alle Angestellten in der Privatversicherung Ende 1936 an einer betrieblichen Altersversorgung partizipierten.

Im einzelnen hatten 97% der Großbetriebe und 82% der Mittelbetriebe für ihre Belegschaft eine Ruhestandsregelung getroffen. Bei den Kleinbetrieben boten nur drei Fünftel und bei den Kleinstbetrieben nur ein Fünftel ihren Angestellten eine Altersversorgung an.

Letzteres wird verständlich im Hinblick auf die hierfür erforderlichen Aufwendungen, die meist die Finanzkraft eines kleineren Unternehmens überstiegen. Wenn dennoch in der vorliegenden Erhebung kleinere Unternehmen eine Altersversorgung aufwiesen, so ist wohl davon auszugehen, daß es sich um Gesellschaften eines Konzerns handelte, die in eine für den Gesamtkonzern geltende Altersversorgungs-

527 Kalbaum, Soziale Leistungen, 1990, S. 95.
528 Ebenda, S. 4 und S. 95f.

regelung eingebunden waren. Dies dürfte insbesondere für diejenigen Kleinst- und Kleinbetriebe gegolten haben, die ihrer Belegschaft mehrere Formen der Altersversorgung zur Verfügung stellten; denn es ist unwahrscheinlich, daß ein Kleinstunternehmen eine Stiftung oder einen kleineren Versicherungsverein – der besonderen gesetzlichen und aufsichtsbehördlichen Bestimmungen unterlag – als Versorgungseinrichtung ausschließlich für den eigenen Bedarf errichtete. Die den kleineren Versicherungsunternehmen gemäße Altersversorgungsform wäre im Interesse der Belegschaft und aus Risikogründen die Absicherung über eine Lebensversicherung gewesen; hiervon haben jedoch nur 2 Kleinst- und 6 Kleinbetriebe Gebrauch gemacht[529].

Wie die folgende Aufstellung zeigt, hatte zwar die Mehrzahl der Betriebe in ihrer Gesamtheit nur *eine* Form der Altersversorgung; bei den Mittel- und Großbetrieben kamen jedoch überwiegend mehrere Formen zur Anwendung[530]:

Betriebsgröße	Anzahl der Betriebe	Altersversorgung erfolgt in			
		1 Form	2 Formen	3 Formen	4 Formen
Kleinstbetriebe	19	13	6	–	–
Kleinbetriebe	25	18	4	3	–
Mittelbetriebe	64	28	30	5	1
Großbetriebe	83	39	26	15	3
Insgesamt	191	98	66	23	4

Es ist bemerkenswert, daß bei den Groß- und Mittelbetrieben mehr als die Hälfte der erfaßten Betriebe zwei und mehr Formen der Altersversorgung – in Gestalt der Rentenzahlung aus laufenden Mitteln, aus einem unselbständigen Rentenfonds, aus einer rechtlich selbständigen Pensionskasse oder einer Altersversicherung – zur Verfügung hielten. Hierfür gab es mehrere Gründe, die zum Teil in der historischen Entwicklung lagen[531], die aber auch in finanziellen Erwägungen oder in dem Bestreben, Unterstützungen auch außerhalb der Bestimmungen einer Pensionskasse zu gewähren, zu suchen sind.

In diesem Zusammenhang sei auf die obigen Ausführungen verwiesen, wonach die Versorgungseinrichtungen, die sich bei ihren Rentenzahlungen bis Anfang der 20er Jahre auf das angesammelte Deckungsvermögen stützten, dieses durch die Inflation verloren hatten[532], so daß die Unternehmen in der Regel die Rentenzahlungen an die hierdurch betroffenen Rentner zunächst aus den laufenden Mitteln bestritten. Später wurden die Fonds allmählich wieder aufgefüllt und die Rentenzahlung aus den Fonds oder Pensionskassen wieder aufgenommen, meist jedoch nur gegenüber den Pensionären, die der Versorgungseinrichtung bereits vor 1924 ange-

529 Vgl. Tabelle S. 138f.
530 Kalbaum, Soziale Leistungen, 1990, S. 96.
531 Vgl. S. 42.
532 Vgl. S. 109ff.

hört hatten. Für alle anderen Belegschaftsangehörigen wurden die Renten entweder aus den laufenden Mitteln oder aus neuen Fonds oder Pensionskassen gezahlt.

Das Nebeneinander mehrerer Formen der Altersversorgung war wohl auch auf das Bestreben der Unternehmensleitungen zurückzuführen, in der Altersversorgung möglichst flexibel zu sein. Im allgemeinen ließen die Satzungen der Pensionseinrichtungen Rentenzahlungen nur unter ganz bestimmten Voraussetzungen und nur in festgelegten Betragshöhen zu; wenn die Unternehmensleitung für einzelne Angestellte hiervon abweichen wollte, mußte sie auf individuelle Vereinbarungen beispielsweise in Form einer Lebensversicherung ausweichen. Letzteres kam vor allem für leitende Angestellte oder für Angehörige des Außendienstes wie Bezirksinspektoren oder Generalagenten in Betracht.

Im einzelnen wurden in 1936 folgende Formen der Altersversorgung in den jeweiligen Betriebsgrößen unterhalten[533]:

	Betriebsgröße				
	Kleinst-	Klein-	Mittel-	Groß-	Summe der Formen
	betriebe				
(Anzahl der Unternehmen)	(19)	(25)	(64)	(83)	
1. Rentenzahlung aus laufenden Mitteln	8	10	41	53	112
2. Nichtrechtsfähige Pensionsfonds	5	9	30	29	73
3. Rechtsfähige Stiftungen und eingetragene Vereine	–	1	5	8	14
4. Pensionskassen	7	6	5	20	38
5. Gefolgschafts-versicherungen	–	2	13	17	32
6. Einzellebens-versicherungen	2	4	12	19	37
7. Höher/Weiterversicherung bei RfA	2	3	2	1	8
8. Übernahme von Sozial-Beiträgen	12	3	6	2	23

Von den 191 Versicherungsunternehmen, die ihren Belegschaften eine Altersversorgung anboten, zahlten demnach 112 Unternehmen ihre Renten aus laufenden Mitteln. Ferner standen für Rentenzahlungen aber auch 125 vermögensbildende Einrichtungen, nämlich 73 nichtrechtsfähige Pensionsfonds, 38 Pensionskassen und 14 Stiftungen bzw. Vereine zur Verfügung. Von 94 Unternehmen wurde den Angestellten für die Altersversorgung eine versicherungsmäßige Lösung in Gestalt

533 Die Tabelle ist eine Zusammenstellung der entsprechenden Angaben in den Tabellen und textlichen Ausführungen, in: Kalbaum, Soziale Leistungen, 1990, S. 103, 111, 119, 125, 135, 138 und 140f. Eine zahlenmäßige Übereinstimmung mit der Tabelle auf S. 124 ist im Enquetebericht - dort S. 96 - nicht gegeben.

der Gefolgschafts-, der Einzellebensversicherung oder der Höherversicherung bei der RfA geboten.

Wie sich die Mehrfachformen der Altersversorgung in den einzelnen Unternehmen zusammensetzten, ist der Tabelle 1 im Anhang zum Enquete-Bericht zu entnehmen. Diese Tabelle weicht jedoch erheblich von den Aufstellungen und Ausführungen im Bericht ab, so daß ihre Richtigkeit zu Zweifeln Anlaß gibt. Im folgenden wird daher auf das Ergebnis einer vergleichbaren Erhebung zurückgegriffen, die zwei Jahre später – also für das Jahr 1938 – und ebenfalls von dem DAF-Fachamt Versicherung und Banken durchgeführt wurde. Deren Ergebnis ist jedoch nur in einer sehr verkürzten Fassung – und zwar lediglich für den Bereich der Altersversorgung – veröffentlicht worden[534]; diese Veröffentlichung zeigt gleichfalls eine Verteilung der Mehrfachformen auf die einzelnen Betriebe. Da sich die Zahl der Versicherungsunternehmen mit Versorgungseinrichtungen im Jahre 1938 von 210 für 68 000 Mitarbeiter nicht wesentlich von den 191 Betrieben mit 65 000 Mitarbeitern im Jahre 1936 unterschied, erscheint es vertretbar, das Ergebnis der späteren Erhebung für den Einblick in die jeweiligen Mehrfachformen heranzuziehen:

Art der Maßnahme zur Altersversorgung	Zahl der Betriebe	Insgesamt
I. Betriebe mit einer Form der Altersversorgung:		
1. Rentenzahlung aus laufenden Mitteln	34	
2. Pensionsfonds	24	
3. Pensionskassen	11	
4. Stiftungen oder eingetragene Vereine	20	
5. Gefolgschaftsversicherung	15	
6. Einzellebensversicherung	7	
7. Höherversicherung bei der RfA	2	113
II. Betrieb mit zwei Formen der Altersversorgung		
1. Rentenzahlung aus laufenden Mitteln und Pensionsfonds	20	
2. Rentenzahlung aus laufenden Mitteln und Gefolgschaftsversicherung	14	
3. Rentenzahlung aus laufenden Mitteln und Pensionskasse	12	
4. Rentenzahlung aus lfd. Mitteln und Stiftungen oder eingetragenen Vereinen	4	
5. Rentenzahlung aus lfd. Mitteln und Einzellebensversicherung	4	
6. Rentenzahlung aus lfd. Mitteln und Höherversicherung	2	
7. Pensionsfonds und Einzellebensversicherung	4	
8. Pensionsfonds und Gefolgschaftsversicherung	2	
9. Pensionsfonds und Höherversicherung	1	
10. Pensionskasse und Einzellebensversicherung	1	
11. Pensionskasse und Höherversicherung	1	
12. Einzellebens- und Gefolgschaftsversicherung	1	66

534 Schmidt, Altersversorgung, 1940, S. 82f.

Art der Maßnahme zur Altersversorgung	Zahl der Betriebe	Insgesamt
III. Betrieb mit drei Formen der Altersversorgung		
1. Rentenzahlung aus lfd. Mitteln, Pensionsfonds und Einzellebensversicherung	15	
2. Rentenzahlung aus lfd. Mitteln, Pensionsfonds und Gefolgschaftsversicherung	6	
3. Rentenzahlung aus lfd. Mitteln, Pensionsfonds und Höherversicherung	1	
4. Rentenzahlung aus lfd. Mitteln, Pensionskasse und Höherversicherung	1	
5. Rentenzahlung aus lfd. Mitteln, Pensionskasse und Gefolgschaftsrversicherung	1	
6. Rentenzahlung aus lfd. Mitteln, Stiftung und Einzellebensversicherung	1	
7. Rentenzahlung aus lfd. Mitteln, Stiftung und Gefolgschaftsversicherung	1	
8. Pensionsfonds, Pensionskasse und Einzellebensversicherung	1	27
IV. Betriebe mit vier Formen der Altersversorgung: Rentenzahlung aus lfd. Mitteln, Pensionskasse, Einzel- u. Gefolgschaftsversicherung	4	4
		210

Danach ergab sich in 1938 für die einzelnen Formen der Altersversorgung folgende Häufigkeitsverteilung auf die 210 Unternehmen, die eine betriebliche Altersversorgung unterhielten (für 1936 steht nur die jeweilige Gesamtzahl zur Verfügung):

	bei... Versicherungsunternehmen mit 1	2	3	4 Formen der Altersversorgung	insgesamt 1938	(1936)
1. Rentenzahlung aus laufenden Mitteln	34	56	26	4	120	(112)
2. Nichtrechtsfähige Pensionsfonds	24	27	23	–	74	(73)
3. Rechtsfähige Stiftungen und eingetragene Vereine	20	4	2	–	26	(14)
4. Pensionskassen	11	14	3	4	32	(38)
5. Gefolgschaftsversicherungen	15	17	7	4	43	(32)
6. Einzellebensversicherungen	7	10	17	4	38	(37)
7. Höherversicherung bei der RfA	2	4	3	–	9	(8)
Anzahl der Unternehmen	113	66	27	4	210	(191)

Von den 210 in 1938 erfaßten Unternehmen hatten also 113 nur eine Form der Altersversorgung. Fast die Hälfte dieser Unternehmen besaß thesaurierende Einrichtungen; unter diesen dominierten die 24 nichtrechtsfähigen Pensionsfonds vor der relativ großen Zahl von 20 Stiftungen/Vereinen und nur 11 Pensionskassen. 24 Unternehmen boten ihren Angestellten eine versicherungsmäßige Altersversorgung.

Bei den übrigen 97 Unternehmen, die mehrere Formen der Altersversorgung unterhielten, wurde zwar bei 86 Unternehmen die Rente aus laufenden Mitteln aufgebracht; davon hatten jedoch 66 Betriebe thesaurierende Einrichtungen wie Pensionsfonds, -kassen oder Stiftungen/Vereine. Ob und inwieweit diese Einrichtungen auch zu Rentenzahlungen herangezogen wurden, ist der Veröffentlichung für 1938 nicht zu entnehmen. Das Nebeneinander von Rentenzahlungen aus laufenden Mitteln und dem Vorhandensein von thesaurierenden Einrichtungen der Altersversorgung läßt jedoch erkennen, daß die betreibenden Unternehmen finanzielle Polster für etwaige Zeiten eines schlechteren Geschäftsganges anlegten.

Ein größeres Gewicht besaßen auch die Formen der Altersversorgung in Gestalt von Gefolgschafts- und Einzelversicherungen, für die insgesamt 81 Unternehmen – davon 59 mit Mehrfachformen der Altersversorgung – die Prämien ganz oder teilweise übernahmen. Bemerkenswert ist der Anteil der Unternehmen mit Gefolgschaftsversicherungen, der von 32 Betrieben in 1936 auf 43 in 1938 zunahm. Das Interesse an dieser Form der Altersvorsorge lag in den besonders günstigen versicherungsmäßigen Bedingungen und in dem geringen finanziellen Risiko, das die Altersversorgung in Form der Lebensversicherung für Betrieb und Belegschaft in sich trug[535].

Die Tabellen auf S. 125f. lassen erkennen, daß die Mehrzahl der Unternehmen die Renten aus laufenden Mitteln zahlte; bei den Unternehmen mit drei und mehr Formen der Altersversorgung finanzierten sogar fast alle ihre Renten aus laufenden Mitteln.

Unter den thesaurierenden Versorgungseinrichtungen hatten die *Pensionsfonds* ein deutliches Übergewicht vor den Stiftungen bzw. Vereinen und Pensionskassen. Der Pensionsfonds war damit Ende der 30er Jahre die Form der Altersversorgung, die am häufigsten zur Sicherung der freiwilligen Rentenzahlungen oder übernommenen Pensionsverpflichtungen herangezogen wurde. Daraus wird der oben erwähnte Widerstand gegen die steuerlichen Regelungen verständlich, nach denen die Zuweisungen an Pensionsfonds einer Besteuerung unterzogen werden sollten[536].

Bei den Pensionsfonds wurden die unselbständigen Fonds, die lediglich einen Verrechnungsposten darstellten, der auf der Passivseite der Bilanz als Rücklage ausgewiesen wurde und dem auf der Aktivseite kein entsprechender, gesondert bilanzierter Vermögensposten gegenüberstand, gegenüber den Pensionsfonds mit einem separierten Zweckvermögen bevorzugt. Von den 73 in 1936 erfaßten betrieblichen Pensionsfonds waren 36 den unselbständigen Fonds zuzurechnen[537].

In der Regel lag die Verwendung der unselbständigen Fonds im freien Ermessen der Unternehmensleitungen; demzufolge gab es auch keine Statuten oder Richtlinien,

535 Vgl. S. 129f. und 138f.

536 Vgl. S. 116.

537 Kalbaum, Soziale Leistungen, 1990, S. 108.

die die Dotierung der Fonds oder die Zahlung von Ruhegeldern regelten. In einigen Ausnahmefällen war der Belegschaft eine gewisse Mitwirkung bei der Verwaltung dieser Fonds eingeräumt[538].

Bei den Pensionsfonds mit verselbständigten Zweckvermögen regelten im allgemeinen Richtlinien die Zuführung, Anlage und Verwendung der Fondsmittel. Dabei wurde auch bestimmt, welche Personen für die Verfügung über das Vermögen zuständig waren. In einigen Fällen wurde das Zweckvermögen auch als „Kasse" bezeichnet[539].

Im Unterschied zu den Pensionsfonds besaßen die *Stiftungen und eingetragenen Vereine* die rechtliche Selbständigkeit gegenüber den Betrieben, von denen sie gegründet wurden. Das in ihnen angesammelte Vermögen war ausschließliches Eigentum der Stiftungen bzw. der Vereine, denen auch die Erträgnisse aus diesen Vermögen zustanden. Da diese Stiftungen und Vereine aber in großem Umfang von den Betrieben ihre finanziellen Mittel erhielten, waren die Unternehmensleitungen der Muttergesellschaften in den Organen der Altersversorgungseinrichtungen vertreten und hatten sich dort einen maßgeblichen Einfluß vorbehalten[540].

Von den 14 Betrieben, die in 1936 eine Altersversorgungseinrichtung in diesen Rechtsformen unterhielten, hatten 8 Gesellschaften die Form des eingetragenen Vereins und 6 die der Stiftung gewählt[541].

Im Unterschied zu den bisher dargestellten Formen der Altersversorgung wurden die *Pensionskassen* als Versicherungsvereine auf Gegenseitigkeit betrieben und unterlagen damit gesetzlichen Auflagen und der Beaufsichtigung durch Bundes- oder Landesbehörden. Nach versicherungsmathematischen Grundsätzen waren die zur Absicherung der laufenden Pensionen und der Pensionsanwartschaften erforderlichen Deckungsrückstellungen zu ermitteln; für die Anlage der entsprechenden Vermögenswerte galten ebenfalls gesetzliche Bestimmungen.

Auf die Leistungen dieser Pensionskassen bestanden Rechtsansprüche der Versicherungsnehmer, die meist mit dem Eintritt in den Betrieb auch der Pensionskasse beitreten mußten. Mit ihren Eintrittsgeldern und ihren Beiträgen – in Vomhundertsätzen ihres Gehalts – trugen die Mitglieder der Pensionskassen zur Finanzierung ihrer Altersversorgung bei. In der Regel verpflichteten sich die Muttergesellschaften zumindest insoweit zu eigenen Zuwendungen, wie es die Sicherstellung der notwendigen Deckungsmittel erforderte.

Entsprechend hieß es beispielsweise in der Satzung der Versorgungskasse des Gerling-Konzerns, daß die Zuwendungen der Mitgliedsgesellschaften in der Auffüllung der vorhandenen Deckungsmittel auf das am Schluß des Rechnungsjahres nach dem Geschäftsplan der Kasse jeweilig erforderliche Reservesoll bestehen sollten. Eine ähnliche Bestimmung enthielt die Pensionskasse der Magdeburger Leben[542].

538 Kalbaum, Soziale Leistungen, 1990, S. 109.

539 So die „Pensionskasse der Alten Leipziger Lebensversicherungs-Gesellschaft" sowie die „Versorgungskasse" der Kölnischen Feuer; vgl. Kalbaum, Soziale Leistungen, 1990, S. 110.

540 Kalbaum, Soziale Leistungen, 1990, S. 118.

541 Im einzelnen: ebenda, S. 118.

542 Ebenda, S. 124.

Einen Ausnahmefall stellt die Altersversorgung der Norddeutschen Hagel dar, die zwei Versicherungsvereine, eine Pensionskasse und eine Witwen- und Waisenkasse unterhielt, für die sie die Finanzierung des notwendigen Deckungskapitals in vollem Umfang übernahmen; die Mitglieder brauchten also keine Beiträge zu bezahlen[543].

Da die versicherungsmäßigen Gesetzlichkeiten eine große Zahl von Versicherungsnehmern voraussetzen, fand sich ihre Anwendung in erster Linie bei den Großunternehmen, die in ihrem konzernmäßigen Verbund meistens eine gemeinsame Pensionskasse für alle Konzerngesellschaften vorhielten. Insgesamt gab es 38 Gesellschaften der Privatversicherung mit über 21 000 Belegschaftsangehörigen, für deren Altersversorgung Versicherungsvereine auf Gegenseitigkeit gegründet waren[544].

3.2.3.5.1 Zuwendungen und Vermögen der Pensionsfonds, Stiftungen und Pensionskassen

Welcher betriebliche Aufwand mit den Zuwendungen an die einzelnen Formen der Unterstützungseinrichtungen in 1936 verbunden war, läßt sich aus der folgenden Aufstellung ablesen; zum Vergleich sind in der rechten Spalte die effektiven Rentenzahlungen festgehalten[545].

543 Kalbaum, Soziale Leistungen, 1990, S. 124.

544 Ebenda, S. 122f.

545 Die Aufstellung ergibt sich aus verschiedenen Tabellen in:
Kalbaum, Soziale Leistungen, 1990:
Renten aus lfd. Mitteln: S. 103
Pensionsfonds: S. 112 und 115 (die Summe der Ausgaben differiert mit der Angabe auf S. 101 um 2 TRM)
Stiftungen/Vereine: S. 119 und 120
Pensionskassen: S. 125 und 127
Gefolgschaftsversicherung: S. 135
Einzelversicherung: S. 138
Höherversicherung: S. 140 (im Text wird nur die Gesamtsumme angegeben).
Bei den versicherten Leistungen treten an die Stelle der Auszahlungen die versicherten Kapitalsummen, die unten auf S. 138f. wiedergegeben sind; für die Höherversicherung bei der RfA liegen keine Angaben über den Umfang der versicherten Leistung vor.

Betriebsgröße	Zahl der Betriebe	Zuwendungen/ Beiträge	Auszahlungen
		– in 1.000 RM –	
1. Renten aus lfd. Mitteln			
Kleinst	8	22	22
Klein	10	86	86
Mittel	41	799	799
Groß	53	6.235	6.235
	112	7.142	7.142
2. Pensionsfonds			
Kleinst	5	39	11
Klein	9	98	26
Mittel	30	1.526	271
Groß	29	2.613	1.220
	73	4.276	1.528
3. Stiftungen/Vereine			
Kleinst	–	–	–
Klein	1	30	2
Mittel	5	225	30
Groß	8	1.520	10
	14	1.775	42
4. Pensionskassen			
Kleinst	7	19	–
Klein	6	85	33
Mittel	5	250	101
Groß	20	3.442	2.449 *
	38	3.796	2.583
Zwischensumme	237**	16.989	11.295
5. Gefolgschaftsversichrung			
Kleinst	–	–	–
Klein	2	3	–
Mittel	13	65	–
Groß	17	547	–
	32	615	–
6. Einzelversicherung			
Kleinst	2	2	–
Klein	4	6	–
Mittel	12	71	–
Groß	19	827	–
	37	906	–
7. Höhervers. bei der RfA			
Kleinst	2	.	–
Klein	3	.	–
Mittel	2	.	–
Groß	1	.	–
	8	5	–
Insgesamt:	314**	18.515	(11.295)

*) Von diesem Betrag betreffen 1,97 Mio. RM 9 Allianzgesellschaften (darunter 2 Kleinbetriebe und ein Mittelbetrieb).

**) Die Zwischen- und Gesamtsumme enthalten Doppelzählungen.

Die Gegenüberstellung der Zuweisungen mit den Rentenzahlungen bei den thesaurierenden Versorgungsformen zeigt, daß die Unternehmen weit mehr aufgewendet haben, als für Rentenzahlungen benötigt wurde. Allerdings ist die Handhabung im Einzelfall äußerst unterschiedlich.

Von den 73 *Pensionsfonds* sind 54 mit Zuweisungen in Höhe von 4,3 Mio. RM bedacht worden. Von den 73 Pensionsfonds zahlten jedoch nur 29 Fonds Renten aus; die Fonds von 44 Gesellschaften sind also nicht in Anspruch genommen worden, 31 Fonds wurden aber mit finanziellen Mitteln ausgestattet. Die Rentenzahlungen wurden bei der Mehrzahl dieser Pensionsfonds direkt aus den laufenden Mitteln an die Rentenempfänger bezahlt. Andererseits gab es unter den 19 Fonds, die keine Zuweisungen erhielten, in 1936 6 Fonds, die dennoch Rentenzahlungen vornahmen[546].

In juristischer Sicht waren die Pensionsfonds Eigentum der Betriebe, so daß im Prinzip keine Zinsverpflichtung für die vorhandenen Vermögen bestand. Soweit dennoch Zinsen verrechnet wurden, sind diese Zinsen im Enquetebericht als Erträgnisse der Pensionsfonds und nicht als soziale Aufwendungen der Betriebe behandelt worden; es handelte sich um 1,1 Mio. RM.

Ohne diese Zinsen und ohne Einbeziehung der Beiträge, die bei einigen Pensionsfonds von den Anspruchsberechtigten zu zahlen waren, ergab sich bei den Pensionsfonds im Jahre 1936 ein Überschuß der Zuwendungen über die gezahlten Renten von rd. 2.75 Mio. RM.

Bei den 14 rechtlich selbständigen *Stiftungen und eingetragenen Vereinen* ist das angesammelte Vermögen ausschließlich ihr Eigentum, d.h. daß ihnen auch die Zinsen aus den jeweiligen Vermögen zustehen. Diese Zinsen beliefen sich bei 6 Stiftungen bzw. Vereinen auf rd. 0,3 Mio. RM; für die übrigen 8 lagen keine Angaben vor[547].

Da die Rentenzahlungen bei 6 – der insgesamt 14 – Stiftungen bzw. Vereinen mit rd. 42.000 RM bedeutungslos waren, führten die Zuwendungen zu einer beachtlichen Vermögensaufstockung, wie die nächste Tabelle zeigt.

Bei den als kleinere Versicherungsvereine geführten *Pensionskassen* bestanden die Einnahmen aus den Beiträgen der Mitglieder, d.h. der Versicherungsnehmer, aus den Zuwendungen der Betriebe sowie den Vermögenserträgnissen.

Im allgemeinen waren die betrieblichen Zuwendungen gemäß den Festlegungen in der Satzung der Pensionskasse in einem Umfang zu leisten, der die Auffüllung der Deckungsmittel auf das jahresmäßig jeweils erforderliche Deckungssoll sicherstellte. Über die Höhe der vereinnahmten Beiträge und der Vermögenserträgnisse lagen keine Angaben vor, so daß auch hier eine exakte liquiditätsmäßige Darlegung nach Einnahmen und Auszahlungen nicht möglich war. Immerhin überstiegen die betrieblichen Zuschüsse bei den 38 Pensionskassen in Höhe von 3.796.000 RM die von 25 Pensionskassen erbrachten Rentenleistungen von rd. 2.582.000 RM noch beachtlich.

Bemerkenswert ist, daß 13 Pensionskassen keine Renten gezahlt haben. Dieser Sachverhalt erscheint etwas außergewöhnlich, da das Bestehen einer Pensionskasse im allgemeinen eine größere Zahl von Mitgliedern und meistens auch von Pensions-

546 Kalbaum, Soziale Leistungen, 1990, S. 111, 115 und 117.
547 Ebenda, S. 114.

empfängern voraussetzt. Möglicherweise hatten einige Pensionskassen gerade erst ihren Betrieb aufgenommen. Mehr Wahrscheinlichkeit bietet die Annahme, daß bei den 38 Pensionskassen Doppelzählungen vorlagen; denn beispielsweise waren die 18 Mittelbetriebe mit ihren Belegschaften bis 200 Personen für den Aufbau einer nach versicherungsmathematischen Grundsätzen errichteten Pensionskasse im Prinzip zu klein. Soweit sie also im Rahmen der Enquete eine Pensionskasse als Altersversorgung für ihre Mitarbeiter angezeigt hatten, wird es sich um die Pensionskasse eines Konzerns gehandelt haben, dem das meldende Unternehmen angehörte; vermutlich hatte dieses Unternehmen zum Zeitpunkt seiner Berichterstattung keine eigenen Pensionäre.

Auch bei den 14 Stiftungen/Vereinen sind solche Doppelzählungen nicht auszuschließen; bereits in der Verbandserhebung für das Jahr 1919 war festzustellen, daß zumindest eine Stiftung für zwei Unternehmen tätig war[548]. Dagegen sind bei den 73 Pensionsfonds Doppelzählungen auszuschließen, da das Vorhandensein eines Fonds seine Bilanzierung in dem betreffenden Unternehmen und damit seine individuelle Zugehörigkeit in der Regel voraussetzt.

Wie im vorangehenden ausgeführt, haben 44 Pensionsfonds, 8 Stiftungen und 12 Pensionskassen keine Renten ausgezahlt. Also sind bei mehr als der Hälfte der thesaurierenden Einrichtungen, und zwar insbesondere bei den Pensionsfonds, lediglich Ansparvorgänge in Form von Zuweisungen und Zinserträgen vorgenommen worden, während die Renten durch die laufenden Mittel finanziert wurden. Aber auch bei den rentenzahlenden Versorgungseinrichtungen überstiegen die Einnahmen aus den betrieblichen Zuwendungen, Vermögenserträgnissen und Beiträgen die Abflüsse für Ruhegelder beachtlich. Nach dem Enquetebericht haben diese Ansparvorgänge bei den thesaurierenden Versorgungseinrichtungen im Jahre 1936 zu folgenden *Vermögenswerten* geführt[549]:

Betriebs-größe	Pensionsfonds		Stiftungen		Pensionskassen	
	Betr.Zahl	TRM	Betr.Zahl	TRM	Betr.Zahl	TRM
Kleinst	5	353	–	–	7	.
Klein	9	1.121	1	100	6	.
Mittel	30	6.234	5	2.163	5	.
Groß	29	28.022	8	7.895	20	.
Insgesamt	73	35.730	14	10.157	38	rd. 36.000

548 Es handelte sich um die Mutzenbechersche Invaliden-, Witwen- und Waisen-Pensionskasse, die die Rechtsform einer Stiftung besaß; vgl. Tabelle II, Nr. 3 und Nr. 20 nach S. 98.

549 Kalbaum, Soziale Leistungen, 1990, S. 111, 119 und 125.

In den thesaurierenden Versorgungseinrichtungen wurden also beträchtliche Vermögen angesammelt. Der Nettozuwachs in 1936 hat weit über 7 Mio. RM betragen[550].

Unter den Pensionskassen ist die „Allianz Versorgungskasse“ mit einem Vermögen von 22,2 Mio. RM zum Jahresende 1936 erfaßt, obwohl sie als nichtrechtsfähiger Verein in dieser Gruppe eigentlich nicht hätte erfaßt werden dürfen. Da aber ihre Umwandlung in einen VVaG kurz bevorstand und sie im übrigen bereits die Merkmale einer Pensionskasse aufwies, erschien dem Verfasser des Enqueteberichts diese nicht systemgerechte Eingliederung gerechtfertigt[551]. Mit einem Mitgliederbestand von 10 451 Personen, darunter 1 320 „Außenbeamte“, am Ende des Jahres 1936 war die Allianz-Versorgungskasse die größte Altersversorgungseinrichtung der Versicherungswirtschaft. Zum gleichen Zeitpunkt erhielten 839 Personen Ruhegeld oder Hinterbliebenenrenten. Im Jahre 1936 standen den Kasseneinnahmen an Beiträgen, Gesellschaftszuschüssen und Zinsen in Höhe von insgesamt 5,04 Mio. RM Kassenleistungen von 1,36 Mio. RM gegenüber, d.h. daß sich das Vermögen der Versorgungskasse um rd. 3,68 Mio. RM erhöhte[552].

Zu dieser beachtlichen Polsterbildung dürften unterschiedliche Beweggründe geführt haben. Es gab eine Reihe von älteren Versorgungseinrichtungen, die darum bemüht war, die in der Inflation von 1923 verlorenen Vermögenswerte wieder aufzufüllen. Im wesentlichen waren aber wohl alle Betriebe – insbesondere diejenigen, die ihre Renten aus den laufenden Mitteln zahlten – daran interessiert, Reserven für die Zeiten anzulegen, in denen die laufenden betrieblichen Erträge keine Rentenzahlungen zuließen. Schließlich bestand bei einigen Betrieben auch die Absicht, ihren Pensionsfonds in einen kleineren Versicherungsverein umzuwandeln, um damit die oben erwähnten steuerlichen Begünstigungen nutzen zu können. Für die rechtliche Umgründung war der Nachweis eines ausreichenden Deckungsvermögens für die nach finanzmathematischen Grundsätzen ermittelten Deckungsrückstellungen erforderlich.

550 Der Nettozuwachs ergibt sich aus der Differenz von Zuwendungen und Auszahlungen in Höhe von 5,7 Mio. RM sowie aus den angegebenen Zinsen von 1,1 Mio. RM bei den Pensionsfonds und von 0,3 Mio. RM bei den Stiftungen/Vereinen; Kalbaum, Soziale Leistungen, 1990, S. 94 und S. 119. In dieser Rechnung sind die Beiträge der Angestellten und die Vermögenserträgnisse bei den Pensionskassen (und auch bei einigen Pensionsfonds) in Ermangelung entsprechender Angaben nicht berücksichtigt.

551 Kalbaum, Soziale Leistungen, 1990, S. 123.

552 Allianz, Beitrag von Schäfer über die Allianz-Versorgungskasse, S. 7f.

3.2.3.5.2 Höhe der Renten

Wie sich die ausgezahlten Renten auf die einzelnen Formen der Versorgungseinrichtungen und hier auf die Empfänger aufteilten, zeigt die folgende Aufstellung[553]:

Betriebs-größe	Betriebs-zahl	Mitarbeiter-zahl	Gesamtrente in TRM	Zahl der Rentner	Monatl. Rente je Kopf in RM
1. Rente aus laufenden Mitteln					
Kleinst	8	90	22	25	74,–
Klein	10	359	86	62	115,–
Mittel	41	3.814	799	435	153,–
Groß	53	41.401	6.235	3.504	148,–
	112	45.664	7.142	4.026	148,–
2. Pensionsfonds					
Kleinst	3	31	11	6	160,–
Klein	5	140	26	13	169,–
Mittel	10	1.282	271	139	163,–
Groß	11	7.152	1.220	569	179,–
	29	8.605	1.528	727	175,–
3. Stiftungen/Vereine					
Kleinst	–	–	–	–	–
Klein	1	22	2	2	100,–
Mittel	3	587	30	27	94,–
Groß	2	6.699	10	12	68,–
	6	7.308	42	41	86,–
4. Pensionskassen					
Kleinst	–	–	–	–	–
Klein	3	121	33	31	87,–
Mittel	4	378	101	82	103,–
Groß	18	19.653	2.449 **)	1.469	139,–
	25	20.152	2.583	1.582	136,–
Insgesamt:	172 *)	81.729 *)	11.295	6.376	148,–

*) Die Gesamtsummen der Betriebe und der Mitarbeiter enthalten Doppelzählungen.
**) Von diesem Betrag betreffen 11,97 Mio. RM 9 Allianzgesellschaften (darunter 2 Kleinbetriebe und ein Mittelbetrieb)

Auch diese Tabelle spiegelt das unterschiedliche Gewicht der einzelnen Versorgungsformen wider. Die „Rente aus laufenden Mitteln“ betraf 45.664 Mitarbeiter, d.s. 70% der insgesamt in der Enquete erfaßten Belegschaftsangehörigen; der ausgezahlte Rentenbetrag von 7,1 Mio. RM machte 63% des Gesamtrentenbetrages

553 Kalbaum, Soziale Leistungen, 1990, S. 103, 115, 120 und 127.

aus. An zweiter Stelle folgten die rechtlich selbständigen Pensionskassen von 25 Betrieben, die für 20.152 Mitarbeiter Renten in Höhe von insgesamt 2,6 Mio. RM auszahlten.

Daß bei den Auszahlungen manche Belegschaften über mehrere Formen – z.B. sowohl aus den thesaurierenden Einrichtungen als auch aus den laufenden Mitteln – bedacht wurden, ergibt sich aus der Gesamtsumme der begünstigten Belegschaften, die mit rd. 82.000 die Gesamtzahl der über die Enquete erfaßten Mitarbeiter – letztere Zahl umfaßt auch die Mitarbeiter mit einer Altersversorgung über eine Lebensversicherung – weit übersteigt.

Schließlich ist auch nicht auszuschließen, daß ein Rentner Leistungen sowohl aus „laufenden Mitteln" als auch aus einer Stiftung oder aus der Gefolgschaftsversicherung erhalten hat.

Bei den Leistungen, die in den einzelnen Formen der Altersversorgung erbracht wurden, ist zu berücksichtigen, daß sie auf sehr unterschiedlichen Rechtsgrundlagen beruhten. In einer Vielzahl von Fällen – insbesondere bei den VVaG's – haben Satzungen vorgelegen, die den Mitarbeitern nach Erfüllung bestimmter Voraussetzungen – wie Dauer der Firmenzugehörigkeit, Lebensalter, positiver Gesundheitsbefund – Rechtsansprüche auf eine Altersversorgung einräumten.

Daneben gab es eine Reihe von Unternehmen, die Ruhegeldzahlungen lediglich nach freiem Ermessen leisteten, um damit die Leistungen den jeweils vorhandenen Mitteln anpassen zu können. Davon machten vor allem diejenigen Unternehmen Gebrauch, die ausschließlich die Altersversorgung in Form der „Rentenzahlung aus laufenden Mitteln" betrieben. Fallweise wurde jeweils über ein Ruhegeld entschieden, wobei die Unternehmen von unterschiedlichen Kriterien ausgingen.

Bei der Anker richtete sich die Höhe der Rente „nach dem Verdienst des Pensionierten um die Gesellschaft", bei der Kölnischen Glas „nach seiner Stellung im Betrieb, dem Verdienst um die Gesellschaft und seinem Einkommen", bei der Hamburg-Mannheimer außer „nach dem Einkommen und den Berufsjahren nach den sozialen Verhältnissen des Leistungsempfängers"[554].

Um den Charakter der freiwilligen Zahlung zu betonen, wurde bei einigen Versicherungsunternehmen der Ausdruck „Rente" vermieden und statt dessen von einer „Beihilfe" oder Unterstützung gesprochen[555].

In der Mehrzahl der Betriebe dürften jedoch nicht fallweise Entscheidungen, sondern eindeutige Satzungsbestimmungen den Rentenzahlungen zugrunde gelegen haben. Die Voraussetzungen für die Rentengewährung waren gegenüber denen zu Beginn des Jahrhunderts ziemlich unverändert geblieben. Es wurde im allgemeinen eine 10jährige Betriebszugehörigkeit verlangt. Die Rentenzahlung begann bei Berufsunfähigkeit oder bei Erreichung der Altersgrenze, die nach dem Enquetebericht bei der Mehrzahl der Fälle beim 63. Lebensjahr gelegen haben soll[556].

Neben diesen Renten, die der Belegschaft nach Erfüllung bestimmter Voraussetzungen eingeräumt wurden, waren unter den Zahlungen auch Pensionen enthalten,

554 Kalbaum, Soziale Leristungen, 1990, S. 107.
555 Ebenda, S. 104.
556 Ebenda, S. 116.

die den leitenden Angestellten aufgrund einer dienstvertraglichen Regelung eingeräumt und daher nicht der betrieblichen Sozialpolitik zuzurechnen waren.

Diese dienstvertraglichen Ruhegeldzahlungen dürften die in der obigen Aufstellung berechnete Monatsrente pro Kopf nicht unerheblich beeinflußt haben. Dies zeigt die folgende Tabelle, die die Häufigkeitsverteilung der Höchstrentenzahlungen aus laufenden Mitteln nach Betriebsgrößen in 1936 wiedergibt[557]:

Die höchste Rente betrug monatlich	Kleinstbetriebe	Kleinbetriebe	Mittelbetriebe	Großbetriebe	Insgesamt
1.000 RM und mehr	–	–	2	5	7
500 bis 1.000 RM	–	2	4	18	24
250 bis 499 RM	–	3	21	13	37
100 bis 249 RM	4	5	11	5	25
unter 100 RM	5	4	2	1	12
Insgesamt	9	14	40	42	105

Wenn man davon ausgeht, daß Ruhegelder sich in der Regel auf das zuletzt erreichte Gehalt bezogen und das Durchschnittsgehalt in 1936 etwa 220 RM monatlich betrug[558], dürften Renten von 250 RM und mehr – wie sie immerhin von 68 Betrieben gezahlt wurden – im wesentlichen leitenden Angestellten zugeflossen sein. Mit diesen dienstvertraglichen Pensionen wird natürlich die Aussagekraft der durchschnittlichen Monatsrente erheblich verfälscht. Da insbesondere die großen Unternehmen ihren leitenden Angestellten Pensionen zukommen ließen, wird verständlich, warum bei diesen die höchste Durchschnittsrente ausgewiesen wurde.

Ein interessanter Einblick in die Struktur der Ruhegeldzahlungen hätte sich zusätzlich ergeben, wenn auch eine Häufigkeitsverteilung der Niedrigstrenten überliefert worden wäre[559]. Da in der obigen Aufstellung die Höchstrenten bei 12 Betrieben unter monatlich 100,– RM lagen – d.h. daß die Durchschnittsrente nicht unbeträchtlich niedriger war –, kam in diesen Fällen der betrieblichen Leistung eher der Charakter einer Beihilfe oder Unterstützung als der einer Rente zu, es sei denn, es handelte sich um Waisenrenten. Daß bei den kleineren Unternehmen die monatlichen Versorgungsleistungen relativ niedrig lagen, dürfte eine Erklärung in finanziellen Gründen finden; in der Regel wird es sich um die Zahlung von freiwilligen Beihilfen gehandelt haben.

Da nahezu 98% der Belegschaften den Mittel- und Großbetrieben zuzurechnen waren, läßt sich aus der Tabelle S. 135 entnehmen, daß sich für die Mitarbeiter in der Versicherungswirtschaft im Jahre 1936 eine Durchschnittsrente von 148,– RM monatlich ergab; in dem Enquetebericht wurde angenommen, daß die Mehrzahl der

557 Kalbaum, Soziale Leistungen, 1990, S. 107.
558 Ebenda, S. 26.
559 Eine Häufigkeitsverteilung der Niedrigstrenten war als Tabelle 2 ursprünglich vorhanden, jedoch dem überlieferten Exemplar nicht beigefügt.

Renten tatsächlich erheblich niedriger lag und zwischen 75 und 125 RM monatlich betragen haben dürfte[560]; demnach hätten sich die mutmaßlich vorhandenen dienstvertraglichen Pensionen der leitenden Angestellten nicht unbeträchtlich ausgewirkt.

Für das Jahr 1936 errechnet sich für die drei unteren Tarifklassen ein monatliches Durchschnittsgehalt von 190 RM[561]. Würde die Durchschnittsrente bei etwa 100 RM angesetzt werden, dann machte dieser Rentenbetrag ungefähr 45% des durchschnittlichen Monatsgehalts im Jahre 1936 aus. Unter Hinzurechnung der durchschnittlichen Rente der RfA von rd. 60 RM[562] ergäbe sich eine Gesamtrente von rd. 160 RM; das wären 84% des durchschnittlichen Einkommens eines Angestellten in der Versicherungswirtschaft. Offen bleibt bei dieser überschläglichen Rechnung, ob und in welchem Umfang die betrieblichen Renten um die Rente aus der Sozialversicherung gekürzt wurden[563].

3.2.3.5.3 Betriebliche Altersversorgung über Lebensversicherung

Im Jahre 1936 hatten 32 Gesellschaften ihren Belegschaften den Abschluß von Gefolgschaftsversicherungen angeboten. Von der Form der Einzellebensversicherung hatten im gleichen Jahr 37 Versicherungsunternehmen Gebrauch gemacht. Einen Überblick über die Anzahl der versicherten Personen, die von den Betrieben übernommenen Prämienanteile und über die versicherten Kapitalsummen zeigt für die einzelnen Betriebsgrößen die folgende Tabelle[564]:

Betriebsgröße	Zahl d. Betriebe	Belegschaft	Davon versichert	Prämienanteile RM	Versicherte Kapitalsumme RM
1. Gefolgschaftsversicherung					
Kleinst	–	–	–	–	–
Klein	2	70	30	3.695	184.000
Mittel	13	1.166	600	64.883	1.678.742
Groß	17	9.747	3.163	546.780	16.783.158
Insgesamt	32	10.983	3.798	615.358	18.645.900 *

*) Ohne kapitalisierte Rentenbeträge

560 Kalbaum, Soziale Leistungen, 1990, S. 105.

561 Ebenda, S. 18. Das Durchschnittsgehalt ergibt sich als gewogener Mittelwert aus den angegebenen Durchschnittsgehältern und der Gesamtzahl der Angestellten in den drei unteren Gehaltsklassen.

562 RfA, Angestelltenversicherung, 1913–1937, S. 91.

563 Vgl. S. 91ff.

564 Kalbaum, Soziale Leistungen, 1990, S. 135 und 138.

Betriebs-größe	Zahl d. Betriebe	Beleg-schaft	Davon versichert	Prämien-anteile RM	Versicherte Kapitalsumme RM
2. Einzellebensversicherung					
Kleinst	2	12	8	1.953	5.800
Klein	4	90	40	6.199	175.195
Mittel	12	1.172	300	71.266	1.295.334
Groß	19	11.669	1.795	826.977	22.937.416
Insgesamt	37	12.943	2.143	906.395	24.413.745

Unter den Einzellebensversicherungen in der versicherten Kapitalsumme der Großbetriebe sind die von fünf Victoria-Gesellschaften abgeschlossenen Rentenversicherungen in Höhe von 2,67 Mio. RM enthalten[565]; bei allen übrigen Versicherungen handelt es sich um Kapitalversicherungen.

Bei den Gefolgschaftsversicherungen hatten von den erfaßten 32 Gesellschaften 7 Betriebe mit 1.524 Angestellten für 599 Belegschaftsangehörige Rentenversicherungen abgeschlossen, für die die kapitalisierten Werte nicht bekannt waren. Der geringe Anteil der Rentenversicherungen dürfte damit zusammenhängen, daß die Verrentung der durchschnittlich versicherten Kapitalsummen zu relativ niedrigen Rentenbeträgen führte; für den Versicherten war es daher günstiger, im Zeitpunkt der Pensionierung über den insgesamt versicherten Kapitalbetrag verfügen zu können.

Die *Gefolgschaftsversicherung* wurde nach der Novellierung der Gruppenversicherungsrichtlinien als eine Form der Altersversorgung zunehmend eingeführt. Die Kriterien für die Teilnahme an der Gefolgschaftsversicherung richteten sich nach den Richtlinien des Aufsichtsamtes[566] und darüber hinaus nach betrieblichen Bestimmungen, die hauptsächlich die Dauer der Betriebszugehörigkeit, das Lebensalter, Geschlecht und das Einkommen der Angestellten betrafen[567].

Eine 10jährige Betriebszugehörigkeit wurde bei der Karlsruher Leben, bei der Albingia und bei der Hamburg-Mannheimer verlangt; eine 5jährige forderten die Iduna-Germania-Gesellschaften, eine dreijährige die Nord-Deutsche. Bei der Vereinigten Mitteldeutschen, Leipzig, wurde nur eine 6monatige Betriebszugehörigkeit vorausgesetzt.
Unabhängig von der Dauer der Betriebszugehörigkeit konnten alle Angestellten der Friedrich Wilhelm Leben eine Sterbegeldversicherung abschließen, für die die Gesellschaft jedoch nur 20% der Prämien übernahm.

Als Voraussetzung für die Aufnahme in die Gefolgschaftsversicherung wurde in den meisten Fällen ein Mindestalter von 25 Jahren, ein Höchstalter von 45 bis 50 Jahren, teilweise auch bis 60 Jahren (Iduna-Germania-Gesellschaften) verlangt. Bei der Braunschweigischen Leben wurden nur männliche Angestellte in die Gefolgschaftsversicherung aufgenommen.

565 Kalbaum, Soziale Leistungen, 1990, S. 139.
566 Vgl. S. 121f.
567 Kalbaum, Soziale Leistungen, 1990, S. 130f.

Die Höhe der Prämie richtete sich nach dem Alter des zu versichernden Belegschaftsangehörigen, der zu versichernden Summe und dem Zeitpunkt der Fälligkeit.

Die Iduna-Germania-Gesellschaften führten 1935 eine Inspektoren-Versorgung auf Rentengrundlage ein, die allerdings nur besonders verdienten Mitarbeitern vom 60. Lebensjahr an zuerkannt wurde. Die Höhe des Versorgungsanspruchs wurde aus der akquisitorischen Leistung des Inspektors hergeleitet. Nach einem auf das Alter des Versorgungsberechtigten abgeleiteten Schlüssel erwarb der Inspektor jährlich einen bestimmten Rentenanspruch und konnte so laufend seine Versorgung aufbauen. Im Jahre 1938 wurde dieses Versorgungswerk auf die Oberinspektoren und hauptberuflichen Vertreter ausgedehnt, die ihr Altersruhegeld jedoch erst mit dem 65. Lebensjahr erhielten[568]. Im Jahre 1942 wurde das Versorgungswerk insofern vervollständigt, als nunmehr grundsätzlich jeder Angehörige des Außendienstes in die Alters- und Hinterbliebenenversorgung – und zwar auf Basis einer Kapitalversicherung mit Einschluß einer Invaliden-, Witwen- und Waisenrente – einbezogen wurde. Die Bedingungen des Versorgungswerkes waren für Inspektoren und Vertreter die gleichen, nur hinsichtlich der Beitragszahlung bestand ein wesentlicher Unterschied. Während bei der Vertreterversorgung die Gesellschaft nur einen Zuschuß zu der Beitragszahlung leistete, trug sie diese bei der Inspektorenversorgung ganz allein[569].

Nach den Auflagen des Aufsichtsamtes für die Gefolgschaftsversicherung mußte der Betrieb mindestens 20% der Prämie selbst tragen; den Rest konnte er nach freiem Ermessen auf die zu versichernden Belegschaftsmitglieder aufteilen. Im übrigen war die gesamte Prämie in einer Summe an die Lebensversicherungsgesellschaft abzuführen[570].

Die Mehrzahl der Gesellschaften übernahm im Rahmen ihrer Gefolgschaftsversicherung mehr als die geforderten 20% der Prämien, wobei teilweise nach Dauer der Betriebszugehörigkeit und dem Einkommen der zu versichernden Belegschaftsangehörigen differenziert wurde.

Die volle Prämie wurde von der Braunschweigischen Leben, den Iduna-Germania-Gesellschaften, der Kölnischen Leben und der Volkswohl übernommen. 66 ²/₃% der Prämie zahlten die Albingia und die Hamburg-Mannheimer, 50% die Nord-Deutsche. Zwischen 50 bis 100% der Prämie je nach der Dauer der Betriebszugehörigkeit und der Gehaltsgruppe trug der Deutsche Ring. Bei der Deutsche Leben Berlin ergab sich der Beitragsanteil des Belegschaftsangehörigen aus einem Prozentsatz des Einkommens; dieser Prozentsatz stieg mit der Höhe des Einkommens[571].
Die Berlinische Leben übernahm in Abhängigkeit von der Höhe des Gehalts und der danach bemessenen Versicherungssumme zwischen 85% und 50% der Prämie[572].

Soweit die Belegschaftsangehörigen über die Gefolgschaftsversicherung hinaus Lebensversicherungen für sich abschließen wollten, fanden bei den Lebensversicherungsunternehmen in der Regel Haustarife Anwendung, die eine Reduzierung der Tarifprämie vorsahen.

568 Iduna, Erläuterungen zur Umstellungsrechnung, Gruppe 3.
569 Ebenda, Gruppe 5.
570 Vgl. S. 121f.
571 Kalbaum, Soziale Leistungen, 1990, S. 131f.
572 Berlinische Leben: Werksgemeinschaftsversicherung von 1936, A. II. § 2.

Bei den National-Gesellschaften war Voraussetzung für die Gewährung einer von den Gesellschaften zu ihren Lasten abgeschlossenen Lebensversicherung – der sogenannten Versorgungspolice – der Abschluß einer Lebensversicherung für eigene Rechnung. Die Höhe der Versorgungs- und der eigenen Versicherung richtete sich nach der Höhe des Gehalts; bei einem monatlichen Gehalt von 200 RM betrug die Versorgungspolice 6.000 RM und die Pflichtversicherung 1.000 RM; dieses Verhältnis verringerte sich in der höchsten Gehaltsstufe von über 600 RM auf 33.000 zu 20.000 RM. Beide Versicherungen wurden spätestens mit dem Ablauf des 65. Lebensjahres fällig. Die Gesellschaft behielt sich vor, die Versorgungsversicherung in Form einer Rente auszuzahlen. Im Falle des freiwilligen Ausscheidens aus dem Betrieb ging die Versorgungspolice auf den Versicherungsnehmer über[573].

Die Vorschriften des Reichsaufsichtsamtes für die Gefolgschaftsversicherung sahen vor, daß den Versicherungsnehmern ein Rechtsanspruch auf die Versicherungsleistung in der Höhe eingeräumt wurde, die ihren eigenen Beitragsanteilen entsprach. In der Regel wurde jedoch bei Eintritt des Versicherungsfalles den versicherten Belegschaftsangehörigen die Verfügung über die gesamte Versicherungssumme eingeräumt. Einige Betriebe übertrugen den vollen Rechtsanspruch nach einer gewissen Zahl von Beitragsjahren auf ihre versicherten Belegschaftsangehörigen[574].

Bei der Barmenia, die zwischen 66 ²/₃ und 100% der Prämien übernahm, erhielt der Versicherungsnehmer nach 5jähriger Betriebszugehörigkeit das teilweise, nach 15 Dienstjahren das volle Verfügungsrecht über seine Gefolgschaftsversicherung. Letzteres räumte die Nord-Deutsche, die 50% der Prämien übernahm, generell nach 10 Beitragsjahren ein.

In dem Fall, daß der versicherte Belegschaftsangehörige vor Eintritt des Versicherungsfalles aus den Diensten der Gesellschaft ausschied, stand ihm lediglich ein Rechtsanspruch in Höhe seiner eigenen Beitragsleistung zu der abgeschlossenen Versicherung zu, soweit nicht die Gesellschaft – wie in den oben genannten Fällen – ihre Rechte bereits auf den versicherten Belegschaftsangehörigen übertragen hatte. In der Praxis wurde jedoch zugunsten der Versicherungsnehmer abgewichen, und zwar in der Weise, daß der aus dem Betrieb ausgeschiedene Angestellte die gesamte Versicherung in Form einer Einzellebensversicherung mit der jeweils vollen Tarifprämie weiterführen konnte. Daneben wurde bei einigen Gesellschaften die Umwandlung in eine beitragsfreie Lebensversicherung oder Auszahlung des Rückkaufswertes oder alternativ eine der genannten Möglichkeiten eingeräumt[575].

Für die im Rahmen der Gefolgschaftsversicherung abgeschlossenen 3.199 Kapitalversicherungen errechnete sich eine durchschnittliche Versicherungssumme von 5.830 RM. Allerdings war die Streuungsbreite recht beträchtlich[576].

Beispielsweise lagen die versicherten Summen bei der Mannheimer zwischen 1.000 und 2.000 RM, bei der Braunschweigischen Leben zwischen 6.000 und 18.000 RM, bei den Iduna-Germania-Gesellschaften zwischen 7.500 und 25.000 RM, bei der Barmenia zwischen 1.020 und 24.300 RM und

573 Kölnische Feuer, Altersversorgung von 1938, §§ 3, 4, 7 und 11.
574 Kalbaum, Soziale Leistungen, 1990, S. 133.
575 Berlinische Leben, Werksgemeinschafts-Versicherung von 1936, B. § 9.
576 Kalbaum, Soziale Leistungen, 1990, S. 135.

bei der Albingia zwischen 5.000 und 40.000 RM. Beim Deutschen Ring lag der Gefolgschaftsversicherung ein einheitlicher Betrag von 8.000 RM zugrunde.
Bei der Berlinischen Leben erhielt jeder Angestellte nach Vollendung des fünften Dienstjahres bei der Gesellschaft eine Versicherung von 5.000 RM, die fällig wurde, wenn der versicherte Angestellte vor Vollendung des 10. Dienstjahres verstarb. Im Anschluß wurde die Versicherungssumme nach dem sich aus dem Dienstvertrag ergebenden Gehalt bemessen und stufte sich von 7.000 RM bis 16.000 RM; der Beitragszuschuß der Gesellschaft reduzierte sich von 100% (bis 6 000 RM Versicherungssumme) gestaffelt auf 50% (bei 16 000 RM und mehr). Bei weiblichen Angestellten war die Versicherungssumme gleich dem dreifachen Jahresgehalt und begrenzt auf 9.000 RM; die Gesellschaft übernahm die Beitragszahlung für 6.000 RM. Für weibliche und männliche Angestellte war in die Versicherung eine Invaliditäts-Zusatzversicherung von 15% der Versicherungssumme eingeschlossen[577].

Bei der historisch gewachsenen *Einzellebensversicherung* war zu unterscheiden zwischen den Versicherungen, die der Betrieb zugunsten einzelner Mitarbeiter – insbesondere in leitender Funktion – abschloß und für die er die erforderlichen Beiträge in vollem Umfange übernahm, und den Versicherungen, die jedes Belegschaftsmitglied nach einer gewissen Betriebszugehörigkeit unter Hinzuzahlung eines gewissen Prämienanteils selbst abschließen konnte. Im letzteren Fall schloß also nicht der Betrieb, sondern das Belegschaftsmitglied selbst bei seinem Betrieb – soweit es ein Lebensversicherungsunternehmen ist – oder über seinen Betrieb eine Lebensversicherung ab. In der Regel wurden hierbei vergünstigte Bedingungen eines „Haustarifs" gewährt[578].

Bei den National-Gesellschaften mußten die Angestellten – wie oben bereits erwähnt – zu der von der Gesellschaft gewährten Versorgungspolice eine eigene Lebensversicherung abschließen. Bei der DKV wurden nach zehnjähriger Zugehörigkeit zwei Drittel der Gesamtprämie einer Lebensversicherung in Höhe des dreifachen Jahresgehalts übernommen. Bei Verheirateten und Kinderreichen wurde diese Vergünstigung bereits nach zwei Dienstjahren gewährt.
Bei den Victoria-Gesellschaften wurden durchschnittlich ebenfalls zwei Drittel der Prämie einer Lebensversicherung übernommen, die jedoch auf Zahlung einer Rente ausgerichtet war. Bei den Mitarbeitern des Außendienstes ergab sich – unverändert[579] – ein Anspruch auf eine Leibrentenversicherung in Abhängigkeit von den vermittelten Versicherungsverträgen.
Bei der Nordstern-Leben konnte der Vertreter im Außendienst im Rahmen der Versorgungseinrichtung eine Lebensversicherung abschließen, zu der er von der Gesellschaft bei Fälligkeit der Versicherung eine zusätzliche Leistung erhielt. Dabei wurde vorausgesetzt, daß der Außendienstgehörige festbesoldet war und das 55. Lebensjahr noch nicht überschritten hatte. Die Lebensversicherung durfte höchstens in Höhe des 18fachen Monatsgehalts nach einem vorgegebenen Tarif abgeschlossen werden. Die Gesellschaft erhöhte nach einer Wartezeit von drei Jahren bei Eintritt des Versicherungsfalles die fällige Leistung vor Ablauf von 25 Dienstjahren auf das Zweifache, und nach mehr als 25jähriger Dienstzeit auf das Zweieinhalbfache. Bei Ablauf der Versicherung konnte zwischen einer Kapitalzahlung und einer lebenslänglichen Alters- und Hinterbliebenenrente gewählt werden[580].
Bei der Nordstern Allgemeine wurde ab 1939 für die hauptberuflichen Vertreter eine Altersversorgung aus einer Beitragsleistung von 12% auf das versorgungsberechtigte Einkommen (= 75% der gesamten

577 Berlinische Leben, Werksgemeinschafts-Versicherung, A.I. § 1, II. § 2 und III. § 2.
578 Kalbaum, Soziale Leistungen, 1990, S. 136f.
579 Vgl. S. 49f.
580 Nordstern Leben, Versorgungseinrichtung für die Gefolgschaftsmitglieder des Außendienstes vom Dezember 1937, §§ 6 und 7.

Bruttoeinnahmen aus der Versicherungsvermittlung) aufgebaut; von den Beiträgen übernahm die Gesellschaft die Hälfte. Die Höhe der Pension hing also von der Dauer der Zugehörigkeit des Vertreters zur Gesellschaft und seinem Einkommen bis zur Vollendung des 65. Lebensjahres ab[581]. Die Gisela-Leben übernahm nach fünfjähriger Betriebszugehörigkeit 25% der Beiträge einer Lebensversicherung[582].

Für die Einzellebensversicherung errechnet sich eine durchschnittliche Versicherungssumme von rd. 11.000 RM[583]. Allerdings bestand zwischen den einzelnen Betriebsgrößen und auch innerhalb einer Betriebsgröße eine erhebliche Spannweite in den abgeschlossenen Versicherungssummen.

Auffällig ist die geringe durchschnittlich versicherte Kapitalsumme von 725,– RM bei den Kleinstbetrieben; dieser relativ niedrige Betrag läßt auf das Vorhandensein von reinen Sterbegeldversicherungen schließen. Möglicherweise hat sich dieser Tatbestand auch bei den Klein- und Mittelbetrieben ausgewirkt, bei denen die versicherte Kapitalsumme im Durchschnitt 4.380,– bzw. 4.318,– RM betrug. Dagegen errechnet sich für die Großbetriebe eine durchschnittliche Kapitalsumme je versichertem Angestellten von 12.778,– RM[584]. Allerdings war die Bandbreite der abgeschlossenen Versicherungssummen beträchtlich, wie die folgenden Beispiele zeigen[585]:

Gesellschaft:	Belegschaft	davon versichert	Versicherte Kapitalsumme niedrigster Betrag in RM	Versicherte Kapitalsumme höchster Betrag in RM
Hamburg-Mannh.	464	40	5.000	30.000
Nordstern-Allg.	917	233	2.000	45.000
Rückvers.vereinigung Berlin	21	10	3.000	27.400
Gothaer Feuer	104	45	3.000	10.000
Gisela	217	37	500	20.000

Die Höchstbeträge von 20.000 RM und mehr lassen darauf schließen, daß Versicherungen für leitende Angestellte abgeschlossen wurden. Im Vergleich lag die Einzellebensversicherung mit ihren Kapitalsummen nahezu doppelt so hoch wie die

581 Nordstern Allgemeine, Versorgungseinrichtung für die hauptberuflichen Vertreter 1939, S. 1 und 2. Diese Einrichtung der Nordstern Allgemeine löste eine einheitliche der Nordstern-Gesellschaften für die Generalvertreter aus dem Jahre 1931 ab. Bis dahin durfte jeder Generalvertreter bei Eintritt in die Versorgungseinrichtung eine Versicherungssumme von 5.000 RM und für jedes Dienstjahr eine Erhöhung von 500 RM nach einem Sondertarif in Anspruch nehmen; die Beiträge wurden zur Hälfte von den Gesellschaften übernommen; Versorgungs-Einrichtung für die Generalvertreter von 1931, § 3f.

582 Kalbaum, Soziale Leistungen, 1990, S. 137.

583 Ebenda, S. 139.

584 Die durchschnittlichen Kapitalsummen errechnen sich aus dem Verhältnis der versicherten Kapitalsummen zu den versicherten Personen in der Tabelle auf S. 142.

585 Kalbaum, Soziale Leistungen, 1990, S. 139.

Gefolgschaftsversicherung[586]. Dies dürfte – wie oben erwähnt – darauf zurückzuführen sein, daß über die Einzellebensversicherung insbesondere leitende Angestellte abgesichert wurden.

3.2.3.5.4 Höher- und Weiterversicherung bei der RfA

Mit der Höherversicherung wurde der Angestellte in einer höheren Beitragsklasse versichert als sie sich nach seinem Gehalt ergab. Die Weiterversicherung betraf in der Regel leitende Angestellte, die aufgrund ihres Gehaltsniveaus aus der Versicherungspflicht herausgewachsen waren, sich jedoch ihre Rentenansprüche erhalten wollten. Die für die Höher- bzw. Weiterversicherung angefallenen Kosten wurden ganz oder auch nur zu bestimmten Teilen von den Unternehmen übernommen[587].

Der Umfang der Höher- und Weiterversicherung war relativ unbedeutend, wie die nachfolgende Aufstellung zeigt[588]:

Art der Versicherung	Zahl der Betriebe	Belegschaft	davon versichert	Beiträge RM	Monatlich je Kopf RM
Höherversicherung	4	427	18	1.494	7
Weiterversicherung	4	197	8	3.455	36
Insgesamt	8	624	26	4.949	–

Bei den 8 Gesellschaften, die von diesen Formen der Altersversorgung Gebrauch machten, handelte es sich um 2 Kleinst-, 3 Klein-, 2 Mittelbetriebe und einem Großunternehmen. Abgesehen von zwei kleineren Betrieben verfügten die übrigen Unternehmen über weitere Einrichtungen der Altersversorgung für ihre Belegschaft.

3.2.3.5.5 Übernahme von Sozialbeiträgen

Im Rahmen der Sozialversicherung wurden nicht nur Beiträge zur Höher- und Weiterversicherung, sondern teilweise auch die Pflichtbeiträge der Arbeitnehmer zur Angestelltenversicherung und darüber hinaus zur Invaliden-, Kranken- und Arbeitslosenversicherung übernommen. An dieser Versorgungsform beteiligten sich 23 Unternehmen – davon 12 Kleinst-, 3 Klein-, 6 Mittel- und 2 Großbetriebe – mit insgesamt 1.871 Betriebsangehörigen. Für 1.426 Angestellte übernahmen sie rd. 162.000 RM Sozialversicherungsbeiträge; hiervon entfielen auf die reine Altersversorgung 69.000 RM, die für 886 Betriebsangehörige an die RfA gezahlt wurden[589].

586 Vgl. S. 141f.
587 Kalbaum, Soziale Leistungen, 1990, S. 140.
588 Ebenda, S. 140.
589 Ebenda, S. 140.

Die Aufgliederung dieser Versorgungsform auf die einzelnen Betriebsgrößen läßt erkennen, daß vor allem die kleineren Betriebe von der Übernahme der Sozialbeiträge Gebrauch machten. Dies ist verständlich im Hinblick auf die Unwägbarkeit und langfristigen Belastungen, die mit den anderen betrieblichen Einrichtungen für die Altersversorgung verbunden und nur für die größeren Unternehmen tragbar waren.

3.2.3.6 Die Währungsreform

Der Zweite Weltkrieg hat zwangsläufig die Aktivitäten im Bereich der betrieblichen Sozialpolitik, insbesondere bei den vermögensbildenden Maßnahmen, stagnieren lassen. Die Pensions- und Unterstützungseinrichtungen sind jedoch in dieser Zeit in vollem Umfang ihren Aufgaben und Verpflichtungen nachgekommen. Erst in der unmittelbaren Nachkriegsphase zeigte dann die inflationäre Entwicklung die gleichen Auswirkungen wie zu Beginn der 20er Jahre; eine erneute Währungsreform war unausweichlich, und am 21. Juni 1948 wurde die RM durch die DM ersetzt.

Von dieser Währungsreform wurden die betrieblichen Altersversorgungseinrichtungen unterschiedlich betroffen. Soweit Renten laufend und unmittelbar von den Unternehmen gezahlt wurden, waren sie im Verhältnis 1 RM = 1 DM weiterzuzahlen[590]. Sofern die Unternehmen hierzu nicht in der Lage waren, bestand eine Kürzungsmöglichkeit im sogenannten Vertragshilfeverfahren[591]. Es kam also auf die Höhe der Vermögensverluste an, die die Gesellschaften als Kriegs- und Kriegsfolgeschäden erlitten hatten. Von ihrer Höhe hing es ab, in welchem Umfang sie ihre Unterstützungen weiterzahlen konnten.

Auch die Höherversicherungsrenten aus der Sozialversicherung wurden 1:1 umgestellt.

Für die betrieblichen Pensionskassen – wie allgemein für die Versicherungs-Gesellschaften – galt § 24 des Umstellungsgesetzes, d.h. daß die Rentenleistungen im Verhältnis 10 RM : 1 DM abzuwerten waren. Hinsichtlich der Rentenanwartschaften – soweit für sie eine Prämienreserve zu bilden war – geschah die Umstellung in der Weise, daß die bisherige RM-Versicherungssumme auf die vereinbarte Dauer der Beitragszahlung gleichmäßig verteilt wurde. Die Summenteile, die auf die am 20. Juni 1948 schon abgelaufenen Prämienzahlungsabschnitte entfielen, wurden mit 10 vH und die auf die restliche Dauer entfallenden Summenteile voll in Ansatz gebracht; die Summe aus beiden ergab dann die neue Versicherungssumme, wobei der Beitrag 1:1 umgestellt wurde[592].

Die Währungsreform traf also die Renten- und Pensionsempfänger in ihren finanziellen Auswirkungen sehr unterschiedlich. Sozialversicherte, Staatsbeamte und die Empfänger von Renten, die von den Unternehmen unmittelbar ausgezahlt wurden, erhielten ihre Renten ungekürzt weiter, während die Mitglieder von außer-

590 Drittes Gesetz zur Neuordnung des Geldwesens, Umstellungs-G. vom 20.6.1948, § 18 Abs. 1; VOBl. des Wirtschaftsrates Nr. 15/48 Beilage Nr. 5.

591 Umstellungs-G., § 21. In 1952 wurde ein spezielles Vertragshilfe-G. erlassen.

592 VO über die Lebens- und Rentenversicherung aus Anlaß der Neuordnung des Geldwesens vom 5.7.1948, § 1.

betrieblichen Versorgungseinrichtungen, die hinsichtlich ihrer Sicherheit besonderen gesetzlichen und aufsichtsamtlichen Auflagen unterworfen waren, erhebliche Nachteile erlitten[593]. Im Jahre 1951 wurde daraufhin das „Gesetz über die Leistungen aus vor der Währungsreform eingegangenen Renten- und Pensionsversicherungen" erlassen[594], das eine Aufwertung der Renten bis zu einem Betrag von 70,– RM im Verhältnis 1:1 und des übersteigenden Betrages bis 100,– RM mit 2:1 vorsah; der RM 100,– übersteigende Betrag war entsprechend dem grundsätzlichen Währungsschnitt von 10:1 abzuwerten. Ende 1956 wurde das „Zweite Rentenaufbesserungsgesetz" verabschiedet, nach dem die Renten bis 100,– RM 1:1 und hinsichtlich des übersteigenden Betrages bis 200,– RM 2:1 umzustellen waren[595]. Die Versicherungsunternehmen haben sich hinsichtlich der Umstellung der Renten ihrer Pensionäre auf die Umstellungs-Gesetze in der Regel nur für kurze Zeit bezogen, um dann – wie die folgenden Beispiele zeigen – die Renten auf das Verhältnis 1 RM = 1 DM aufzufüllen.

Den Pensionären der Württfeuer wurde bereits kurz nach der Währungsreform im Juli 1948 von der Gesellschaft mitgeteilt, daß ihnen „vorläufig und in stets widerruflicher Weise das bisher in RM bezogene Ruhegeld in derselben Höhe in DM" gezahlt würde[596].
Der Deutsche Herold hatte sich ebenfalls schon in 1948 „aus sozialen Gründen" zu Zuschüssen bereitgefunden, um die DM-Renten auf 100% des früheren RM-Betrages aufzufüllen[597].
Die Allianz berichtete dem RAV im Oktober 1948, daß sie sich entschlossen habe, „... ihren sämtlichen Ruhegeldempfängern nach der Währungsreform wieder dieselben Beträge in neuer Währung zukommen zu lassen, die sie ... vor der Währungsreform bezogen"[598]. Jedoch erwiesen sich das Garantieversprechen von 1925[599] und die Koppelung der Anwartschaften an die Aktivgehälter als schwere Hypotheken für die Ertragskraft des Unternehmens. Um die davon ausgehenden wirtschaftlichen Gefahren zu mindern, wurde die Allianz Versorgungskasse (AVK) am 1. Januar 1949 für den Neuzugang geschlossen und die pensionsfähigen Einkommen festgeschrieben. Nach langwierigen Verhandlungen beschloß eine außerordentliche Mitgliederversammlung der AVK im Dezember 1952, als Träger der zukünftigen Versorgung eine zusätzliche Allianz Pensionskasse (APK) zu gründen, für die das Garantieversprechen nicht mehr galt, und deren Leistungen nicht mehr unmittelbar gehaltsabhängig, sondern beitragsbezogen waren. Die APK finanzierte sich aus Beiträgen der Mitglieder und der Trägergesellschaften im Verhältnis 5:8. „...Aufgrund der günstigen wirtschaftlichen Entwicklung (konnten) die AVK und die APK im Jahre 1962 unter dem früheren Namen Allianz Versorgungskasse VVaG wieder vereinigt und Verbesserungen bei der Hinterbliebenenversorgung eingeführt werden"[600].
Bei der Münchener Rück wurden die laufenden Renten wie das Deckungskapital im Verhältnis 10 RM : 1 DM umgestellt. Da das Gehalt der aktiven Mitglieder und damit auch die künftigen Beiträge im Verhältnis 1 RM : 1 DM umgestellt wurden, ergab sich hieraus für die aktiven Mitglieder eine unterschiedliche Umstellung der erworbenen Ansprüche je nach dem Verhältnis der bereits abgelaufenen Versicherungsdauer zur restlichen Versicherungsdauer; die Umstellung wurde nach einer vereinfachenden, im Umstellungs-Gesetz vorgeschriebenen Tabelle vorgenommen. Das Umstellungsverhältnis für die Ansprüche der aktiven Mitglieder lag nach dieser Tabelle je nach Lage des

593 Kersten, Altersvorsorge, 1959, S. 32.
594 BGBl. I vom 12.6.1951, S. 379.
595 Kersten, Altersvorsorge, 1959, S. 32.
596 Württfeuer, Rundschreiben der Pensionskasse vom 19. Juli 1948.
597 Deutscher Herold, Brief an RAV vom 23. Dezember 1948.
598 Allianz, Brief an RAV vom 13. Oktober 1948.
599 Vgl. S. 111.
600 Allianz, 1890–1990, S. 135f.

Falles zwischen 10 RM : 1 DM und 1:1; für das Deckungskapital der aktiven Mitglieder ergab sich daraus das relativ günstige Umstellungsverhältnis von ca. 6,3 RM : 1 DM. Insgesamt brachte die Währungsreform eine Umstellung des bei der Versorgungskasse der Münchener Rück am Stichtag vorhandenen Deckungskapitals von 9,4 Mio. RM auf 1,17 Mio. DM; das neben dem Deckungskapital vorhandene Eigenkapital von 1,49 Mio. RM wurde auf 0,18 Mio. DM umgestellt. Die Versorgungskasse konnte die satzungsmäßigen Renten ab 1.9.1948 trotz erheblicher Zuschüsse der Münchener Rück zunächst nur in gekürzter Form zahlen (je nach Rentenhöhe zwischen 75% und 100%) und erhöhte ihre Leistungen erst allmählich wieder. Die Mittel hierfür wurden von der Gesellschaft zur Verfügung gestellt. Bereits ab 1.1.1952 wurden von der Kasse die satzungsmäßigen Leistungen wieder in voller Höhe erbracht (1 RM:1 DM)[601].
Bei den Iduna-Germania-Gesellschaften wurden die in einem Renten-Versicherungsschein verbrieften Leistungen an die Mitglieder der ehemaligen Germania-Pensionskasse zunächst als Versicherungsansprüche behandelt und im Verhältnis von 10 RM für 1 DM umgestellt, dann aber mit Wirkung vom 1.4.1951 aufgrund des Rentenaufbesserungsgesetzes erhöht. Darüber hinaus sah sich die Gesellschaft veranlaßt, die Ansprüche der Berechtigten auf die im Rentenversicherungsschein festgelegten Pensionen bis zum vollen RM-Nennbetrag in DM aufzufüllen. Damit bekannte sich die Gesellschaft zu ihrer Verpflichtung, ihren ehemaligen Angestellten und deren Witwen durch Aufrechterhaltung der Leistungen der in 1934 aufgelösten Pensionskasse die Existenz sicherzustellen[602].
Soweit von der Iduna für ihre Betriebsangehörigen Gefolgschaftsversicherungen abgeschlossen waren, hatte sich die Umstellung grundsätzlich nach den für die Lebensversicherung geltenden Bestimmungen zu richten, d.h. es galt das Umstellungsverhältnis von 10 RM:1 DM. Jedoch hat die Gesellschaft auch hier ihre Versorgungsverpflichtung beachtet und dementsprechend die laufenden Renten auf ein Verhältnis von 1 RM:1 DM aufgefüllt[603].
Die Gothaer Feuer haftete gegenüber den Mitgliedern ihrer Versorgungskasse für den ganz überwiegenden Teil der Versorgungsansprüche auf Grund von dienstvertraglichen Vereinbarungen. Zunächst jedoch erhielten die Anspruchsberechtigten nur 66²/₃ ihrer Ansprüche, mindestens 110 DM und höchstens 230 DM je Monat; ab 1951 wurden die Pensionen wieder in voller Höhe gezahlt[604].
Bei der Magdeburger Feuer wurden nach der Währungsreform nur 50% der satzungsmäßigen Rentenleistungen ausgezahlt; in 1949 hat die Gesellschaft die Renten auf die volle Höhe aufgefüllt[605].
Die Leipziger Hagel zahlte an ihre Pensionäre Renten bis 75 DM in voller Höhe und für den jeweils darüber liegenden Betrag 75% in DM aus[606].

Diese Beispiele zeigen, daß die Versicherungsunternehmen trotz der gegenüber 1924 weit schwereren Kriegs- und Kriegsfolgeverluste auch nach dem Zweiten Weltkrieg sehr bald damit begonnen haben, die Leistungen der betrieblichen Altersversorgung wieder auf das alte Maß aufzufüllen[607].

601 Münchener Rück, 50 Jahre Versorgungskasse, S. 14f.
602 Iduna, Erläuterungen zur Umstellungsrechnung, Gruppe 1.
603 Iduna, Erläuterungen zur Umstellungsrechnung, Gruppe 4.
604 Gothaer Feuer, 1820–1970, S. 200 und Brief an RAV vom 20. Dezember 1948.
605 Magdeburger Feuer, Protokoll der Mitgliederversammlung des Versorgungsvereins vom 16. September 1949 und Brief an RAV vom 7. Dezember 1949.
606 Leipziger Hagel, Brief an RAV vom 22. Juni 1949.
607 Auch die Unternehmen anderer Branchen haben sich bemüht, ihre Versorgungsleistungen schnell wieder auf das frühere Niveau anzuheben. Der Aufwand der diesbezüglichen betrieblichen Zusatzaufwendungen stieg allein von 1949 bis 1951 um mehr als 50% (Osterkamp, Karl, Betriebliche Aufwendungen für den arbeitenden Menschen, Stuttgart 1956, S. 21; zit. nach Kersten, Altersvorsorge, 1959, S. 33).

3.3 SONSTIGE BETRIEBLICHE VERMÖGENSBILDUNGSMASSNAHMEN

Die betrieblichen Vermögensbildungsmaßnahmen umfassen nicht nur die Invaliden-, Alters- und Hinterbliebenenvorsorge, sondern betreffen auch andere Unterstützungen, die von den Unternehmen meist unter den freiwilligen sozialen Leistungen erfaßt werden. Daß nicht alle freiwilligen sozialen Leistungen, wie z.B. Fahrgeld- oder Mittagessenzuschüsse, der Vermögensbildung zugerechnet werden können, ist bereits in der einleitenden begrifflichen Abgrenzung ausgeführt worden. Es kommt darauf an, daß der betriebliche Aufwand bei dem Betriebsangehörigen ein Sach-, Finanz- oder Forderungsaktivum bildet[608].

Ein solches Aktivum liegt dann vor, wenn damit die individuelle Vermögensbildung unterstützt wird, wie z.B. bei der Eigenheimbeschaffung in Gestalt von Zinszuschüssen oder der Gewährung von niedrig verzinslichen Hypotheken. Eine Vermögensbildung wäre aber auch dann gegeben, wenn es den Betriebsangehörigen von Vorsorgemaßnahmen entlastet, wie sie z.B. zur Überbrückung von Notlagen in Krankheitsfällen erforderlich sind; in diesem Fall wird man von einer verdeckten oder Quasi-Vermögensbildung sprechen können.

Zur begrifflichen Abgrenzung gehört ferner, daß dieser betriebliche Aufwand nicht ein im Anstellungsvertrag festgelegtes Leistungsäquivalent darstellt, wie es bei der Pensionszusage für einen leitenden Angestellten der Fall wäre; letzteres würde im übrigen einen Ausweis unter den freiwilligen sozialen Aufwendungen ausschließen. Begriffsimmanent wäre dagegen die kollektive Zusage einer zusätzlichen betrieblichen Leistung, wie sie früher in den Beamtenordnungen oder später in Betriebsvereinbarungen geregelt wurde.

Bei den sonstigen vermögensbildenden Maßnahmen ist zwischen einmaligen und laufenden betrieblichen Zuwendungen zu unterscheiden. Den einmaligen Zuwendungen sind alle Unterstützungen zuzurechnen, die insbesondere in Fällen der Not, d.h. bei Krankheit oder bei Sterbefällen, oder auch als Beihilfen bei Geburten, als Jubiläumszuwendungen dem Betriebsangehörigen zufließen. Bei den laufenden Zuwendungen handelt es sich im wesentlichen um Weihnachts- und Urlaubsgelder, also um Bezüge, die über das vereinbarte Gehalt hinausgehen und innerhalb eines Jahres zu bestimmten Terminen gezahlt werden.

3.3.1 Einmalige Zuwendungen

Am Anfang aller betrieblichen Sozialpolitik standen die Hilfen, die den Angestellten in Fällen persönlicher, unverschuldeter Notlagen gewährt wurden. In der Regel handelte es sich bei diesen Notfällen um ernsthafte Erkrankungen, die den Angestellten oder Mitglieder seiner Familie betrafen. Nach den Verhältnissen in der ersten Hälfte des 19. Jahrhunderts wurden Angestellte häufig auf Tageslohnbasis beschäftigt; der Verdienstausfall mehrerer Arbeitstage traf also den Angestellten empfindlich, zumal der Lohn auch bei den niederen „Privatbeamten" meist kümmerlich war und gerade das Existenzminimum abdeckte. Es kam hinzu, daß ein Kostenersatz von

608 Vgl. S. 3f.

dritter Seite, zum Beispiel von einer Krankenkasse, nicht nur hinsichtlich des Verdienstausfalls sondern auch der reinen Krankheitskosten noch unbekannt war. Da finanzielle Reserven nicht bestanden und aufgrund der damaligen Lohnsituation auch nicht bestehen konnten, bedeutete eine längere Erkrankung des Familienvaters eine bedrohliche, nahezu existenzielle Gefährdung der Familie.

In Ermangelung jeglicher staatlicher oder sonstiger karitativer Sozialhilfen war der erkrankte Angestellte auf die Hilfe seitens seines Betriebes angewiesen. Ob sie ihm gewährt wurde, hing natürlich von der betrieblichen Fürsorgebereitschaft ab; eine moralische Notwendigkeit oder eine allgemeine betriebliche Übung war hierfür zunächst nicht gegeben. Diese Not zu lindern, war somit eine Herausforderung an den patriarchalischen Fürsorgewillen der Gesellschaft oder der Direktion.

Wie den obigen Ausführungen zu entnehmen ist[609], haben sich bereits die früh gegründeten privaten Versicherungsbetriebe solchen Bitten um Unterstützung in der Regel nicht verschlossen. Die jeweilige Unterstützung wurde aus laufenden Mitteln oder auch aus einem speziellen Fonds finanziert, für den oftmals die Zuwendung eines Gesellschafters oder eines Direktionsmitglieds den Grundstock bildete. Um der patriarchalischen Einstellung des Stifters Ausdruck zu verleihen, wurden nicht selten der Fonds oder auch die Stiftung mit dessen Namen verbunden, wie die Beispiele des „Becker'schen Unterstützungsfonds" bei der Gothaer Leben (1876), der „Brügemann-Stiftung" bei der A. u. M. Feuer (1879) oder später (1890) der „Friedberg-Jacoby-Stiftung" bei der Victoria belegen. Andererseits wurden von den Unternehmen aber auch wohltätige Stiftungen zu Ehren einer Person aus einem besonderen Anlaß errichtet.

Im Jahre 1906 hatte die Karlsruher Leben aus Anlaß der goldenen Hochzeit des badischen Fürstenehepaares den „Friedrich-Luisen-Fonds" ins Leben gerufen. Nach dem Genehmigungsantrag der Karlsruher Leben an das Großherzogliche Geheime Kabinett vom 22. Mai 1906 diente der Fonds „der dauernden Zweckbestimmung der Unterstützung von Anstaltsbeamten in Fällen außerordentlichen Bedürfnisses".

Die Leistungen der Stiftungen waren häufig auf die Erträgnisse ihrer Vermögensanlagen begrenzt; diese Begrenzung galt beispielsweise für die 1920 errichtete „Präsident Dr. von Geyer-Stiftung" der Württfeuer, der „Hans-Riese-Stiftung" (1927) der Nordstern-Gesellschaften oder der „Gerstenberg-Erinnerungs-Stiftung" (1936) der Victoria[610].

Da die Erträgnisse dieser Stiftungen oder auch der von den Unternehmen errichteten Hilfsfonds oftmals dem mit der wachsenden Belegschaft gestiegenen Unterstützungsbedarf nicht immer genügten, wurden zusätzlich zu den betrieblichen Dotierungen gelegentlich auch die Mitarbeiter zu Beiträgen herangezogen.

609 Vgl. die Ausführungen unter 3.2.1.1.

610 Die Württfeuer errichtete 1920 die „Präsident Dr. von Geyer-Stiftung", deren Zinsen zur Unterstützung von Beamten und ihren Angehörigen in Fällen der Not dienen sollten; Württfeuer, 1828–1928, S. 180. Bei der „Hans-Riese-Stiftung" der Nordstern-Gesellschaften war die Verwendung der Mittel auf die Zinsen des Kapitals beschränkt; Einleitung zum Regulativ von 1927. Ein Gleiches galt nach § 6 der Satzung von 1936 bei der Gerstenberg-Erinnerungs-Stiftung der Victoria.

Zu dem Becker'sche Unterstützungsfonds der Gothaer Leben hatte jeder „Theilhaber" des Fonds einen jährlichen Beitrag von einem Prozent seines Gehalts beizutragen[611].
Bei der Stuttgarter Mit- und Rückversicherung bestand seit 1913 zusätzlich zu ihrer Altersvorsorge über Personenversicherungen eine Beamtenhilfskasse, die „bei einer Notlage oder einem außerordentlichen Anlaß besondere Zuwendungen an die Beamten oder Aufmerksamkeiten gegen sie ermöglichen" sollte. Diese Kasse wurde nicht nur durch Zuschüsse der Gesellschaft, sondern auch durch Beiträge der Angestellten finanziert[612].

Die Leistungen einzelner Unterstützungskassen beschränkten sich auf die Gewährung von verzinslichen und unverzinslichen Darlehen für Fälle von unvorhergesehener und unverschuldeter Notlage in Höhe eines oder mehrerer Monatsgehälter; die Rückzahlung hatte in der Regel innerhalb eines Jahres zu geschehen[613].

Die Aufgabe dieser Fonds bestand aber nicht nur in der Gewährung einmaliger Unterstützungen, um eine spezielle Notlage eines Angestellten zu beseitigen, sondern sie dienten häufig gleichermaßen auch als Pensionskassen. In diesem Zusammenhang seien die „Pensions- und Unterstützungskassen" der Württfeuer von 1837 und der Leipziger Leben von 1870 oder des „Beamten-Pensions- und Unterstützungsfonds" der Vaterländischen Feuer von 1888 erwähnt[614].

Manche der oben erwähnten (Tabelle nach S. 98) Gesellschaften, die lediglich eine Unterstützungseinrichtung aufwiesen, haben dennoch ihren Angestellten über diese Einrichtung eine laufende Altersversorgung zukommen lassen; beispielsweise hatte der Becker'sche Unterstützungsfonds „im Bedürfnisfalle bei Krankheit oder anderen Kalamitäten oder im Alter Unterstützung zu gewähren[615]. Eine klare Trennung zwischen den Fonds oder Kassen, die entweder der Unterstützung in Einzelfällen oder einer Pensionszahlung dienten, war also im 19. Jahrhundert nicht immer gegeben.

Diese Trennung wurde erst erforderlich, als die Gesellschaften ihre Pensionseinrichtungen nach versicherungsmathematischen Grundsätzen ausrichteten und den pensionsberechtigten Angestellten mehr oder weniger begrenzte Ansprüche auf eine Altersversorgung einräumten. Nunmehr durften alle Unterstützungen, die in keinem Zusammenhang mit der Altersversorgung standen, nicht mehr die Pensionskasse belasten, sondern mußten von einer besonderen Unterstützungseinrichtung erbracht werden. Gleichermaßen wurde für diejenigen Angestellten, die aus gesundheitlichen oder altersmäßigen Gründen nicht in der Pensionseinrichtung aufgenommen werden konnten, denen aber von der Gesellschaft ein Ruhegeld zugedacht war, eine besondere Unterstützungseinrichtung benötigt, die unabhängig von der Pensionskasse bestand.

611 Gothaer Leben, Statut der „Wittwenkasse" von 1875, § 17.

612 Stuttgarter Mit- und Rückversicherung, Dienstvertrag von 1914, B. Beamtenhilfskasse.

613 Nordstern: Regulativ betr. Wohlfahrts-Einrichtungen von 1908, S. 10. Die Münchener Rück errichtete 1937 eine Hilfs-Kasse für Fälle unvorhergesehener und unverschuldeter Notlage; diese konnte zinslose Darlehen bis zur Höhe eines Monatsgehaltes gewähren; „Was Dokumente erzählen", S. 1142. Auch bei der Iduna wurden zur Behebung von unverschuldeter Notlage unverzinsliche Darlehen bis maximal zum Doppelten eines Monatsgehalts gegeben; die Rückzahlung hatte innerhalb eines Jahres zu erfolgen; Geschäftsbericht 1937, S. 11.

614 Vgl. S. 27ff.

615 Gothaer Leben, Statut des Becker'schen Unterstützungsfonds, § 12.

Im Jahre 1908 wurde von der Münchener Rück eine Fürsorgekasse ins Leben gerufen, die für diejenigen Angestellten, die wegen ihres Gesundheitszustandes nicht in die Pensionskasse aufgenommen werden konnten, eine Altersversorgung zu gewähren hatte. Gleichzeitig damit wurde eine Bestimmung in die Satzung der Pensionskasse aufgenommen, wonach ein ursprünglich abgelehnter Angestellter von der Pensionskasse aufgenommen werden mußte, wenn seit der ersten Untersuchung 15 Jahre verstrichen waren und er das 40. Lebensjahr vollendet hatte. Das Vermögen der Fürsorgekasse wurde von der Pensionskasse verwaltet. Vorstand von Pensions- und Fürsorgekassen waren identisch[616].

Die ursprüngliche Unterstützungseinrichtung entwickelte sich also zu einer Versorgungseinrichtung, die den verschiedensten Zwecken diente. Ende der dreißiger Jahre wurde sie aus steuerlichen Gründen auch zum Träger der Altersvorsorge für alle diejenigen Unternehmen, die ihren Angestellten keinen Rechtsanspruch auf eine Pension einräumen wollten[617].

In welchem Umfang von den Unterstützungseinrichtungen im 19. Jahrhundert oder in den ersten Jahrzehnten dieses Jahrhunderts Hilfen gezahlt wurden, ist dem vorliegenden Quellenmaterial nicht zu entnehmen. Hierüber gab erst die Enquete der DAF für das Jahr 1936 Auskunft.

Nach dem Enquete-Bericht verfügten Ende 1936 62 Unternehmen mit 32 500 Beschäftigten über Unterstützungsfonds, und zwar der verschiedensten Art. In 8 Unternehmen waren gemischte Fonds vorhanden, die hauptsächlich der Altersversorgung der Belegschaft dienten, aber auch für einmalige Unterstützungszahlungen an aktive und ehemalige Mitarbeiter herangezogen wurden; diese Fonds wurden den Altersversorgungseinrichtungen zugerechnet, die im Abschnitt 3.2.3.5 behandelt wurden. Für die 54 reinen Unterstützungsfonds ergaben sich in den einzelnen Betriebsgrößen in 1936 folgende Zuweisungen[618]:

Betriebsgröße	Zahl der Betriebe	Belegschaft	Zinsgutschriften RM	Zuweisungen RM	Fondsvermögen Ende 1936 RM
Kleinst	4	52	150	4.500	13.800
Klein	4	126	450	27.916	39.650
Mittel	7	740	2.936	60.521	160.357
Groß	39	30.441	117.339	1.424.624	5.657.122
Insgesamt	54	31.359	120.875	1.517.561	5.870.929

Von den 54 aufgeführten Fonds sind in 1936 nur 38 zu Unterstützungszahlungen in Höhe von 268.310 RM herangezogen worden. Im gleichen Zeitraum haben aber diese 38 Fonds ihr Vermögen um rd. 995.000 RM auf 4,4 Mio. RM aufgestockt; die restlichen 16 Betriebe haben ihren Fonds rd. 644.000 RM zugeführt und damit Ende

616 Münchener Rück, 50 Jahre Versorgungskasse, S. 4f.
617 Vgl. S. 117f.
618 Kalbaum, Soziale Leistungen, 1990, S. 89.

1936 ein Fondsvermögen von rd. 1,45 Mio. RM erreicht[619]. Die Nichtinanspruchnahme der letztgenannten Fonds kann in der Ermangelung von Unterstützungsfällen liegen oder auch darin, daß die Unternehmen ihre Unterstützungen direkt im laufenden Aufwand verrechnet haben.

In der Regel handelte es sich bei diesen Unterstützungsfonds um rechtlich unselbständige, d.h. aus dem Vermögen der Gesellschaft nicht ausgegliederte Fonds. Lediglich in vier Fällen bestanden rechtlich selbständige Einrichtungen, davon drei in der Rechtsform der Stiftung und eine als eingetragener Verein[620].

Allen Fonds war gemeinsam, daß sie keinen Rechtsanspruch auf Unterstützungen einräumten[621]. Über die Bewilligung von Unterstützungsleistungen entschied überwiegend der „Betriebsführer", d.h. der Vorstandsvorsitzende, allein oder im Benehmen mit Vorstand und Aufsichtsrat. In mehreren Betrieben waren Vertreter der Belegschaft an der Beschlußfassung über die Gewährung von Unterstützungen und an der Verwaltung der Fonds beteiligt; das „letzte Wort" lag jedoch meist bei der Unternehmensleitung[622].

Einen Sonderfall bildete ein „Sonderfonds" der Nord-Deutschen, der in Fällen unverschuldeter Notlage von jedem Angestellten in Anspruch genommen werden konnte, der sich durch Zahlung einer geringfügigen monatlichen Gebühr an dem Fonds beteiligt hatte; die Verfügung über die vorhandenen Mittel lag bei der Belegschaft unmittelbar, während der Geschäftsleitung nur ein Vetorecht vorbehalten war[623].

Unterstützungen wurden nicht nur zu Lasten von Fonds, sondern in weit stärkerem Maße aus laufenden Mitteln gezahlt. Insgesamt beliefen sich diese Zahlungen in 1936 auf rd. 993.000 RM, die von 200 Versicherungsunternehmen aufgebracht wurden[624]. Dabei ging es nicht nur um Unterstützungen in Notfällen, sondern im Rahmen der einmaligen betrieblichen Unterstützungen auch um Hilfen, die aus besonderen Anlässen gezahlt wurden, wie z.B. *Hochzeits-, Geburts- und Sterbefälle*. Hiervon kam von jeher schon der Unterstützung der Angehörigen im Todesfall des Angestellten eine besondere Bedeutung zu. Vielfach wurde das volle Gehalt noch eine gewisse Zeit über das Todesdatum hinaus gezahlt. An Stelle dieses sogenannten Gnadengehalts trat bei mehreren Gesellschaften ein Begräbnis- bzw. Sterbegeld, das zwischen 150 bis 600 RM differierte[625].

619 Kalbaum, Soziale Leistungen, 1990, S. 92.

620 Es handelte sich um die „Gerstenberg-Erinnerungs-Stiftung" der Victoria-Gruppe mit einem Vermögen von rd. 0,5 Mio. RM, um die „Stiftung Gefolgschaftshilfe" der „Vaterländischen Volksversicherung a.G.", Berlin, die 1935 mit einem Eigenkapital von 25.000 RM ins Leben gerufen wurde, und um eine Stiftung der Volksfürsorge, die 1936 mit einem Kapital von 250.000 RM errichtet wurde. Als eingetragener Verein wird die „Robert-Gerling-Stiftung" aufgeführt; Kalbaum, Soziale Leistungen, 1990, S. 88f.

621 Kalbaum, Soziale Leistungen, 1990, S. 92.

622 Ebenda, S. 92f.

623 Ebenda, S. 93.

624 Ebenda, S. 63 und 85.

625 Vgl. hierzu auch Spalte 7c der Tabellen I und II nach S. 98.

Die Gehaltsordnung der Allgemeinen Renten von 1910 sah in § 8 ein Gnadengehalt von 45 Tagen vor. Nach § 8 des Beamtenstatuts der Württfeuer von 1913 betrug das Gnadengehalt zwei Monatsgehälter.

Die Regelung eines Gnadengehalts wurde zum Teil in die Tarifordnung der 30er Jahre übernommen; die Bezüge des Verstorbenen waren für den Sterbemonat und für weitere $1^1/_2$ Monate weiterzuzahlen. Bei einer Reihe von Gesellschaften verblieb es bei der freiwilligen Zahlung von drei Monatsgehältern, manchmal gestaffelt nach der Dauer der Betriebszugehörigkeit[626].

Andere Gesellschaften zahlten neben der tariflichen Gehaltsweiterzahlung Beihilfen zur Abdeckung der Beerdigungskosten.

Bei der Mannheimer Versicherung bestand eine Sterbekasse, die im Todesfall eines Angestellten 1.000 RM auszahlte[627]. Die Nordstern Allgemeine gewährte ein Sterbegeld von 500 RM für den Angestellten und seine Ehefrau sowie für jedes Kind 300 RM[628]. Bei der Hamburg-Mannheimer wurde ein nach Tarifklassen abgestuftes Sterbegeld zwischen 500 und 800 RM gezahlt. Bei der Vereinigten Mitteldeutschen richtete sich die Höhe der Sterbehilfe nach dem Familienstand des Verstorbenen und der Zahl seiner Kinder[629].

Insgesamt hatten in 1936 58 Betriebe mit 22 000 Mitarbeitern in 118 Todesfällen rd. 19.000 RM freiwillige Sterbehilfen gezahlt; die Spanne der Einzelbeträge reichte von 40 RM bis zu 2.235 RM für zwei Todesfälle zusammen[630].

Hochzeits- und Geburtsbeihilfen zahlten die Gesellschaften insbesondere in der Zeit des NS-Regimes, um damit den Bestrebungen des Staates, Eheschließungen zu fördern und seinen bevölkerungspolitischen Zielsetzungen entgegen zu kommen. Die Höhe der Heiratsbeihilfe richtete sich bei vielen Unternehmen nach der Dauer der Betriebszugehörigkeit, wobei häufig zwischen weiblichen und männlichen Mitarbeitern unterschieden wurde. Während männlichen Angestellten ein einheitlicher Betrag zufloß, konnte eine Hochzeitsbeihilfe bei einer Angestellten auch – gestaffelt nach dem Dienstalter – ein mehrfaches Monatsgehalt ausmachen, wenn sie nämlich ihre berufliche Tätigkeit beendete, um sich familiären Pflichten zu widmen und damit einen Arbeitsplatz freigab[631].

Die Geburtsbeihilfen wurden in der Regel als feste Beträge zwischen 50 bis 250 RM gezahlt. Bei einigen Gesellschaften wurden die Beihilfen nach der Kinderzahl gestaffelt, d.h. die Beihilfe stieg mit wachsender Geburtenzahl[632].

Im Gerling-Konzern betrug die Heiratsbeihilfe 300 RM und die Geburtsbeihilfe 100 RM, wenn das Gehalt 500 RM nicht überstieg. Die Heiratsbeihilfe erhöhte sich nach einer vorgegebenen Staffel in Abhängigkeit von den Dienstjahren, wenn eine weibliche Angestellte wegen Verheiratung ausschied[633]. Die Berlinische Leben bezahlte Geburtsbeihilfen von 150 RM und Hochzeitsbeihilfen in

626 Kalbaum, Soziale Leistungen, 1990, S. 66f.
627 Mannheimer, Geschäftsbericht 1937, S. 7.
628 Nordstern Allgemeine, Betriebsordnung von 1937, § 10.
629 Kalbaum, Soziale Leistungen, 1990, S. 68.
630 Ebenda, S. 66.
631 Ebenda, S. 68ff.
632 Ebenda, S. 70f.
633 Gerling, Betriebsordnung von 1938, 3. Abschnitt Arbeitsentgelt.

nicht genannter Höhe[634]. Bei der Mannheimer Versicherung belief sich in 1937 die Geburtsbeihilfe auf 50 RM[635].
Nach der Betriebsordnung der Nordstern Allgemeine wurde an männliche Angestellte eine Heiratsbeihilfe von 200 RM gezahlt. Eine weibliche Angestellte erhielt, sofern sie ausschied, bei einer Betriebszugehörigkeit von 2–5 Jahren ein Jahresgehalt, bei 5–10 Jahren zwei Jahresgehälter und bei über 10 Jahren drei Jahresgehälter. Die Geburtsbeihilfen betrugen 100 RM[636]. Bei den Iduna-Germania-Gesellschaften erhielten nur die weiblichen Angestellten, die aufgrund ihrer Verheiratung ausschieden, eine Heiratsbeihilfe von 200–300 RM. Die Geburtsbeihilfe wurde für jedes Kind in Höhe von 100 RM gewährt[637].

Nach dem Enquete-Bericht wurden 1936 von 126 Gesellschaften Heiratsbeihilfen in Aussicht gestellt; in 674 Fällen kam es zur Leistung in einem Gesamtbetrag von rd. 117.000 RM, d.s. je Empfänger durchschnittlich 174 RM. Zur Zahlung von Geburtsbeihilfen hatten sich 75 Gesellschaften bereit erklärt; für 808 Geburten wurden rd. 63.000 RM fällig, d.s. durchschnittlich 78 RM je Geburt[638]. Gemessen an den Durchschnittsgehältern in den beiden niedrigsten Tarifklassen machte die durchschnittliche Heiratsbeihilfe etwa ein Monatsgehalt und die Geburtsbeihilfe etwas weniger als die Hälfte aus[639].

Unter die Einmalhilfen fielen auch die *Jubiläumsgaben*, die dem Angestellten im Falle eines besonderen Dienstjubiläums gewährt wurden. In der Regel betrafen die Jubiläumsgaben eine geldliche Zuwendung.

In 1936 beliefen sich die Sonderzahlungen bei 92 Betrieben für 649 Jubilare auf rd. 135.000 RM, d.s. durchschnittlich 208 RM je Jubilar[640]. Da sich die Höhe der Zuwendung nach der Dauer der Betriebszugehörigkeit richtete und eine Aufgliederung nach 10-, 20- oder 50jährigen Dienstjubiläen nicht vorliegt, hat der errechnete Durchschnittsbetrag wenig Aussagekraft.

Zu den Einmalzuwendungen sind auch die Unterstützungen für eine *Eigenheimbeschaffung* zu rechnen. Dieser Unterstützungsbereich hat aber in der Versicherungswirtschaft trotz der anlagemäßig bedingten Eigeninvestitionen im Wohnungsbau keine erkennbare Bedeutung gewonnen, zumindest nicht bis zu den 30er Jahren. Aus den vorhandenen Geschäftsberichten läßt sich nicht erkennen, ob zinsvergünstigte oder nachrangig abgesicherte Hypothekendarlehen vergeben worden sind.

Von der Münchener Rück ist bekannt, daß aus dem Geschäftsgewinn des Jahres 1896/7 ein Betrag von 40.000 M einem Fonds für Zuschüsse zum Erwerb von Familienhäusern durch Beamte der Gesellschaft zugewiesen wurde. Ein Programm zur Beschaffung von Familienhäusern, das im Jahre 1898 aufgelegt wurde, sah vor, daß die Mitarbeiter nur 10% des Anschaffungspreises aus eigenen Mitteln aufzubringen hatten, während die Gesellschaft 60% als erststellige Hypothek gewährte[641].

634 Berlinische Leben, Geschäftsbericht 1937, S. 7.
635 Mannheimer, Geschäftsbericht 1937, S. 5.
636 Nordstern Allgemeine, Betriebsordnung von 1937, § 10.
637 Iduna-Germania, Geschäftsbericht 1936, S. 7.
638 Kalbaum, Soziale Leistungen, 1990, S. 63.
639 Die Durchschnittsgehälter ergeben sich aus Kalbaum, Soziale Leistungen, 1990, Tabelle S. 18.
640 Ebenda, S. 72.
641 Münchener Rück, Was Dokumente erzählen können, S. 1135.

In größerem Umfang wurden die Eigenheimbeschaffungen erst in den 30er Jahren dieses Jahrhunderts – nicht zuletzt aufgrund der Empfehlungen des NS-Regimes – in stärkerem Maße unterstützt.

Die Württfeuer errichtete für ihre Angestellten in den Jahren 1926–28 Siedlungsbauten in Stuttgart[642].
Die Iduna-Germania Leben berichtete im Geschäftsbericht für 1934 von ihrer Förderung der Siedlungsbestrebungen ihrer Angestellten, so daß die erste Iduna-Germania-Siedlung in Dahlewitz bei Berlin gebaut werden konnte[643]. Nach dem Geschäftsbericht für 1936 waren seit 1934 insgesamt 49 Angestellte vor den Toren Berlins angesiedelt worden. Diese Feststellung wurde mit einigen kritischen Bemerkungen verbunden, die die Frage der monatlichen Belastung der Siedler zum Gegenstand hatten. „Das Eigenheim darf seinen Bewohnern nicht zu einer Quelle des Kummers und der Not werden. Wir haben für unsere Siedler die monatliche Belastung durch Zinsen, Tilgung und Versicherungsprämien so gehalten, daß 25% des Bruttogehalts nicht überschritten werden“[644].
Die Gothaer Leben hatte in 1936 mit der Erstellung von über 60 Wohnungen begonnen, die in erster Linie den Mitarbeitern zur Verfügung gestellt werden sollten. Außerdem stellte die Gesellschaft Beihilfen und gering zu verzinsende Darlehen zum Erwerb von Eigenheimen zur Verfügung[645].
Die Mannheimer Versicherung förderte den Eigenheimbau durch Hergabe von Darlehen zu niedrigem Zinssatz[646].

In diesem Zusammenhang wäre auch die Unterstützung von *Sparmaßnahmen* der Belegschaft aufzuführen. Aber nur für die Nordstern Leben fand sich eine „Sparkassen-Ordnung“ aus dem Jahre 1902, mit der den Angestellten Gelegenheit geboten werden sollte, kleinere Geldbeträge – bis zu 20% des Jahresgehalts – verzinslich anzulegen. Der Zinssatz wurde auf $3^1/_2$% festgelegt, gegebenenfalls auf 4%, wenn der Wechselsatz der Deutschen Reichsbank $4^1/_2$% oder mehr betragen sollte[647]. Weitere Hinweise für das Vorhandensein von Sparkonten ergaben sich aus den Bilanzauswertungen des KAV für die Jahre 1902 und 1913; entsprechende Bilanzposten wurden von der Victoria, der Concordia Leben und der Karlsruher Leben ausgewiesen[648]. Im Hinblick auf die Höhe der bilanzierten Spareinlagen bei der Concordia Leben und der Karlsruher Leben sind jedoch Zweifel angebracht, ob diese Sparkonten ausschließlich den Beamten der Gesellschaften vorbehalten waren oder auch einem Bankgeschäft in der Öffentlichkeit dienten.

3.3.2 Laufende Zuwendungen

Die laufenden Zuwendungen betrafen vor allem die sogenannten *Gratifikationen*, die ursprünglich im Zeitpunkt der Verabschiedung des Jahresabschlusses gezahlt wurden, dann jedoch entweder vor Weihnachten oder vor der Urlaubszeit oder geteilt zu

642 Württfeuer, Geschäftsbericht 1935, S. 11.
643 Iduna-Germania, Geschäftsbericht 1934, S. 5.
644 Iduna-Germania, Geschäftsbericht 1936, S. 5f.
645 Gothaer Leben, Brief an den Reichsverband der Privatversicherung vom 1.10.1936.
646 Mannheimer, Geschäftsbericht 1937, S. 4f.
647 Nordstern Leben, Sparkassen-Ordnung von 1902, § 1. Die Sparguthaben bewegten sich bis 1916 insgesamt zwischen 6.000 M und 47.000 M, um dann bis 1919 auf 293.000 M anzusteigen; aus einem internen Vermerk. Vermutlich ist in 1919 die Betriebssparkasse aufgelöst worden.
648 Vgl. S. 78.

beiden Zeitpunkten den Angestellten zuflossen. Entsprechend den einleitenden Ausführungen wurden die Gratifikationen in dieser Studie der Vermögensbildung – und nicht der Erfolgsbeteiligung – zugerechnet[649].

Wie dort bereits erwähnt, haben nach einer Gehaltsuntersuchung des Verbandes der deutschen Versicherungsbeamten in den Jahren 1910 bis 1915 80% der erfaßten Unternehmen ihren Angestellten Gratifikationen zukommen lassen[650]. Von den Angestellten dieser Unternehmen erhielten 22% zweimal jährlich eine Gratifikation in Gestalt einer Weihnachts- und Abschlußgratifikation. Die Höhe jeder dieser beiden Gratifikationen schwankte bei den meisten Gesellschaften zwischen einem halben bis zu einem Monatsgehalt. Bei einigen Gesellschaften wurde ein funktionsbezogener fester Betrag gezahlt, der zwischen 30 bis 400 Mark differierte[651].

Bei den Unternehmen, die nur einmal jährlich eine Gratifikation auszahlten, wählten 54% Weihnachten und die übrigen den Abschlußmonat (April oder Mai) als Auszahlungstermin. Bei etwa 30% der Firmen wurde ein volles Gehalt gezahlt, bei den übrigen beliefen sich die Gratifikationen auf ein halbes bis ein dreiviertel Monatsgehalt oder auch auf eine nicht auf das Gehalt bezogene Summe. Einige Gesellschaften zahlten alle zwei Jahre eine Gratifikation in Höhe eines Monatsgehalts oder – in Abhängigkeit von der jeweils ausgeübten Funktion – auch darüber hinaus[652].

Die Münchener Rück bezahlte bereits seit 1885 ein volles Monatsgehalt für ältere und ein halbes Gehalt für jüngere Angestellte und zwar als Weihnachtsgratifikation[653].
Aus der Beamtensatzung der Karlsruher Leben von 1917 ergibt sich, daß alle Beamten des Innen- und Außendienstes, die mindestens zwei Jahre im Dienst waren, „bei befriedigender Dienstleistung" zu Weihnachten ein 13. Gehalt, maximal 600 M, und alle verheirateten männlichen Beamten außerdem eine Familien- und Kinderzulage erhielten, die mindestens 10% eines Jahresgehalts betrug[654].

Der Reichstarifvertrag von 1919 sah vor, daß jeder Angestellte am 15. Dezember ein Weihnachtsgeld und am 1. Mai ein Urlaubsgeld, je in Höhe eines Monatsgehalts erhielt; als Monatsgehalt sollte das Grundgehalt zuzüglich der Berufsalterzulage zugrunde gelegt werden. Dabei wurde vorausgesetzt, daß der Empfänger dieser Gratifikation mindestens ein Jahr bei seiner Gesellschaft tätig war; war er weniger als ein Jahr beschäftigt, dann hatte er einen zeitanteiligen Anspruch[655]. Diese Tarifvereinbarung ist in den 20er Jahren wieder aufgehoben worden, da sich die Unternehmen infolge der schwierigen wirtschaftlichen Verhältnisse während der Inflation und den Nachfolgejahren zu dieser Zahlung nicht mehr in der Lage sahen[656]. Sie wurde jedoch auf freiwilliger Grundlage in den 30er Jahren allgemein wieder aufgenommen.

649 Vgl. Abschnitte 1.1.1 und 2.
650 Vollbrecht, Versicherungs-Beamte, o.D., S. 81ff. Es wurden „bis zu" 79 Direktionsbetriebe erfaßt; S. 71f.
651 Ebenda, S. 82.
652 Ebenda, S. 82.
653 Münchener Rück, Jubiläums-Geschäftsbericht 1978/9, S. 70.
654 Karlsruher Leben, Jubiläums-Geschäftsbericht 1984, S. 89.
655 Eberhard, Reichstarifvertrag, 1919, S. 89.
656 Auch zu Beginn des zweiten Weltkrieges sah die Reichstarifordnung keine Gratifikationen vor; Schmidt, Gratifikationen, 1940, S. 142.

Im Jahre 1936 haben von 290 Betrieben mit 65 600 Belegschaftsmitgliedern 267 Gesellschaften mit 65 100 Mitarbeitern, d.s. also fast alle in der privaten Versicherungswirtschaft tätigen Angestellten, Gratifikationen gezahlt. Nach einer damaligen Äußerung gab es „außer der Altersversorgung ... keine freiwillige soziale Leistung, zu der sich das Privatversicherungswesen so geschlossen und mit gleich hohen Aufwendungen bekannt hat, wie zu den Gratifikationszahlungen"[657].

Der Zeitpunkt der Gratifikationszahlung bei allen einmaligen Zuwendungen war überwiegend der Weihnachtsmonat. Ein erheblicher Teil, vor allem die größeren Unternehmen, gewährte auch am 1. Mai oder vor Beginn der Urlaubszeit eine Sonderzahlung. In zunehmendem Maße wurde in zwei Raten gezahlt, wobei vielfach die größere Rate zu Weihnachten gezahlt wurde[658].

Bei der Mehrzahl der Betriebe kam die gesamte Belegschaft einschließlich etwaiger gewerblicher Mitarbeiter in den Genuß der Gratifikationszahlungen, ausgenommen waren lediglich die hauptberuflichen Provisionsvertreter. Im einzelnen verteilten sich die Gratifikationszahlungen auf die einzelnen Betriebsgrößen wie folgt[659]:

Betriebsgröße	Zahl der Betriebe	Belegschaft	Zahl der Gratifikationsempfänger	v.H.	Gesamtbetrag der Gratifikationen RM
Kleinst	66	517	505	98	105.065
Klein	38	1.234	1.193	97	211.112
Mittel	78	7.779	7.480	96	1.372.797
Groß	85	55.600	52.622	95	10.871.586
Insgesamt	267	65.130	61.800	95	12.560.560

Im Durchschnitt errechnet sich ein Gratifikationsbetrag von 203,– RM je Belegschaftsmitglied[660]. Von diesem rechnerischen Durchschnittsbetrag gab es außerordentlich starke Abweichungen nach oben und unten. Die meisten Betriebe zahlten feste Prozentsätze des Gehalts als Gratifikation, wobei diese Prozentsätze sehr unterschiedlich waren; z.T. wurde die Gratifikation nach dem Familienstand oder der Kinderzahl differenziert. Es gab auch Betriebe mit einem einheitlichen festen Betrag als Gratifikation[661].

Die Württfeuer berichtete in ihrem Geschäftsbericht für 1935, daß sie ihren „sämtlichen Gefolgschaftsangehörigen ohne tarifliche Verpflichtung Weihnachts- und Abschlußgratifikationen in einer Höhe gewährt, die zusammen etwa einem Monatsgehalt gleichkommt"[662]. Bei der Berlinischen Leben

657 Schmidt, Gratifikationen, 1940, S. 143.
658 Ebenda, S. 143 und Kalbaum, Soziale Leistungen, 1990, S. 41ff.
659 Kalbaum, Soziale Leistungen, 1990, S. 41.
660 Ebenda, S. 41.
661 Ebenda, S. 44ff.
662 Württfeuer, Geschäftsbericht 1935, S. 11.

erhielten die Mitarbeiter in 1936 zum 1. Mai und zu Weihnachten je ein halbes Gehalt. Hierbei wurde den Familien mit mehreren Kindern „für das zweite und jedes weitere Kind eine besondere Zuwendung gemacht"[663].
Die Iduna-Germania-Gesellschaften zahlten für jedes Belegschaftsmitglied ein Urlaubsgeld von 50 RM zuzüglich 25 RM für jedes Kind; die Weihnachtsgratifikation nahm in Abhängigkeit von der Höhe des Monatsgehalts von 60% des Bruttogehalts bei einem Monatsgehalt von 200 RM auf 30% bei mehr als 400 RM Monatsgehalt ab[664]. Die Gothaer Leben staffelte ihr 1. Mai- und Weihnachtsgeld in Abhängigkeit von dem Dienstalter und dem Familienstand; ledige Mitarbeiter unter 10 Dienstjahren erhielten je 40 RM und verheiratete Mitarbeiter über 10 Dienstjahren 100 RM[665].
In den Geschäftsberichten der Agrippina für 1936 und der Mannheimer für 1937 hieß es, daß ein Urlaubsgeld von 50% eines Monatsgehalts sowie eine Weihnachtsgratifikation in gleicher Höhe gezahlt wurde. Die Allianz zahlte im Jahre 1938 Gratifikationen gelegentlich des Abschlusses und zu Weihnachten in Höhe von 120% eines Monatsgehalts[666]. Die Nürnberger Leben berechnete die Abschlußgratifikation in einem Prozentsatz der laufenden Bezüge; dagegen richtete sich die Weihnachtsgratifikation nach sozialen Erwägungen (Alter, Familienstand, Kinderzahl) ohne einen Bezug auf das Gehalt[667].

Von den 267 Gesellschaften, die 1938 Gratifikationen zahlten, hatten etwa 95 Gesellschaften diese Zuwendungen in ihren Betriebsordnungen festgelegt. Auch ohne eine solche Festlegung in der Betriebsordnung war für diese ursprünglich freiwilligen Leistungen aufgrund ihrer regelmäßigen Gewährung über mehrere Jahre hindurch für die Angestellten ein Gewohnheitsrecht begründet worden. Nach der ständigen Rechtsprechung des damaligen Reichsarbeitsgerichtes ergab sich daraus ein Rechtsanspruch der Belegschaft auf Gewährung einer Gratifikation[668]. Nach den Vorstellungen der DAF und des Reichsarbeitsministeriums sollte dieser Anspruch in den Betriebsordnungen aller Gesellschaften verankert werden[669].

Eine besondere betriebliche Vermögensbildungsmaßnahme könnte unter Umständen auch in überdurchschnittlichen Gehältern oder besonderen Zulagen zu den Gehältern gesehen werden. Allerdings wird man wohl kaum davon ausgehen können, daß im 19. Jahrhundert eine Zulage, insbesondere in den unteren Gehaltsgruppen, eine Vermögensbildung zuließ; bei dem niedrigen Gehaltsniveau der damaligen Zeit erlaubte eine solche Zulage bestenfalls eine gewisse Anhebung des Lebensstandards.

Hinweise für ein höheres Gehaltsniveau lagen nur für die Münchener Rück vor, bei der die Angestellten gegen Ende des vorigen Jahrhunderts überdurchschnittliche Gehälter mit Beträgen zwischen 200 bis 300 M bezogen haben. Zum Vergleich wurde das Gehalt eines Gymnasiallehrers herangezogen, das mit 300 M die Basis für ein bürgerliches Leben bot[670]. Allerdings wurde in den Jahren der Teuerung 1910/1911 durch Verweigerung von Teuerungszulagen, wie sie in anderen Betrieben gezahlt wurden, eine Anpassung an das allgemeine Gehaltsgefüge wieder herbeigeführt.

663 Berlinische Leben, Geschäftsbericht 1936, S. 7.
664 Iduna-Germania, Geschäftsbericht 1936, S. 7.
665 Gothaer Leben, Brief an den Reichsverband der Privatversicherung vom 1.10.1936.
666 Allianz, 1890–1940, S. 216.
667 Nürnberger Leben, Geschäftsbericht für 1937, S. 5.
668 Schmidt, Gratifikationen, 1940, S. 144.
669 Ebenda, S. 144.
670 Münchener Rück, Jubiläums-Geschäftsbericht 1978/79, S. 70.

Die vorgenannten Teuerungszulagen wurden von einigen Gesellschaften, die jedoch weit weniger zahlreich waren als die Unternehmen der Gratifikationszahlungen, gewährt. Hiervon zahlte ein kleiner Teil regelmäßig im Oktober oder im April und Oktober Teuerungszulagen. Die übrigen Gesellschaften beschränkten sich darauf, von Fall zu Fall – meist nach der großen Preissteigerung im Jahre 1912 oder in den Jahren des ersten Weltkrieges – Teuerungszulagen zu gewähren[671].

Die Reichstarifordnung für das Versicherungswesen führte im Jahre 1919 zu einem einheitlichen Gehaltsgefüge zwischen den Gesellschaften. Damit war ein beträchtlicher Gehaltsschub verbunden[672], der zusammen mit den wirtschaftlichen Schwierigkeiten der nachfolgenden Inflationsjahre bis hin zur großen Wirtschaftskrise Anfang der 30er Jahre die Unternehmen wohl kaum zu besonderen Gehaltszulagen veranlaßt haben dürfte. Erst der Aufschwung Mitte der 30er Jahre gab den Gesellschaften Möglichkeiten, das Einkommen ihrer Angestellten anzuheben.

Dieser Anhebung stand jedoch die Lohnstoppverordnung von 1933 entgegen. Die Unternehmen umgingen diesen Preisstopp nicht nur mit dem Ausbau ihrer Alters- und Unterstützungseinrichtungen[673], sondern auch mit Zulagen in jeglicher Form. Es wurden ganz allgemein Haushaltszulagen gezahlt, dazu traten dann Leistungszulagen.

Bei der Münchener Rück erhielten die Mitarbeiter eine nach Dienstjahren und Tarifklassen abgestufte Hauszulage. Außerdem wurde an 85% der nach Tarif bezahlten Mitarbeiter eine Leistungszulage in Höhe von 5–15% des Monatsgehalts gezahlt[674]. Im Gerling-Konzern gab es eine Haushaltszulage von 20 RM, wenn die Ehefrau nicht erwerbstätig war, darüberhinaus Kinderzulagen von 25 RM für das erste und 30 RM für jedes weitere Kind[675]. Die Berlinische Leben zahlte neben den Grundgehältern Zuschläge in Form eines Teils des Unterschieds zur nächsthöheren Gehaltsklasse oder als Sonder- oder Leistungszulage an mehr als die Hälfte der Angestellten[676].

Eine gewisse Besserstellung des Familienetats war für den einzelnen Angestellten auch mit der Teilnahme an einer *Betriebskrankenkasse* gegeben. Sie bot Vergünstigungen gegenüber den gesetzlichen Krankenkassen, die in ihrem Prämienniveau einem ungünstigeren Krankenstand unter ihren Mitgliedern – die allen Arbeiter- und Angestelltenkreisen angehörten – Rechnung tragen mußten.

Wenn man von den freien Hilfskassen – die bereits seit der Mitte des 19. Jahrhunderts in Preußen bestanden, aber keine Krankenversicherung boten – absieht, hat die Krankenversicherung erst mit der Bismarck'schen Gesetzgebung von 1883 ihren Anfang genommen. Der Aufbau einer privaten und betrieblichen Krankenversicherung vollzog sich – insbesondere aus versicherungstechnischen Gründen – nur sehr zögernd. Zu Beginn dieses Jahrhunderts befaßten sich lediglich 6 private Gesellschaften mit der privaten Krankenversicherung; Ende 1902 verwalteten sie einen Bestand von 7 988 Policen. Die entscheidende Entwicklungs- und Wachstums-

671 Vollbrecht, Versicherungs-Beamte, o.D., S. 82.
672 Vgl. S. 95.
673 Vgl. S. 119.
674 Münchener Rück, Was Dokumente erzählen können, S. 1142.
675 Gerling, Betriebsordnung von 1938, 3. Abschnitt Arbeitsentgelt.
676 Berlinische Leben, Geschäftsbericht 1936, S. 7.

phase der privaten Krankenversicherung trat erst zwischen den beiden Weltkriegen ein[677].

Dem Aufbau einer betrieblichen Krankenkasse, die an die Stelle der gesetzlichen Krankenkasse trat, standen ähnliche versicherungstechnische Probleme wie den privaten Krankenversicherern entgegen. Vor allem erforderte die Errichtung einer Betriebskrankenkasse eine gewisse Betriebsgröße, um den nötigen Risikoausgleich herbeizuführen.

In den Geschäftsberichten des Allgem. Dt. Vereins für 1890 und 1892 erschienen unter den Verwaltungskosten Aufwendungen für die „Krankenkasse der Beamten" in Höhe von rd. 552 M bzw. 2 929 M[678]. Die Münchener Rück gründete im Jahre 1905 eine Betriebskrankenkasse, der sämtliche Angestellte beitreten mußten; sie hatten Rechtsansprüche auf satzungsmäßig festgelegte Leistungen[679].
Im Jahre 1907 setzte die Nordstern Leben ein „Regulativ betreffend Krankenversicherung" in Kraft. Danach gewährte die Gesellschaft allen krankenversicherungspflichtigen Angestellten und allen übrigen Angestellten mit einem Gehalt bis höchstens 400 M einen Rechtsanspruch auf die im Krankenversicherungsgesetz vorgesehenen Leistungen. Sofern die Erkrankung über 39 Wochen – und damit über die Leistungsdauer für das gesetzliche Krankengeld – hinausging, zahlte die Gesellschaft das gesetzliche Krankengeld bis zum Ablauf der 52. Woche[680].
Die Leipziger Leben errichtete in 1932 eine Betriebskrankenkasse, die ihren Mitgliedern Krankenhilfe, Wochenhilfe, Sterbegeld und für die Angehörigen Familienhilfe gewährte[681]. In der Allianz bestand eine Betriebskrankenkasse, die im Jahre 1940 26.157 Mitglieder umfaßte[682].

An Stelle der Errichtung einer eigenen Betriebskrankenkasse zogen manche Gesellschaften es jedoch vor, für ihre beitragspflichtigen Angestellten die vollen Beiträge an die gesetzlichen Krankenkassen zu übernehmen und sie insoweit von ihrer Beitragsverpflichtung zu entlasten[683].

677 Timmer, Krankenversicherung, 1988, S. 391.
678 Allgem. Dt. Verein, Geschäftsberichte 1890 und 1892, jeweils S. 13.
679 Münchener Rück, Was Dokumente erzählen, S. 1135.
680 Nordstern Leben, Regulativ betr. Krankenversicherung von 1907, § 2.
681 Leipziger Leben, 1830–1955, S. 12.
682 Allianz, 1890–1940, S. 217.
683 Beispiele sind: Allgemeine Rentenanstalt, Beamten-Statut von 1914, § 21; Allgem. Dt. Verein, Fürsorgeeinrichtungen von 1912, Nr. 4; Stuttgarter Mit- und Rückversicherung, Anhang zum Dienstvertrag von 1914 unter A.

4. ZUSAMMENFASSUNG UND AUSBLICK

Als Pioniere einer betrieblichen Sozialpolitik werden in der Literatur in erster Linie Firmen aus dem industriellen Bereich – wie z.B. Gutehoffnungshütte, Krupp, Henschel und Bochumer Verein – genannt[684], die in der Mitte des 19. Jahrhunderts Unterstützungseinrichtungen ins Leben gerufen hatten. Die vorliegende Studie zeigt, daß bei einigen Unternehmen der Versicherungswirtschaft in etwa zur gleichen Zeit betriebliche Fürsorgemaßnahmen für Invaliditätsfälle und für mittellose Hinterbliebene üblich waren, und daß von der Vaterländischen Feuer und der Württfeuer bereits von 1822 bzw. von 1837 an Pensionen gezahlt wurden.

Patriarchalische Überlieferung, getragen von humanem Denken oder christlichem Verantwortungsbewußtsein, war das Motiv für die unternehmerische Fürsorge. In den Versicherungsgesellschaften förderte die damals geringe Zahl von Angestellten das patriarchalische Verhältnis zwischen dem Unternehmensleiter und seinen „Beamten". Er konnte demzufolge über jeden Unterstützungsfall individuell entscheiden.

Die Geschäftsausweitung in den letzten beiden Dekaden des 19. Jahrhunderts war notwendigerweise mit einer kräftigen personellen Expansion verbunden[685], die zu einem Mangel an Fachpersonal und zu Abwerbungsversuchen zwischen den Konkurrenzgesellschaften führte. Die Unternehmen waren daher genötigt, ihr Personal gegen Abwerbung abzuschirmen, um einen Stamm von Fachkräften an sich zu binden. Diesem Ziel dienten in besonderem Maße die zwar rechtlich nicht bindende, aber faktisch abgesicherte Inaussichtstellung einer Invaliden-, Alters- und Hinterbliebenenrente. Die Sozialmaßnahmen wurden nunmehr in den Dienst einer unternehmerischen Personalpolitik gestellt und lösten sich damit von der ursprünglichen rein fürsorgerischen patriarchalischen Motivation. Hier zeichnete sich der Beginn einer eigentlichen betrieblichen Sozialpolitik ab.

Mit der Inaussichtstellung einer Altersrente erfuhr der Inhalt der betrieblichen Unterstützungsmaßnahmen eine wesentliche Erweiterung. Während bis in die 70er Jahre des 19. Jahrhunderts das Schwergewicht der betrieblichen Fürsorge in Unterstützungen bei unverschuldeten Notlagen oder in Zuschüssen an die Witwen- und Waisenkassen lag – deren Finanzierung in der Regel von den Beiträgen der Mitglieder, d.h. der Angestellten, mitgetragen wurde -, fanden nunmehr Pensionseinrichtungen eine allgemeine Verbreitung.

Ihre Einführung ist auch vor dem Hintergrund der zunehmenden, zunächst unternehmensindividuellen Begrenzung der Lebensarbeitszeit und der damit zwangsläufig verbundenen Pensionierung zu sehen. Es war naheliegend, den „Beamten" in den kaufmännischen Verwaltungen für den Ruhestand eine ähnliche Absicherung einzuräumen, wie sie für die staatlichen Beamten bereits seit längerem bestand; dies umsomehr, als die entsprechenden Belange der Arbeiterschaft in den 80er Jahren des 19. Jahrhunderts mit den Bismarck'schen Gesetzen ihre – allerdings sehr begrenzte – Berücksichtigung fanden.

684 Vgl. Graef, Betriebliche Altersfürsorge, S. 15; Kersten, Altersvorsorge, S. 16; von Koppen, A. u. M. Feuer, S. 1; Schulz, Betriebliche Sozialpolitik, S. 14.

685 Vgl. oben S. 36.

Am Ende des 19. Jahrhunderts waren nahezu alle größeren Versicherungsunternehmen mit Pensions- und/oder Unterstützungseinrichtungen ausgestattet. In Anlehnung an die staatlichen Pensionsregelungen belief sich die betriebliche Altersvorsorge kurz vor dem Ersten Weltkrieg nach 30jähriger Dienstzeit auf etwa 75% des letzten Gehalts. Eine solche Pension deckte nicht nur das Existenzminimum, sondern sicherte darüber hinaus auch die Aufrechterhaltung des bisherigen Lebensstandards im Ruhestand weitgehend ab. Mit dieser betrieblichen Absicherung der Altersvorsorge wurde also damals bereits den sozialpolitischen Vorstellungen entsprochen, wie sie in der zweiten Hälfte des 20. Jahrhunderts als Richtschnur gelten, aber nur im Zusammenwirken von gesetzlicher, betrieblicher und privater Vorsorge – d.h. im Rahmen der sog. Dreisäulentheorie – erreicht werden.

Das personelle Wachstum hin zu den oben erwähnten Größenordnungen erforderte Reglementierungen bei der Gewährung von Unterstützungen. An die Stelle der individuellen patriarchalischen Einzelfallentscheidung traten standardisierte Regulative oder Satzungen, in denen die Voraussetzungen für betriebliche Hilfen, ihre Finanzierung und ihre Verwaltung festgelegt waren. Diese Institutionalisierung fand ihre spezielle rechtliche Ausgestaltung in dem kleineren Versicherungsverein gemäß § 53 des 1901 verkündeten Versicherungsaufsichtsgesetzes. Die Errichtung eines solchen kleineren Vereins forderte das Kaiserliche Aufsichtsamt für Privatversicherung von allen Unternehmen, die für eine Pensionseinrichtung ein getrenntes selbständiges Rechtssubjekt mit eigenem Sondervermögen unterhielten und von den begünstigten Angestellten nennenswerte Beiträge verlangten.

Damit war die Pensionskasse der Aufsicht des Aufsichtsamtes unterworfen, das die Berücksichtigung versicherungsmathematischer Grundlagen forderte; die bis dahin üblichen Systeme des Umlageverfahrens oder eines Durchschnittsbeitrages ohne Berücksichtigung des Alters des aufgenommenen Kassenmitglieds waren bei dieser Rechtsform nicht mehr zulässig. Von einschneidender Bedeutung war aber insbesondere, daß nach dem Versicherungsaufsichtsgesetz die entscheidende Gewalt bei den Mitgliedern und nicht mehr bei dem Vorstand der Muttergesellschaft lag. Zwar hatte das Aufsichtsamt zugelassen, daß die obersten Organe des Versicherungsvereins paritätisch besetzt wurden und daß bei wichtigen Satzungsänderungen die Zustimmung des Unternehmens eingeholt werden mußte; jedoch war nunmehr der Einfluß der Unternehmensleitung auf ihre Pensionskasse nur noch eingeschränkt gegeben. Manche Gesellschaften haben es daher vorgezogen, ihre Pensionseinrichtungen möglichst in der Gestalt eines rechtlich unselbständigen Pensionsfonds zu führen.

Die gesetzliche Einführung des kleineren Versicherungsvereins als vorgeschriebene Rechtsform für bestimmte betriebliche Pensionseinrichtungen markiert den Übergang von der betrieblichen Fürsorgeeinrichtung zur versicherungsrechtlichen, staatlich beaufsichtigten Versorgungskasse. Diese staatliche Einflußnahme bedeutete für die Unternehmen einen Autonomieverlust in ihrer betrieblichen Sozialpolitik.

Dieser Autonomieverlust wurde verstärkt durch das Angestelltenversicherungsgesetz von 1911. Von nun an hatten alle Versicherungsunternehmen eigene Beiträge für die gesetzliche Altersversorgung ihrer Angestellten aufzubringen. Die sich daraus ergebenden Leistungen wurden in der Regel gegen die betrieblichen Leistungen aufgerechnet. In der Höhe der Gesamtvorsorge ergab sich somit für die Angestellten keine Veränderung, nur daß sie nunmehr ihre Pension aus zwei Quellen erhielten: den größeren Teil aus der rechtlich widerruflichen betrieblichen Altersversorgung und den kleineren, gesetzlich abgesicherten Teil von der Reichsversicherungsanstalt für Angestellte.

Das Gesetz über die staatliche Angestelltenrente leitete eine Entwicklung ein, mit der die Altersversorgung der Angestellten – insbesondere nach dem Zweiten Weltkrieg – zum Gegenstand der staatlichen Sozialpolitik wurde. Lediglich die begrenzte Kassenlage der Reichsversicherungsanstalt für Angestellte zwischen den beiden Weltkriegen ließ diese Tendenz zunächst stagnieren. Sie war aufgrund der inflationären Entwicklung in den Jahren 1923 und der später nachfolgenden Weltwirtschaftskrise mit der großen Zahl von Arbeitslosen finanziell völlig erschöpft und konnte demzufolge nur geringe Rentenleistungen erbringen.

Die inflationären Folgen des Ersten Weltkrieges hatten auch bei den betrieblichen Pensionsfonds und Pensionskassen einen finanziellen Zusammenbruch nach sich gezogen. Die Pensionen konnten – wenn überhaupt – nur noch zu einem kleinen Teil ausgezahlt werden. Nach der Währungsumstellung Ende des Jahres 1923 bemühten sich die Unternehmen, die Pensionen möglichst bald wieder in der ursprünglichen Höhe zu zahlen. Soweit die Pensionseinrichtungen rechtlich selbständig waren, übernahmen die Muttergesellschaften die Unterstützung der Pensionsempfänger.

In der Zeit des NS-Regimes kam es infolge der günstigen Geschäftsentwicklung und auch des politischen Drucks zu einer erneuten Blüte der betrieblichen Altersversorgung. Die Pensionen erreichten in der zweiten Hälfte der 30er Jahre im allgemeinen wieder das Niveau, das sie bereits vor dem Ersten Weltkrieg erreicht hatten. Der Zweite Weltkrieg und seine Folgen hatten dann ähnliche Auswirkungen, wie sie in den Jahren nach dem Ersten Weltkrieg zu verzeichnen waren. Aber auch dieses Mal bemühten sich die Unternehmen, ohne daß es dazu eine rechtliche Veranlassung gegeben hätte, um die Aufstockung der laufenden Renten auf das ursprüngliche Niveau. Das Gefühl einer moralischen Verpflichtung und die Fürsorge um die altgedienten Mitarbeiter waren für die Unternehmen in beiden Perioden bestimmende Motive für ihre Unterstützungen.

Ein grundlegender Wandel in der Entwicklung der Altersversorgung der Angestellten war erst mit der großen Rentenreform des Jahres 1957 verbunden. Während bis dahin „die Arbeitnehmer aus der Sozialversicherung im Alter oder in der Invalidität lediglich einen Zuschuß erhielten, ist nunmehr die Sozialrente zu einer Lebensrente geworden, die Rentner sind aus der Nähe des Fürsorgeempfängers in die Nachbarschaft eines Lohnempfängers gerückt“[686].

Neben der Altersversorgung gewann Ende des 19. Jahrhunderts als weitere betriebliche Vermögensbildungsmaßnahme die Gewährung von Gratifikationen ein zunehmendes Gewicht. Sie wurden ursprünglich aus Anlaß eines erfolgreichen Jahresabschlusses gezahlt. Bei diesen Zahlungen handelte es sich in der Regel um pauschale Beträge, mit denen der Einsatz und die Treue des Angestellten anerkannt werden sollte. Eine feste Verknüpfung der Höhe der Zahlung mit einem Erfolgskriterium, wie z.B. dem Jahresüberschuß oder der Dividende, und damit eine echte

686 BAG, NJW 1959, S. 1293, zit. von Detzer, Rechtsverhältnisse, S. 5.

Erfolgsbeteiligung ließ sich – wenn man von den satzungsmäßigen oder vertraglichen Tantiemen der Vorstände und leitender Mitarbeiter absieht – nicht feststellen. Aufgrund der überlieferten Quellen erscheint daher der Schluß gerechtfertigt, daß Erfolgsbeteiligungen in der Versicherungswirtschaft in dem untersuchten Zeitraum die Ausnahme waren.

Vom Inhaltlichen hatten Erfolgsbeteiligungen auch nur eine begrenzte Berechtigung, da die wesentlichen Erfolgsfaktoren in der Versicherungswirtschaft weniger in der menschlichen Arbeitsleistung, sondern vielmehr in den Kapitalerträgen und in der Schadensentwicklung liegen. Erfolgsbeteiligungen wurden daher nur in Bezug auf Ersparnisse bei den Verwaltungskosten in Betracht gezogen. Zu Beginn dieses Jahrhunderts fanden sie nur vereinzelt Anwendung; in größerem Rahmen wurden sie nach dem Zweiten Weltkrieg eingeführt, als die Konkurrenzverhältnisse einen stärkeren Druck zur Kosteneinsparung ausübten.

Die arbeitsmäßige Situation in der ersten Hälfte des 19. Jahrhunderts bot im übrigen keinen Raum für den Wunsch nach Erfolgsbeteiligungen. Der Angestellte fühlte sich nicht als Mitunternehmer, sondern im Rahmen seiner kaufmännischen Funktionen mehr als Verwalter ähnlich einem staatlichen Beamten. Die Sicherheit, die diesem und seiner Familie zuteil wurde, wollte auch er haben. Sein Streben war daher auf Absicherung gegen die existenziellen Risiken ausgerichtet. Diese Absicherung brachten nicht die Erfolgsbeteiligung, sondern die aus der Fürsorgeverpflichtung der Unternehmer entstandenen Pensions- und Unterstützungskassen. Der Aufbau eines eigenen Vermögens war bei den gegebenen Einkommensverhältnissen praktisch ausgeschlossen.

Neben der Altersversorgung und den Gratifikationen lassen sich über sonstige Vermögensbildungsmaßnahmen der Versicherungsgesellschaften aus der Zeit vor dem Ersten Weltkrieg nur wenige Hinweise dem verfügbaren Quellenmaterial entnehmen. Die in anderen Branchen häufig vorgefundene Unterstützung des Spargedankens durch Errichtung von betrieblichen Sparkassen – mit der Gewährung von relativ günstigen Zinssätzen – ist nur bei wenigen Versicherungsunternehmen festzustellen. Das Gleiche gilt hinsichtlich der Unterstützung bei dem Bau von Eigenheimen. Nur vereinzelt wird von Siedlungsbauten berichtet. Ob und in welchem Umfang hierfür zins- und tilgungsbegünstigte Hypothekendarlehen gewährt wurden, ist aus den Berichten der Unternehmen nicht erkennbar.

Auch für das Vorhandensein von Betriebskrankenkassen, die ihren Mitgliedern eine günstigere Versicherung als die gesetzlichen Krankenkassen boten und in Unternehmen anderer Branchen häufig anzutreffen waren, gibt es nur wenige Hinweise, die lediglich größere Unternehmen betrafen. In einigen Fällen übernahmen die Gesellschaften die Beiträge ihrer Angestellten für die gesetzlichen Krankenkassen. Vielfach dürften jedoch die betrieblichen Unterstützungskassen in schweren Krankheitsfällen die Leistungen der gesetzlichen Krankenkassen aufgestockt haben.

Es spricht einiges dafür, eine Äußerung von Arps in einer Festschrift für die Allianz zu verallgemeinern, daß es vor Beginn des Ersten Weltkrieges in der Versicherungswirtschaft außer den Versorgungs- und Unterstützungskassen kaum soziale Einrichtungen gab[687].

687 Arps, 75 Jahre Allianz, S. 58.

In der Zeit zwischen den beiden Weltkriegen hat sich hieran wenig geändert. Aufgrund der schwierigen wirtschaftlichen Verhältnisse bis zur Mitte der dreißiger Jahre waren für soziale Aufwendungen über die Sanierung der Pensions- und Unterstützungskassen hinaus praktisch keine finanziellen Möglichkeiten gegeben. Erst der Aufschwung in der zweiten Hälfte der dreißiger Jahre, begleitet von dem politischen Druck des NS-Regimes, ließ für andere soziale Aktivitäten einen gewissen Spielraum. Aus ideologischen Rücksichten standen dabei die Gemeinschaftseinrichtungen und -veranstaltungen im Vordergrund. Betriebskantinen, Betriebssport, „Kameradschaftsabende“, Betriebsausflüge u.ä., mit denen der Gemeinschaftsgedanke gepflegt werden sollte, wurden durch betriebliche Hilfen gefördert.

Das Schwergewicht der betrieblichen Sozialpolitik in der Versicherungswirtschaft lag also bis zur Mitte des 20. Jahrhunderts bei der Altersvorsorge und bei der Absicherung gegen existenzielle Risiken. Diese Absicherung korrespondierte mit dem Wunsch der Angestellten nach Sicherheit bei Invalidität und im Alter. Eine solche Hinwendung ergab sich im übrigen auch aus der eigentlichen geschäftlichen Tätigkeit, die für den Vertrieb von Lebensversicherungen eine entsprechende Vorsorge für das eigene Personal voraussetzte, um bei der Umsetzung des Versicherungsgedankens gegenüber dem potentiellen Kunden glaubhaft zu wirken.

Die Entfaltung der betrieblichen Sozialleistungen in der untersuchten Zeitspanne des 19. Jahrhunderts und der ersten Hälfte des 20. Jahrhunderts hat sich zwangsläufig auch auf ihren *wertmäßigen Umfang* sowohl in ihrer absoluten Höhe als auch in Relation zu den Gehaltssummen ausgewirkt. Solange die betrieblichen Sozialleistungen bei der Mehrzahl der Versicherungsunternehmen nur fallweise den in Not befindlichen Mitarbeitern gewährt wurden – also bis etwa zu Beginn der 80er Jahre des 19. Jahrhunderts – und die Gewährung von Gratifikationen die Ausnahme war, dürften diese Leistungen im Verhältnis zur Gehaltssumme nur unerheblich gewesen sein. Auch die Zuschüsse, die von einzelnen Unternehmen den Witwenkassen zugeführt wurden, geben keinen Anlaß zu einer anderen Einschätzung des Umfanges der Sozialaufwendungen der Versicherungsunternehmen in der damaligen Zeit.

In der Phase vom Ende der 70er Jahre im 19. Jahrhundert bis zum Beginn des Ersten Weltkrieges haben die Aufwendungen für Ruhegelder und Invaliditätsunterstützungen und auch die allgemeine Gewährung von Gratifikationen zu einem zunehmendem Umfang der betrieblichen Sozialaufwendungen geführt. Da ein getrennter Ausweis dieser Aufwendungen in den Jahresabschlüssen nicht erfolgte – oder nur teilweise aus der Gewinnverwendung zu erkennen ist –, läßt sich über ihren Umfang nur eine überschlägliche Schätzung anstellen. Danach dürfte die durchschnittliche Belastung der Unternehmen durch diese Aufwendungen etwa bei 15% ihrer Bruttogehaltssummen gelegen haben[688].

688 Bei Zugrundelegung einer Pension von 75% des letzten Gehalts und der Sterbetafel von 1893, die von einer großen Anzahl von Versicherungsunternehmen angewendet wurde, sowie eines Rechnungszinses von 3,5% beläuft sich die Beitragszahlung eines 30jährigen auf rd. 20% seines Gehalts; dabei wurde für den Todesfall unterstellt, daß die Witwe, deren Alter fünf Jahre jünger als das ihres Mannes angenommen wurde, 60% der Mannesrente erhält. Die Zahlung einer Gratifikation hätte rd. 4 bis 8% des Gehalts ausgemacht, je nachdem, ob es sich um ein halbes oder ein ganzes Gehalt oder einen dazwischen liegenden Betrag gehandelt hätte. Insgesamt errechnet

Eine genaue Berechnung liegt für 1936 vor. Danach beliefen sich die freiwilligen sozialen Aufwendungen auf 22% der Bruttogehälter[689]. Hiervon entfielen 12,1% auf die betriebliche Altersversorgung, einschließlich der Zuführungen zu Unterstützungseinrichtungen, sowie 7,2% auf Gratifikationen. Der Aufwand für die Altersversorgung der Belegschaft und für Gratifikationen hat also jeweils vor Beginn der beiden Weltkriege in etwa den gleichen Umfang gehabt; da die betrieblichen Sozialleistungen zu diesen Vergleichszeitpunkten sich kaum unterschieden, ist dieses Ergebnis naheliegend.

Im Jahre 1936 kamen noch sonstige soziale Leistungen hinzu, die 3,7% ausmachten. Hierunter wurden die bereits erwähnten Ausgaben für Gemeinschaftseinrichtungen, Freizeitgestaltung u.ä. erfaßt; ein Teil dieser Aufwendungen, wie z.B. für den Kantinenbetrieb, war jedoch auch schon vor dem Ersten Weltkrieg angefallen.

Nach dem Zweiten Weltkrieg haben die betrieblichen Sozialleistungen eine erhebliche Steigerung erfahren. Im Jahr 1990 betrugen sie nach den Ergebnissen einer Erhebung des Arbeitgeberverbandes der Versicherungsunternehmen rd. 57% des durchschnittlichen Bruttomonatsgehalts[690]. Eine Analyse der sozialen Leistungen zeigt, daß rd. 12,2% des durchschnittlichen Bruttomonatsgehalts auf die betriebliche Altersvorsorge und 16,6% auf weitere vermögensbildende Maßnahmen entfielen. Die letzteren betreffen mit 12,8% die Weihnachts- und Urlaubsgratifikationen – meist als 13. und 14. Gehalt angesprochen –, mit 1,1% vermögenswirksame Arbeitgeberleistungen und mit 2,7% Jahresabschlußzahlungen. Inwieweit in der letztgenannten Position echte erfolgsabhängige Zuwendungen an die Belegschaft – und nicht nur pauschale Abgeltungen aus Anlaß des Jahresabschlusses – gemeldet wurden, läßt sich den Erhebungsergebnissen des Arbeitgeberverbandes nicht entnehmen. Es kann jedoch kein Zweifel bestehen, daß hierunter zum Beispiel die Kostenersparnisprämien, wie sie bei einer Reihe von Versicherungsgesellschaften nach dem Zweiten Weltkrieg eingeführt wurden, zu erfassen waren. Im Hinblick auf den Konkurrenzdruck ist zu vermuten, daß diese Art der Erfolgsbeteiligung als Anreiz für Kostenersparnisse in der Zukunft eine zunehmende Bedeutung gewinnen wird.

Die übrigen 28,2 Prozentpunkte entfallen auf gesetzliche Sozialabgaben wie Rentenversicherung, Kranken- und Arbeitslosenversicherung, Unfallversicherung sowie auf Aufwendungen für diverse Leistungen. Unter letzteren verdient die Position Sach- und Fremdkosten für die berufliche Aus- und Weiterbildung mit 3,2 Prozentpunkten besondere Beachtung. Dieser Prozentsatz würde sich beträchtlich erhöhen, wenn hierunter auch die Gehaltsbezüge der betriebsinternen Schulungsleiter und die Kosten, die der schulungsbedingte Arbeitsausfall dem Unternehmen verursacht, erfaßt würden. In diesen Aufwendungen deutet sich ein neuer Trend an.

sich also für die Dekade vor dem Ersten Weltkrieg eine Belastung für den einzelnen Angestellten von maximal 28% seines Bruttogehalts. Andererseits kann man davon ausgehen, daß nicht alle Angestellten – insbesondere zu damaliger Zeit die weiblichen und die nicht-„beamteten“ Personen beispielsweise auf den Geschäftsstellen – in den Genuß einer Pensionsregelung kamen und daß nur wenige einen „Anspruch“ von 75% des letzten Gehalts erreichten. Ein Abschlag auf etwa die Hälfte des errechneten Betrages erscheint daher gerechtfertigt.

689 Vgl. Kalbaum, Soziale Leistungen, 1990, S. 175.

690 Diese und die nachfolgenden Prozentzahlen ergeben sich aus internen Statistiken des Arbeitgeberverbandes für das Jahr 1990.

Ein Vergleich mit den Zahlen von 1936 zeigt, daß der Aufwand für die betriebliche Altersversorgung mit 12% des durchschnittlichen Bruttomonatsgehalts nahezu unverändert geblieben ist, daß sich aber die sonstigen vermögensbildenden Maßnahmen mehr als verdoppelt haben. Die dadurch – und durch die real gestiegenen Gehälter – verbesserten Einkommensverhältnisse nach dem Zweiten Weltkrieg dürften in zunehmendem Maße auch eine private Altersvorsorge ermöglicht haben; der Anstieg der Bestände der Lebensversicherungsunternehmen in den letzten drei Jahrzehnten gibt dafür ein Zeugnis ab. Mit den drei Säulen der gesetzlichen, betrieblichen und privaten Altersvorsorge wurde ein Versorgungsniveau erreicht, das die Erhaltung des vor dem Eintritt in den Ruhestand erreichten Lebensstandards auch nach dem Abschluß des Arbeitslebens ermöglicht.

Seit dem Gesetz von 1957 ist jedoch nicht mehr die betriebliche, sondern die gesetzliche Altersversorgung der tragende Pfeiler der Rentenbezüge und damit für den Lebensstandard im Alter. Die betriebliche Altersversorgung hat also auf diesem wichtigen sozialpolitischen Feld ihr ursprüngliches Gewicht verloren. Das Betriebsrentengesetz 1974 und die hierzu ergangene Rechtsprechung führten im übrigen zu Einschränkungen in der unternehmerischen Dispositionsfreiheit, die für die Unternehmen Anlaß zur Zurückhaltung bei der Einführung bzw. dem Ausbau der betrieblichen Altersversorgung auf der Basis von Rentenzusagen war[691]. Auch die Gratifikationen sind – soweit sie Weihnachts- und Urlaubsgelder betreffen – in der Versicherungswirtschaft durch Tarifvereinbarungen mit 130% eines Bruttomonatsgehalts festgeschrieben[692].

Insgesamt war im Jahre 1990 mehr als die Hälfte der betrieblichen Sozialaufwendungen durch gesetzliche und tarifliche Bestimmungen festgelegt und damit der betrieblichen Disposition entzogen. Insbesondere wurden hiervon die vermögensbildend wirksamen Sozialleistungen betroffen.

Nachdem die Ziele in den klassischen Feldern der betrieblichen Sozialpolitik weitgehend erreicht sind, gewinnen in den Unternehmen andere sozial- und personalpolitische Aufgaben an Bedeutung – Aufgaben, die nunmehr direkt dem eigentlichen betrieblichen Geschehen dienen. Hierunter fallen alle Maßnahmen, die neben der Verbesserung der Arbeitsbedingungen zur Höherqualifizierung und insbesondere zur Motivation der Belegschaft beitragen. Diesen Maßnahmen liegt die Erkenntnis zugrunde, daß das Unternehmen nicht nur als ein ökonomisches System anzusehen ist, dessen Erfolg ausschließlich von reinen Kosten-Nutzenerwägungen bestimmt wird, sondern auch als ein soziales Gebilde, in dem sich die persönlichen Wünsche und Ziele seiner Mitarbeiter niederschlagen. Mit der Berücksichtigung dieser persönlichen Wünsche, etwa über die Mitbestimmung am Arbeitsplatz, wird die Erwartung auf eine höhere Leistungsfähigkeit des Unternehmens verbunden.

Höherqualifikation und Motivation bedürfen ständiger Anstöße, um den technischen und kommunikativen Entwicklungen folgen zu können. Das Unternehmen wird also seine Bemühungen darauf richten, das fachliche Wissen der Mitarbeiter ständig zu verbessern. Das gilt gleichermaßen für Verhaltensfragen hinsichtlich des

691 Vgl. auch Schulz, Betriebliche Sozialpolitik, 1991, S. 170.

692 Vgl. § 3 Nr. 3 und § 13 Nr. 9 des Manteltarifvertrages für die Versicherungswirtschaft nach dem Stand vom 1. Oktober 1991/1. Januar 1992.

Zusammenwirkens im Unternehmen und auch gegenüber der Kundschaft. Dazu zählt ferner für alle, die eine Führungsposition einnehmen oder einnehmen sollen, die Vermittlung von Führungswissen auf der Basis eines kooperativen Führungsstils. Die betriebliche Ausbildung und Schulung der Mitarbeiter gewinnt demzufolge einen hohen Stellenwert; die damit verbundenen Ausgaben dürften zukünftig einen zunehmenden Anteil innerhalb der sozialen Aufwendungen einnehmen; die oben genannte Zahl gibt dafür bereits einen Hinweis.

Während die betriebliche Sozialpolitik bis zur Mitte des 20. Jahrhunderts in erster Linie die Absicherung der Mitarbeiter gegen die existenziellen Risiken und ihre vermögensmäßige Besserstellung insbesondere im Ruhestand zum Inhalt hatte, gewinnen nunmehr Aufwendungen an Bedeutung, die das Können und die Motivation der Mitarbeiter heben und ihrer Selbstverwirklichung am Arbeitsplatz dienen. Diese Investitionen in das Humankapital haben Rückwirkungen auf den Bestand des Unternehmens und damit letztlich wieder auf die Sicherheit des einzelnen Arbeitsplatzes. Damit gewinnt die betriebliche Sozialpolitik über die vermögensmäßige Versorgung der Mitarbeiter hinaus neue wesentliche Inhalte, die für das Erreichen der Unternehmensziele von großer Bedeutung sind.

QUELLEN- UND LITERATURVERZEICHNIS

1. Ungedruckte und gedruckte Quellen der Versicherungsunternehmen)*

Aachener und Münchener Feuer

- von Koppen, Bodo, Die betriebliche Witwen- und Altersversorgung bei der Aachener und Münchener Versicherung AG vor 1914; in: Archiv und Wirtschaft, Mitteilungsblätter für das Archivwesen der Wirtschaft, Hrsg. Vereinigung deutscher Wirtschaftsarchive, Heft 1/1977
- Hundert Jahre Münchener und Aachener Mobiliar-Feuer-Versicherungs-Gesellschaft, 1834–1934 (U)

Allgemeine Rentenanstalt

- Festschrift: Die Allgemeine Rentenanstalt zu Stuttgart 1833–1933 (U)
- Pensions-Statut für die Anstalts-Beamten von 1892 (FA)
- Gehaltsordnung von 1910 (FA)
- Pensionsstatut von 1913 (FA)
- Beamten-Statut von 1914 nebst Anhang mit Bestimmungen für den Beamten-Ausschuß (FA)
- Pensionsstatut von 1920 (FA)
- Satzung der Ruhegehaltskasse von 1929 (FA)
- Satzung der Versorgungskasse mit Wirkung von 1940 (FA)

Allgemeiner Deutscher Versicherungs-Verein

- Vereins-Ordnung von 1910 mit Bestimmungen für die Verwaltung und den Bestimmungen für die Wohlfahrtseinrichtungen (FA der Allianz ZN Stuttgart)
- Die Bestimmungen der „Fürsorge-Einrichtungen" nach dem Stand von XII/1912 (FA der Allianz ZN Stuttgart)
- „Organisation der Fräulein-Abteilung" (AH)
- Geschäftsberichte für die Jahre 1906, 1913, 1914, 1918 und 1919 (FA der Allianz ZN Stuttgart)

Allianz

- Kisch, Wilhelm, 50 Jahre Allianz, 1890–1940 (FA)
- Arps, Ludwig, Wechselvolle Zeiten. 75 Jahre Allianz Versicherung 1890–1965 (FA)
- Borscheid, Peter, 100 Jahre Allianz, München 1990.
- Die Allianz Versorgungskasse. Interner Vermerk über die historische Entwicklung der AVK (FA)
- Satzungen der Allianz-Versorgungskasse aus dem Jahre 1924 (FA)
- Die Allianz-Versorgungskasse, Beitrag von Schäfer, L. zur Allianz-Hauszeitschrift, Juli 1936 (FA)
- Geschäftsbericht für das Jahr 1903 (FA Allianz ZN Stuttgart)
- Brief an das RAV (Zonenamt) vom 13. Oktober 1948 (BuK)

Berlinische Feuer

- Hundertfünfzig Jahre Berlinische Feuer-Versicherungs-Anstalt 1812–1962 (FA-HM)

*) Abkürzungsverzeichnis:

A-GDV	Archiv des Gesamtverbandes der Deutschen Versicherungswirtschaft e.V.
AH	Wirtschaftsarchiv Baden-Württemberg, Schloß Hohenheim
AK	Historisches Archiv der Stadt Köln
AM	Geheimes Preußisches Staatsarchiv Merseburg
BAV-A	Archiv des Bundesaufsichtsamts für das Versicherungswesen
BuK	Bundesarchiv Koblenz
BuP	Bundesarchiv Potsdam mit Außenstelle Koswig/Anhalt
FA	Firmenarchiv
FA-HM	Firmenarchiv der Hamburg-Mannheimer
U	Bibliothek des Seminars für Versicherungswissenschaft an der Universität Hamburg

Berlinische Leben
- 125 Jahre Berlinische Lebensversicherung (FA)
- Chronik. Berlinische Lebensversicherung Aktiengesellschaft 1836–1961 (FA)
- 150 Jahre Berlinische Leben (FA)
- Satzungen der Pensions-Kasse der Berlinischen Lebens-Versicherungs-Gesellschaft zu Berlin, Ausgabe von 1913 (FA)
- Satzung der Werkgemeinschafts-Versicherung für die Gefolgschaftsmitglieder von 1936 (FA)
- Geschäftsberichte für die Jahre 1936–1939 (FA)
- Sämtliche Jahresabschlüsse mit Erläuterungen ab 1848 (FA)
- Schriftwechsel mit dem RAV von 1924 bis 1928 (BuK)

Braunschweigische Leben
- 150 Jahre Braunschweigische Lebensversicherung 1806–1956 (Archiv der Hanse-Merkur und Braunschweigische Leben)

Colonia: s. Kölnische Feuer

Concordia Feuer
- 100 Jahre Concordia Feuer 1864–1964 (U)

Deutsche Militärdienst
- Satzungen der Pensionskasse von 1913 und 1915 (BuK)
- Schriftwechsel mit RAV von 1924 bis 1927 (BuK)

Deutscher Herold
- Schriftwechsel mit BAV vom Dezember 1940 (BAV-A)
- Satzung der Versorgungskasse von 1940 (BAV-A)

Deutscher Lloyd
- Festschrift zum 50jährigen Jubiläum 1870–1920 (U)

Deutscher Ring
- Festschrift 1913–1963 (U)

Deutschland
- von Haeselich, Die Entstehung und Entwicklung der Deutschland, Lebens-Versicherungs-Actien-Gesellschaft zu Berlin. Festschrift zum 25jährigen Bestehen der Gesellschaft, Berlin 1908 (U)

Fortuna
- Statuten der Gesellschaft von 1867 (AM)

Frankfurter Allgemeine
- Satzung der Gesellschaft von 1912 (BuP)

Frankfurter Transport
- Satzung der Gesellschaft von 1903 (BuP)

Friedrich Wilhelm: s. Gerling

Gerling
- Satzungen der Versorgungskasse des Gerling-Konzerns von 1925 mit Nachtrag von 1932 (FA)
- Gerling-Konzern Betriebsordnung von 1938 (FA)
- Friedrich Wilhelm Monatsschriften Nr. 9 vom September 1895, Nr. 171 vom 31. März 1909, Nr. 179 vom 30. November 1909, Nr. 197/8 von Juni/Juli 1911, Nr. 203 vom Januar 1912 (FA)

Germania: s. Iduna

Gothaer Feuer
- Hax, Karl, 150 Jahre Gothaer Feuer 1820–1970 (U)
- 100 Jahre betriebliche Altersversorgung bei der Gothaer, Interview des „Impuls" (Hauszeitschrift der Gothaer Versicherungsbank) 11/79 (A-GdV)
- Brief an RAV vom 18. September 1940 (BAV-A)
- Brief an RAV (Zonenamt) vom 20.12.1948 (BuK)

Gothaer Leben
- Samwer, Karl, Hundert Jahre Gothaer Lebensversicherungsbank, 1827–1927 (U)
- „Statut für die Wittwenkasse der Beamten der Lebensversicherungsbank und für den Becker'schen Unterstützungsfonds" von 1876 (FA)

Noch: Gothaer Leben
- Samwer, Hans, Ernst Wilhelm Arnoldi, Leben und Werk, Göttingen 1977 (FA)
- Brief an den Reichsverband der Privatversicherung vom 1. Oktober 1936 (A-GDV)

Hamburg-Bremer-Feuer
- 100 Jahre Hamburg-Bremer-Feuer 1854–1954 (FA-HM)

Hamburg-Mannheimer
- Festnummer der Hamburg-Mannheimer Monatsblätter zum sechzigjährigen Bestehen der Gesellschaft (FA)

Hannoversche Leben
- 75 Jahre Hannoversche Lebensversicherung 1875–1950 (U)

Iduna
- Neue Satzung der Pensionskasse für Beamte der Germania Lebens-Versicherungs-Aktien-Gesellschaft von 1921 (FA)
- Geschäftsberichte der Iduna-Germania von 1933 bis 1941 (FA)
- Interne Erläuterungen zur Berechnung der Pensionsrückstellung in der Umstellungsrechnung der Iduna-Germania (FA)

Karlsruher Leben
- Samwer, Adolf, 100 Jahre Karlsruher Lebensversicherung 1835–1935 (FA)
- 150 Jahre Karlsruher 1835–1985 (FA)
- Gesellschaftssatzungen von 1864, 1875 und 1905 (FA)
- Beamtensatzung mit Pensionsregelung von 1917 (FA)
- Geschäftsberichte für die Jahre 1894/5, 1906, 1913 (FA)
- Schriftwechsel aus den Jahren 1836 bis 1899 (FA)
- Antrag auf Genehmigung des „Friedrich-Luisen-Fonds" als Unterstützungskasse von 1906 (FA)

Kölnische Feuer
- Die Kölnische Feuer-Versicherungs-Gesellschaft Colonia 1839–1914 (FA)
- Von der Preußischen National zur Colonia National 1845–1970 (FA)
- Beitrag über die Geschichte der Colonia von Grupe, H., in: Monographien Rheinisch-Westfälischer Unternehmen, Köln 1951 (FA)
- Geschäftsberichte für 1897, 1898 und 1899 (AK)
- Bestimmungen der Ruhegehalts-, Witwen- und Waisenkasse für die Beamten der Kölnischen Unfall-Versicherungs-Aktien-Gesellschaft zu Köln vom Januar 1911 und Nachtrag von 1912 (FA)
- Aufsichtsrats-Protokolle und Schriftwechsel der Kölnischen Unfall aus den Jahren 1909, 1911, 1915, 1919 (FA)
- Abkommen zwischen der „National" Allgemeine Versicherungs-Aktien-Gesellschaft in Stettin und den Mitgliedern der früheren Pensionskasse für die Beamten der „National" von 1929 (FA)
- Altersversorgung für die Gefolgschaft der National-Versicherungs-Gesellschaft von 1938 (FA)
- Interne Vermerke zur RM/DM-Umstellung der Pensionsfonds (FA)

Kölnische Leben
- Hecking Joseph, und Adler, Waldemar, Denkwürdiges, 75 Jahre Kölnische Lebensversicherung (U)

Kölnische Rück
- Geschäftsbericht für 1897, 1898 und 1899 (AK)

Kölnische Unfall: s. Kölnische Feuer

Leipziger Leben
- Lebensversicherungs-Gesellschaft zu Leipzig 1830–1880 (FA)
- Leipziger Lebensversicherung 1830–1930 (FA)
- Alte Leipziger 125 Jahre 1830–1955 (FA)
- Bestimmungen der Alten Leipziger Lebensversicherungsgesellschaft auf Gegenseitigkeit für die Gewährung von Ruhegeld und Hinterbliebenenrenten, gültig ab Juli 1934 (FA)
- Aufstellung über die Entwicklung des Pensionsfonds für die Gesellschaftsbeamten von 1896 bis 1939 (FA)

Noch: Leipziger Leben
- 10 Jahre Betriebskrankenkasse der „Alten Leipziger“, Beitrag von Prinz zur Werkzeitschrift, Dezember 1942 (FA)

Leipziger Hagel
- Satzungen der Pensionskasse für die Beamten von 1907, 1926, 1934 und 1938 (BAV-A)
- Geschäftsberichte für 1936 und 1938 (BAV-A)
- Brief an RAV(Zonenamt) vom 22. Juni 1949 (BuK)

Magdeburger Feuer
- 100 Jahre Magdeburger Feuerversicherungs-Gesellschaft 1844–1944 (U)
- Die Odyssee einer Versicherungs-Gesellschaft. 125 Jahre Magdeburger Feuerversicherungs-Gesellschaft 1864–1969 (FA-HM)
- Protokoll der Mitgliederversammlung der Versorgungskasse vom 16. September 1949 (BuK)
- Brief an RAV (Zonenamt) vom 7. Dezember 1949 (BuK)

Mannheimer
- 100 Jahre Mannheimer Versicherungsgesellschaft 1879–1979 (FA)
- Gesellschaftsvertrag von 1879 (FA)
- Geschäftsberichte für die Jahre 1880/1881, 1885/6, 1903/4, 1904/5, 1937 (FA)

Mecklenburgische Hagel
- 175 Jahre Mecklenburgische Versicherungs-Gesellschaft auf Gegenseitigkeit 1797–1972 (U)

Münchener Rück
- Geschäftsbericht 1978/79, 100 Jahre Münchener Rück (FA)
- Was Dokumente erzählen können. Zur Geschichte der Münchener Rück (FA)
- 50 Jahre Versorgungskasse der Angestellten der Münchener Rück. Interner Vermerk (FA)
- Protokoll der Aufsichtsrats-Sitzung vom 10. November 1884 (FA)
- Statuten der Pensionskasse von 1892 und 1897 (FA)
- Satzungen der Pensionskasse von 1906 und 1918 (FA)
- Satzungen der Versorgungskasse von 1933 und 1937 (FA)
- Krankenordnung für die Mitglieder der Betriebskrankenkasse der Münchener Rück von 1926 (FA)

Norddeutsche Hagel
- Festschrift: 1869–1919 (U)
- Satzung der Pensionskasse der Beamten von 1936 (BuK)

Nordstern
- 100 Jahre Nordstern Versicherungen 1866–1966 (FA)
- „Regulativ betreffend Alters- und Wittwenversorgung für die Beamten“ vom 9. April 1885 (FA)
- „Regulativ betreffend Alters- und Wittwen-Versorgung für unsere Bureau-Beamten“ vom 23. Februar 1897 (FA)
- „Regulativ betreffend die Invaliditäts-, Alters- und Wittwenversorgung für die Nordstern-Beamten“ vom 10. Dezember 1906 (FA)
- neugefaßt in 1913 (FA)
- Bestimmungen des Nordstern-Konzerns über den Abschluß von Lebensversicherungen der im Direktions-Innenbetrieb tätigen Angestellten von 1926 (FA)
- Versorgungs-Einrichtung für die Generalvertreter des Nordstern Konzerns vom Februar 1926 (FA)
- Versorgungs-Einrichtung für die Generalvertreter der Nordstern-Gesellschaften vom 1.1.1931 (FA)
- Versorgungseinrichtung für die Gefolgschaftsmitglieder des Außendienstes der Nordstern-Leben vom Dezember 1937 (FA)
- Versorgungseinrichtung für die hauptberuflichen Vertreter der Nordstern-Allgemeine vom Januar 1939 (FA)
- Sparkassenordnung der Nordstern-Leben vom Mai 1902 (FA)
- Regulativ der Nordstern-Leben betreffend Krankenversicherung der Büroangestellten vom April 1907 (FA)
- Regulativ der Nordstern-Leben betreffend Wohlfahrts-Einrichtungen für die Beamten vom April 1908 (FA)

Noch: Nordstern
- Regulativ der Nordstern-Gesellschaften betreffend die „Hans-Riese-Stiftung“ für die Angestellten vom Dezember 1927 (FA)
- Betriebsordnung der Nordstern Allgemeine von 1937 (FA)

Nürnberger Leben
- Festschrift 1884–1959 (FA)
- Geschäftsbericht für 1937 (BuP)

Oldenburger
- Jubiläumsschrift 1857–1907 (U)

Preußische Renten
- Festschrift: 1838–1888 (U)

Preußische Leben
- Reglement für Gewährung von Beamten-Pensionen in der Preußischen Lebens-Versicherungs-Actien-Gesellschaft von 1890 (FA der Berlinischen Leben)

Preußische National: s. Kölnische Feuer

Providentia
- Statuten der Gesellschaft von 1856 und 1896 (AM)

Sächsische Renten
- Festschrift 1841–1901 (U)

Schwedter Hagel: s. Mecklenburgische

Stuttgarter Mit- und Rück
- Individueller Dienstvertrag vom November 1914 mit Anhang über die Wohlfahrtseinrichtungen für die Innenbeamten der Gesellschaft (FA der Allianz ZN Stuttgart)

Stuttgart-Berliner
- „Die Wohlfahrteinrichtungen der Stuttgart-Berliner Versicherungs-AG 1918“ (FA der ZN Allianz Stuttgart)

Stuttgarter Verein (vor 1921 = Allgemeiner Deutscher Versicherungs-Verein)
- „Bestimmungen über die Versorgung der Werbeinspektoren in Ergänzung der Sozialversicherungen. Gültig ab 1. Oktober 1927“ (FA der Allianz ZN Stuttgart)

Thuringia
- 75 Jahre Versicherungsgesellschaft Thuringia Erfurt 1928 (U)
- Versicherungstechnisches Gutachten über die Pensionskasse vom 4. November 1907 (BuK)
- Satzungen der Pensionskasse für die Beamten der Thuringia von 1914, 1922, 1937 (BAV-A)
- Schriftwechsel mit dem RAV (Zonenamt) im Jahre 1948 (BAV-A)

Vaterländische Feuer
- Denkschrift zur Feier der 75jährigen Tätigkeit, Elberfeld 1898 (FA Nordstern)
- Festschrift zum 100jährigen Bestehen der „Vaterländische“ und „Rhenania“ Vereinigte Versicherungs-Gesellschaft Akt.-Ges. 1822–1922 (FA Nordstern)
- Protokoll der 26. General-Versammlung der Vaterländischen Feuer-Versicherungs-Gesellschaft in Elberfeld am 12. März 1847 (FA Nordstern)

Victoria
- Die Entwicklung der Versorgungseinrichtungen der Victoria, Interner Vermerk (FA)
- Regulative betreffend die Einrichtungen der Victoria für die Versorgung ihrer Bureau-Beamten und deren Angehörigen von 1887, 1897, 1902, 1904, 1916 und 1919 (FA)
- Bestimmungen für eine Leibrente der auf dem Gebiete der Lebensversicherung tätigen Vermittler der Victoria zu Berlin (FA)
- I. Regulativ der Pensions-Kasse für die Lebensversicherungs-Vertreter und Außenbeamten von 1881 und 1887 (FA)
- Urkunde über die Errichtung der Gerstenberg-Erinnerungs-Stiftung (FA)

Württfeuer
- Denkschrift zur 75-Jahre-Feier (FA)
- Denkschrift zur Hundertjahrfeier, 1828–1928 (FA)
- 150 Jahre Württembergische, Württfeuer-Post 1'78 (A-GDV)

Noch: Württfeuer
- Statut der Beamtenpensionskasse von 1870 (AH)
- Beamtenstatut vom 1. Januar 1913 mit der Entstehungsgeschichte der Beamtenpensionskasse 1837 bis 1912 (AH)
- Dienst- und Hausordnung für die Angestellten der Württfeuer von 1921 (AH)
- Satzung der Versorgungskasse der Württembergischen Feuerversicherungs AG von 1935 (AH)
- Bilanzübersichten 1865–1922 (AH)
- Geschäftsberichte von 1934 und 1935 (AH)
- Verwaltungsausschußprotokolle vom 12.1.1914, 16.3.1914 und 24.11.1914 (AH)
- Aufsichtsratsprotokolle vom 30.5.1923, 15.3.1924, 29.4.1925, 2.5.1934 und 27.3.1936 (AH)
- Protokoll des Bezirksvertreterausschusses vom 14.3.1935 (AH)
- Brief der Württfeuer an RAV vom 23.8.1939 (BAV-A)
- Satzung der Pensionskasse von 1940 (BuP)
- Rundschreiben der Pensionskasse vom 19. Juli 1948 (BuK)

2. *Sekundärliteratur*

Albrecht, Die wirtschaftliche Entwicklung des deutschen Versicherungswesens, Diss., Heidelberg 1936.

Arps, Ludwig; Auf sicheren Pfeilern. Deutsche Versicherungswirtschaft vor 1914. Göttingen 1965.

ders., Durch unruhige Zeiten. Deutsche Versicherungswirtschaft seit 1914. I. Teil: Erster Weltkrieg und Inflation. Göttingen 1965. II. Teil: Von den zwanziger Jahren zum Zweiten Weltkrieg. Karlsruhe 1976.

Arbeitgeberverband der Versicherungsunternehmungen, Internes Rundschreiben über die Ergebnis- und Gewinnbeteiligung in der Versicherungswirtschaft vom 24. April 1962.

Arbeitgeberverband deutscher Versicherungsunternehmungen e.V., Die Pensionseinrichtungen der privaten Versicherungsgesellschaften im Arbeitgeberverband deutscher Versicherungsunternehmungen e.V., o.D. (vermutlich 1920). Der Bericht, der nicht veröffentlicht wurde, liegt im Archiv des Deutschen Vereins für Versicherungswissenschaft e.V., Berlin.

Bode, Karl Josef, Wesen und Aufgabe der Pensions-Kasse als Form der betrieblichen Altersfürsorge, Diss., Nürnberg 1962.

Boehart, William, ... nicht brothlos und nothleidend zu hinterlassen. Untersuchungen zur Entwicklung des Versicherungsgedankens in Hamburg, insbesondere zur Entstehung der Hamburgischen Allgemeinen Versorgungsanstalt von 1778 (= Schriftenreihe der Patriotischen Gesellschaft, Folge 1), Hamburg 1985.

Borscheid, Peter, Geschichte des Alters. 16.–18. Jahrhundert, in: Teuteberg, Hans J., und Borscheid, Peter (Hrsg.), Studien zur Geschichte des Alters, Band 7, 1. Teilband, Münster 1987.

Borscheid, Peter, und Drees, Annette, Versicherungsstatistik Deutschlands, 1750–1985, in: Fischer, Wolfram/Irsiger, Franz/Kaufhold, Karl-Heinrich/Ott, Hugo (Hrsg.), Quellen und Forschungen zur historischen Statistik in Deutschland, Band 4, 1988.

Conrad, Christoph, Erfolgsbeteiligung und Vermögensbildung der Arbeitnehmer bei Siemens (1847–1945), Beiheft 36 der Zeitschrift für Unternehmensgeschichte, Stuttgart 1986.

Detzer, Friedrich, Rechtsverhältnisse bei betrieblichen Unterstützungskassen. Diss., Würzburg 1972.

Eberhard, Arno, Der Reichstarifvertrag für Angestellte der Privaten Versicherungsunternehmen, in: Zeitschrift für Versicherungswesen, Jg. 1919, S. 248.

Eisold, Max, Die Erfassung des Versicherungsgewerbes durch die Deutsche Berufs- und Betriebsstatistik. Kritik und Änderungsvorschläge. Diss., Tübingen 1913.

F. M., Reichsgruppe Industrie über betriebliche Altersfürsorge, in: Neumanns Zeitschrift für das Versicherungswesen, Jg. 1938, S. 112.

Gaugler, Eduard, Art.: Erfolgsbeteiligung, in: ders. (Hrsg.) Handwörterbuch des Personalwesens (= Enzyklopädie der Betriebswirtschaftslehre Bd. V), Stuttgart 1975, Sp. 794–807.

Gimkiewicz, Benno, Erfahrungen und Beobachtungen bei Fusionen von Lebensversicherungs-Gesellschaften, in: ZVersWiss., Jg. 1915, S. 585.

Götze, Hans, Die Rechtsverhältnisse der Fabrikpensions- und Unterstützungskassen, Berlin 1910.

Graef, Helga, Die betriebliche Altersfürsorge. Historischer Ursprung, rechtliche Entwicklung und sozialpolitische Bedeutung im Lichte der Rentenreform. Schriftreihe der Landesvereinigung der industriellen Arbeitgeberverbände Nordrhein-Westfalens e.V. Heft Nr. 14, Düsseldorf ohne Datum (vermutlich 1962).

Hattenbauer, Hans, Geschichte des Beamtentums, Köln/Berlin/Bonn 1960.

Haidn, Carl, und Fischer, Ludwig, Das Recht der NSDAP, München 1937.

Heubeck, Georg, Das Risiko der Gefolgschaftsversicherung, in: Neumanns Zeitschrift für Versicherungswesen, Jg. 1938, S. 553f.

Heyde, Ludwig, Abriß der Sozialpolitik, 11. Aufl. Heidelberg 1959.

Kalbaum, Günter (Hrsg.), Die freiwilligen sozialen Leistungen des Privatversicherungsgewerbes im Jahre 1936. Eine Dokumentation. Zeitschrift für Unternehmensgeschichte, Beiheft 62, Stuttgart, 1990.

Kammann, Wilhelm, Wiederaufbau der Pensionskassen, in: ZVersWiss., Jg. 1928, S. 23ff.

Kersten, Walter, Die betriebliche Altersvorsorge in Deutschland, Diss., Bonn 1959.

Klien, Ernst, Minimallohn und Arbeiterbeamtentum, Jena 1902.

Klüver, Max, Vom Klassenkampf zur Volksgemeinschaft. Sozialpolitik im Dritten Reich. Leoni am Starnberger See 1988.

Koch, Peter, Bibliographie der von 1945 bis 1964 erschienenen Festschriften deutscher Versicherungsunternehmen, in: ZVersWiss., Jg. 1965, S. 183ff.

ders., Die Gründungsjahre der deutschen Versicherungsunternehmen in: ZVersWiss., Jg. 1965, S. 1029ff.

Kölnische Rückversicherungs-Gesellschaft, Wegweiser durch die deutsche Versicherungs-Wirtschaft 1988.

Koenige, Heinrich, und Petersen, A., Gesetz über die privaten Versicherungsunternehmungen vom 12. Mai 1901, Textausgabe mit Anmerkungen und Sachregister. Dritte, umgearbeitete Auflage, Berlin und Leipzig 1927.

Kratz, Hans, Zur Gestaltung der zusätzlichen Alters- und Hinterbliebenenversorgung, in: Neumanns Zeitschrift für Versicherungswesen, Jg. 1938, S. 315ff.

Lencer, Rudolf, Betriebliche Sozialpolitik in den Versicherungsunternehmungen, Leipzig 1936 (Heft 15 der Praxis der Versicherungswirtschaft).

Manes, Alfred, Sozialversicherung, (Sammlung Göschen), Berlin und Leipzig 1921.

M., Die Deutsche Arbeitsfront zur Frage der zusätzlichen Altersversorgung, in: Neumanns Zeitschrift für Versicherungswesen, Jg. 1938, S. 664f.

Müller, Gerd, Die Gefolgschaftsversicherung im Dienste der Gefolgschaftsversorgung, in: Neumanns Zeitschrift für Versicherungswesen, Jg. 1938, S. 1205ff.

Müller, Herbert, Zusätzliche Erwerbsunfähigkeits- und Hinterbliebenenversorgung der Gefolgschaft, in: Neumanns Zeitschrift für Versicherungswesen, Jg. 1938, S. 96ff.

Mulert, Jürgen, Erfolgsbeteiligung und Vermögensbildung der Arbeitnehmer bei der Firma Robert Bosch zwischen 1886 und 1945, in: Zeitschrift für Unternehmensgeschichte (ZUG), H. 1/1985, S. 2ff.

Pohl, Hans/Wessel, Horst A., Einführung in das Forschungsprojekt: Erfolgsbeteiligung und Vermögensbildung von Arbeitnehmern ausgewählter deutscher Unternehmen von der Mitte des 19. Jahrhunderts bis zum zweiten Weltkrieg, in: Conrad, Christoph, Erfolgsbeteiligung und Vermögensbildung der Arbeitnehmer bei Siemens (1847–1945), Beiheft 36 der Zeitschrift für Unternehmensgeschichte, Stuttgart 1986.

Reichsversicherungsanstalt für Angestellte, Berlin, Hrsg., 25 Jahre Angestelltenversicherung, 1913–1937. Festschrift.

Schmitt-Lermann, Hans, Die Versorgungswerke der Bayerischen Versicherungskammer als Träger moderner Sozialpolitik, München 1971.

Schmidt, Joh., Die Gratifikationen in der Versicherungswirtschaft, in: Deutscher Versicherungs-Dienst, Nr. 10/1940, S. 142ff.

Schmidt, Joh., Die Altersversorgung der Gefolgschaftsmitglieder im privaten Versicherungswesen, In: Deutscher Versicherungsdienst, Nr. 6/1940, S. 82f., Nr. 7/1940, S. 101f., Nr. 8/1940, S. 117f. und Nr. 9/1940, S. 129ff.

Schneider, Hans J./Zander, Ernst, Erfolgs- und Kapitalbeteiligung der Mitarbeiter in Klein- und Mittelbetrieben, 2., überarb. und erw. Aufl., Freiburg i. Br. 1985.

Schulz, Günther, Betriebliche Sozialpolitik in Deutschland seit 1850, in: Staatliche, städtische, betriebliche und kirchliche Sozialpolitik vom Mittelalter bis zur Gegenwart (Referate der Arbeitstagung der Gesellschaft für Sozial- und Wirtschaftsgeschichte; 13), hrsg. von Hans Pohl, Stuttgart 1991.

Schwarzburg, Walter, Die Versicherungswirtschaft in der ersten Inflation, in: Sonderausgabe der Versicherungswirtschaft, Jg. 1958, Heft 12, S. 379ff.

Schweer, W., Betriebspensionskassen als Gefolgschaftsversorgung, in: Neumanns Zeitschrift für Versicherungswesen, Jg. 1938, S. 989ff.

Sombart, Werner, Die deutsche Volkswirtschaft im neunzehnten und am Anfang des zwanzigsten Jahrhunderts, 4. Aufl., Berlin 1919.

Statistisches Reichsamt (Hrsg.), Statistisches Jahrbuch für das Deutsche Reich, Berlin 1936.

Timmer, Hans Georg, Private Krankenversicherung, in: Farny/Helten/Koch/Schmidt, Handwörterbuch der Versicherung HdV, Karlsruhe 1988, S. 391 ff.

Veröffentlichungen des Kaiserlichen Aufsichtsamtes für Privatversicherung, ab Jg. 1918 Veröffentlichungen des Reichsaufsichtsamtes für Privatversicherung, zit. als VerAV.

Versicherungs-Statistik für 1902 über die unter Reichsaufsicht stehenden Unternehmungen. Hrsg.: Kaiserliches Aufsichtsamt für Privatversicherung, Berlin 1905. Ebenso für 1913, Berlin 1916.

Volkers, Cay, Stichwort: Vermögen, I: Struktur und Verteilung; in: Albers, Willi (Hrsg.), Handwörterbuch der Wirtschaftswissenschaft, Bd. 8, Stuttgart, New York, 1980, S. 265ff.

Vollbrecht, Willi, Die Beamten und die Unternehmungen des privaten Versicherungswesens. Hrsg.: Verband der deutschen Versicherungsbeamten (E.V.), München (Ohne Datum, vermutlich um 1915).

Weiß, Albrecht, Begriff und Entwicklung der betrieblichen Altersversorgung, in: Weiß, Albrecht (Hrsg.), Handbuch der betrieblichen Altersversorgung, München 1955, S. 13 ff.

ders., Das Versicherungsprinzip bei der betrieblichen Altersfürsorge, in: Zeitschrift für die gesamte Versicherungswirtschaft, Jg. 1939, S. 161ff.

Willgerodt, Hans, Art.: Vermögensbildung, in: Gaugler, Eduard (Hrsg.), Handwörterbuch des Personalwesens (= Enzyklopädie der Betriebswirtschaftslehre Bd. V), Stuttgart 1975, Sp. 1989–2002.

Zeine, Paul, Vorläufige Ergebnisse der Erhebungen über die betriebliche Pensionsfürsorge, in: Neumanns Zeitschrift für Versicherungswesen, Jg. 1938, S. 233.

ABKÜRZUNGSVERZEICHNIS

AG	Aktiengesellschaft
a.G.	auf Gegenseitigkeit
AktG	Aktiengesetz
AR	Aufsichtsrat
ARS	Arbeitsrechtliche Sammlung
Aufl.	Auflage
BAG	Bundesarbeitsgericht
Bd.	Band
BGB	Bürgerliches Gesetzbuch
BGBl.	Bundesgesetzblatt
DAF	Deutsche Arbeitsfront
Diss.	Dissertation
e.V.	eingetragener Verein
GB	Geschäftsbericht
GDV	Gesamtverband der Deutschen Versicherungswirtschaft
GmbH	Gesellschaft mit beschränkter Haftung
Hrsg.	Herausgeber
Jg.	Jahrgang
KAV	Kaiserliches Aufsichtsamt für Privatversicherung
KStG	Körperschaftsteuergesetz
lfd.	laufend
LV	Lebensversicherung
NJW	Neue Juristische Wochenschrift
NS	nationalsozialistisch
NSDAP	Nationalsozialistische Deutsche Arbeiterpartei
o.D.	ohne Datum
RAG	Reichsarbeitsgericht
RAV	Reichsaufsichtsamt für Privatversicherung
RdF	Reichsminister der Finanzen
RfA	Reichsversicherungsanstalt für Angestellte
RGBl.	Reichsgesetzblatt
VAG	Gesetz über die privaten Versicherungsunternehmen vom 12. Mai 1901
VerAV	Veröffentlichungen des Reichs/Bundesaufsichtsamtes für Privatversicherung
VOBl.	Verordnungsblatt
VStDB	Vermögensteuer-Durchführungsbestimmungen
VU	Versicherungs-Unternehmen
VV	Versicherungs-Verein
VVaG	Versicherungsverein auf Gegenseitigkeit
ZfV	Zeitschrift für Versicherungswesen
ZN	Zweigniederlassung
ZVersWiss	Zeitschrift für die gesamte Versicherungswirtschaft

FIRMENREGISTER

Soweit die Gesellschaften vor 1914 gegründet wurden, werden in dem nachstehenden Firmenregister mit Rücksicht auf die zitierten Quellen die Firmennamen entsprechend dem offiziellen Register in der KAV-Statistik für das Jahr 1913 wiedergegeben; die später gegründeten Gesellschaften werden mit ihrer derzeitigen Firma aufgeführt. In dem Text der Studie sind für die Namen der Unternehmen Abkürzungen verwendet worden, die im folgenden den eigentlichen Firmennamen vorangestellt werden.

ZEITSCHRIFT FÜR UNTERNEHMENSGESCHICHTE · BEIHEFTE

Herausgegeben von Hans Pohl und Wilhelm Treue im Auftrag der Gesellschaft für Unternehmensgeschichte e. V.

---

52. **Hans Pohl,** Hrsg.: **Die Einflüsse der Motorisierung auf das Verkehrswesen von 1886 bis 1986.** Referate und Diskussionsbeiträge des 11. Wissenschaftlichen Symposiums der Gesellschaft für Unternehmensgeschichte e.V., Köln am 27./28. November 1986 in Fellbach. 1988. IX, 216 S. m. zahlr. Darst., kt. DM 52,– **5028-0**
53. –, Hrsg.: **Zur Politik und Wirksamkeit des Deutschen Industrie- und Handelstages und der Industrie- und Handelskammern 1861 bis 1949.** Referate und Diskussionsbeiträge eines Symposiums aus Anlaß des 125jährigen Bestehens des **Deutschen Industrie- und Handelstages** am 1. Oktober 1986 in Ludwigshafen am Rhein. Hrsg. i.A. der Gesellschaft für Unternehmensgeschichte. Schriftleitung: **Klara van Eyll.** 1987. VII, 158 S., kt. DM 45,– **4918-5**
54. –, Hrsg.: **Gemeinwirtschaftliche Unternehmen. Gestern – heute – morgen.** Referate und Diskussionsbeiträge der 12. Öffentlichen Vortragsveranstaltung der Gesellschaft für Unternehmensgeschichte e.V. am 22. Mai 1987 in Bonn. 1988. IX, 74 S., kt. DM 24,– **5257-7**
55. **Hans Pohl,** ed.: **The concentration process in the entrepreneurial economy since the late 19th century.** Lectures held on the 9th Intern.Congress of Econ. History in Berne, Switzerland, on August 28, 1986. 1988. 146 S. m. 10 Diagr., 2 Ktn., kt. DM 58,– **5175-9**
56. **Brigitte Hatke: Hugo Stinnes und die drei deutsch-belgischen Gesellschaften von 1916.** Der Versuch der wirtschaftlichen Durchdringung Belgiens im Ersten Weltkrieg durch die Industrie-, Boden- und Verkehrsgesellschaft 1916 m.b.H.. 1990. IX, 191 S., kt. DM 76,– **5176-7**
57. **Reiner Flik: Die Textilindustrie in Calw und Heidenheim 1750-1870.** Eine regional vergleichende Untersuchung zur Geschichte der Frühindustrialisierung und der Industriepolitik in Württemberg. 1990. X, 393 S. m. 4 Abb., 30 Tab., 10 Schaub., kt. DM 88,– **5530-4**
58. **Wolfgang Krumbein: Wirtschaftssteuerung in Westdeutschland 1945–1949.** Or-ganisationsformen und Steuerungsmethoden am Beispiel der Eisen- und Stahlindustrie in der britischen /Bi-Zone. 1989. X, 302 S., 12 Schaub., 21 Tab., kt. DM 64,–**5435-9**
59. **Eva Moser: Bayerns Arbeitgeberverbände im Wiederaufbau.** Der Verein der Bayerischen Metallindustrie 1947-1962. 1990. X, 406 S., kt. DM 68,– **5635-1**
60. **Karl-Heinz Gorges: Der christlich geführte Industriebetrieb im 19. Jahrhundert und das Modell Villeroy & Boch.** 1989. XIII, 421 S., kt. DM 72,– **5332-8**
61. **Marlis Prinzing: Der Streik bei Bosch im Jahre 1913.** Ein Beitrag zur Geschichte von Rationalisierung und Arbeiterbewegung. 1989. X, 140 S., 19 Tab., kt. DM 38,– **5379-4**
62. **Günter Kalbaum,** Hrsg.: **Die freiwilligen sozialen Leistungen des Privatversicherungsgewerbes im Jahr 1936.** Eine Dokumentation. 1990. XIV, 187 S., kt. DM 48,– **5596-7**
63. **Hans Pohl,** Hrsg.: **Überlebenschancen von Unternehmensgründungen.** Referate und Diskussionsbeiträge der Wissenschaftlichen Vortragsveranstaltung der Gesellschaft für Unternehmensgeschichte e.V. und des Instituts für bankhistorische Forschung am 3. November 1989 in Frankfurt am Main. 1991. X, 112 S., kt. DM 46,– **5868-0**